教学策略

钟启泉 编著

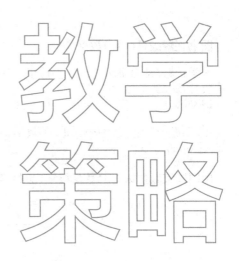

Instructional
Strategy

华东师范大学出版社
·上海·

图书在版编目(CIP)数据

教学策略/钟启泉编著. —上海:华东师范大学
出版社,2023
ISBN 978 - 7 - 5760 - 4002 - 9

Ⅰ.①教… Ⅱ.①钟… Ⅲ.①教学研究
Ⅳ.①G420

中国国家版本馆 CIP 数据核字(2023)第 130894 号

教学策略

编　　著　钟启泉
策划编辑　彭呈军
责任编辑　朱小钗
责任校对　郭　琳　时东明
装帧设计　刘怡霖

出版发行　华东师范大学出版社
社　　址　上海市中山北路 3663 号　邮编 200062
网　　址　www.ecnupress.com.cn
电　　话　021 - 60821666　行政传真 021 - 62572105
客服电话　021 - 62865537　门市(邮购)电话 021 - 62869887
地　　址　上海市中山北路 3663 号华东师范大学校内先锋路口
网　　店　http://hdsdcbs.tmall.com

印 刷 者　上海邦达彩色包装印务有限公司
开　　本　787 毫米×1092 毫米　1/16
印　　张　19
字　　数　295 千字
版　　次　2023 年 8 月第 1 版
印　　次　2023 年 8 月第 1 次
书　　号　ISBN 978 - 7 - 5760 - 4002 - 9
定　　价　78.00 元

出 版 人　王　焰

(如发现本版图书有印订质量问题,请寄回本社客服中心调换或电话 021 - 62865537 联系)

目　录

第二编　教学策略的挑战性课题

第三编　教学策略的文化支撑

引　言

教学策略：教育技术与艺术的合金

一、启发式教育

德国存在主义哲学家雅斯贝尔斯（K. T. Jaspers，1883—1969）在《什么是教育》(1977)中论及了教育的三种模式：经院式教育、师徒式教育、启发式教育（注 1）。第一种"经院式教育"模式的特质是，基于理性传统的单纯知识的传递。正确地授受确凿的知识无疑是重要的，但需要提示这种知识是经由怎样的经验形成的。比如，就像牛顿的"万有引力"法则那样，知识是经由反复的探究而得以发现的；知识往往带有其历史与具体的情境。然而，真正的教育并不停留于知识的传递，它也是同伟人与伟业相遇而展开的富于人格魅力的学习。或许可以说，师匠的娴熟技艺是超越了知识与技能的传递而得以传承的。这就是第二种教育模式——师徒式教育。第三种"启发式教育"模式，也可以谓之"苏格拉底式教育"。我们需要反思这三种教育模式来重新审视学校教育。学校的课堂教学除了知识、技能的传递功能之外，还存在培育健全人格的课题，以及教授者与学习者之间展开知性的交流与分享的课题。所有这些教育功能的完满实现，仰赖于优质的教学策略的研究。

有怎样的教育思想，就会有怎样的教育主张与策略。我国古代教育家孔子倡导"不愤不启，不悱不发"。按照朱熹《四书章句集注》的阐释，"愤者，心求通而未得之意；悱者，口欲言而未能之貌。启，谓开其意；发，谓达其辞"。这就是说，愤与悱是学生内在的心理状态在外部容色言辞上的表现，教师必须在教学中审时度势、作出适当的应对：唯有当学生认真思考了，却依然想不明白时，再去启发他；唯有当学生思考了，却依然难以用言语表达时,再去开导他。《学记》的"道而弗牵,强而弗抑,开而弗达"进一步阐释了启发式教学的特质:引导他,不要硬拉他;鼓励他,不要压制他;启发他,不要填鸭式灌输。柏拉图(Plato,约公元前 427—公元前 347 年)在《对话录》里记述过,苏格拉底(Socrates,约公元前 469—公元前 399 年)是借助对话,同对手一起来发现新知的。在这个过程中彼此通过对话得以产生的新的知识,显然有别于教师传递的既有知识。在苏格拉底看来,教学哲学的精髓在于"知你自己"。要能够有知,就必须抱有无知的态度,亦即需要有"无知之知"的谦逊。苏格拉底拥有知识,但他并不灌输知识,而是让学习者接受他的帮助,凭借自身的力量探究真理、产出真理,抵达真理的彼岸。[1]

"基于教学目标及其实现步骤之原则的集合",谓之"教学策略"(Instructional Strategy)[2]。教学研究的一个重要课题是,开发有效的教学策略,使之有利于学生的学习。当然,不存在放之四海而皆准的万能策略。教学目标不同、教学内容不同,学生不同,"教学策略"自然有所不同。以学校的课堂教学为中心的教育实践得以有效地展开的方法论研究,属于教学论研究的范畴,教学的"策略"与"方法"之类的概念是同教育观与教学观交织在一起的。随着近代国家的形成,这个研究领域得以拓展,涵盖了学校课程的研究、教材教具开发的研究、作为学习与发展的心理学研究,乃至分析学习过程的教学技术学的研究。在日本,这种研究形成了独特的学术领域——"教育方法学"。回顾历史的经纬,作为教学论研究的起源可以追溯到 17 世纪夸美纽斯(J. A. Comenius,1592—1670 年)的《大教学论》与 19 世纪基于赫尔巴特(J. F. Herbart,1776—1841 年)主义的教授学传统。[3]今日围绕学校的教学与教学策略的研究呈现出两个共同的趋势:其一,寻求儿童的主体性学习;其二,寻求所有儿童的发展。人的学习与成长过程不是线性的,可能时而停滞、时而倒退,其步调与速度、方向也是因人而异的。

"教学策略"是教学技术与艺术的合金。这是因为,"探讨如何施教"的教学策略是用此种技艺来"育人"的一种表现。所谓"育人"反映了这个人的见解、思维方式、哲学、理想状态,换言之,体现了这个人的"教育观"。日本教育实践家斋藤喜博说:"教学作为教师工作的最大场景,倘若是富有创造性、探究性的,那么,这种教学就拥有同艺术一样的高度,给人以同艺术一般的感动。唯有借助这种教学,儿童和教师才能获得满足、获得成长,实现自我变革。"[4]唯有人才具备实现创造性的教育技术的可能,即一种作为艺术的教育技术。这里也可以用教学策略的冰山模型来解读。水面上的部分、可见的部分,亦即看得见的技术。水面下的更大的冰层是看不见的部分。这个更大的部分支撑着水面上的部分。水面下的看不见的部分就是作为艺术的教学策略,其核心是教师的教育哲学与理想的教育模型。就是说,具有哲学与理想的教育模型的"教育观"作为继承,支撑着上部的"看得见的教育技术"。[5]

二、探究型学习

一般认为,"探究"(Inquiry)的术语起源于 19 世纪古典实用主义哲学的代表人物皮尔士(C. S. Peirce, 1839—1914 年)。[6]他主张以"探究"为追求真理的动力,使人从怀疑、焦虑的心理状态转化到确信无疑的信念。在他看来,探究活动所必需的是,真实的怀疑足以引起内心焦虑的困惑,而探究的唯一的目的就在于形成见解。皮尔士一方面主张没有绝对精准的知识,只需否证的假说;另一方面又强调假说或设证法的实用性。假说是可以解释事实验证的科学命题,最好的假说最容易让人检验出谬误。皮尔士分析了旨在获得信念(知识)的一般常用的方式是:1. 盲信;2. 盲从社会权威;3. 基于(超越偏见与独断的)理性;4. 基于探究共同体的形成。这就为我们提供了区分"灌输式教学"与"探究型学习"的基本框架。显然,第一种(盲信)和第二种(盲从)大体相同,属于"灌输教学"的范畴,第三种和第四种体现了"探究型学习"的特质。"探究型学习"是以"共同性"与"协同性"为特征的。所谓"共同性"指的是,分享同样的场域与课题,在获得一定的解答的同时,促进思维的提升;所谓"协同性"指的是,在共同分享的过程中即便有不同见解,也深化各自的思考,指向最终的问题解决。尔后,作为古典实用主义集大成者的杜威(J. Dewey, 1859—1952 年)倡导"五步探究学习法"——"情境—问题—假设—推论—验证",是众所周知的。

学习的本质就是"探究"。无论是学科教学还是跨学科教学,作为学习的方式,本质上同样是"探究型学习"。"探究型学习"的特征是,其一,它强调基于学习主体性知识的体系化与结构化。晚近的课堂教学所关注的是表达思考、借助这种表达同他者对话、进而借助这种对话发展为同他者协作的过程,从而促进每一个学习者自觉的学习态度。其二,它强调能够做什么。所谓"学科素养"是超越了个别技能的掌握的"思考力·判断力·表达力"的养成,指向见解与思维能力的作用,懂得在实际的情境使用具体的工具。这样看来,所谓"探究型学习"既不是单纯的身体运动,也不是孤军奋战的自学,而是指在探究过程中驱使身心、使用工具、焕发意志、锲而不舍地实现学习的目标。比如,日本文部科学省界定的"探究型学习"的目标是:1. 在探究型课程中掌握课题的发现与解决所必需的知识与技能,形成相关课题的概念,理解探究的意义与价值;2. 从现实社会的日常生活与自身的关系出发,发现问题,设立自己的课题,收集、梳理、分析信息,作出归纳与表达;3. 在课题探究中展开自主性、协同性活动,同时相互取长补短,创造新的价值,涵养建设美好社会的态度。[7]总之,作为"探究型学习"的实施需要满足三个条件:其一,以现实生活中复杂的境脉为对象,而不是停留于特定学科与科目的知识授受;其二,高度地把握复杂境脉中的事物与现象,展开深度思维,统整地运用各门学科的基本概念与思维方式;其三,直面不存在唯一正解的课题,重视"最适解"的发现。[8]

"探究型学习"是当代学校变革的基本诉求。"探究型学习"的模式可以基于"学力"的三个要素——"知识·技能""思考力·判断力·表达力"以及"主体性学习态度"——来加以刻画。如果说,车子的两轮是"知识·技能"与"思考力·判断力·表达力",那么,作为车子引擎的推进力,就是"主体性学习态度"。"知识"的维度一旦得以高阶化,就会产生彼此关联的概念化知识;"思考"的维度一旦借助外化、并同他者的对话而得以高阶化,就会产生深度的、多元的、自觉的思维,进而形成从兴趣到意志力的作为"终身学习者"的学习。各个维度的高阶化的手段就是"能动学习"。这三个要素相辅相成,形成"深度学习",亦即对话性、主体性的学习。其最高的形态是,儿童成为走向社会的主体性参与者,知性的主体性创造者,以及成为自我的主体性形成者。"探究型学习"有助于学生把握"三识":知识——面对急剧变化的社会,反思自身的无知,着力于获得新鲜的知识。认识——面对新知,寻求深度理解,清晰地认识到自身是怎样把握这种知识的。同时,不断地反思,重建自身的认知方式。意识——基于自身的认识,拥有健康的奋发向上的气概,展开有意义的行动。上述三者相辅相成,无法从外部强制性灌输。

三、高阶化与自律性

意大利中世纪诗人但丁(A. Dante,1265—1321 年)说:"人不是像动物那样而生,而是为追求美德、拥有知识而生。"[9]儿童的学习与成长是不断迈向高阶的能动性的过程。儿童与生俱来就拥有同环境中的人、事、物进行能动作用的倾向性,拥有大量的萌芽性能力。儿童呱呱坠地,不用谁教,就会自然地展开学习。这种萌芽性能力所带来的同环境的交互作用,使之逐渐加深对周边事物与现象的具体理解,同时也获得对种种环境的有效的作用方式,并且得以精致与拓展,这就是学习的原型——"探究型学习"。正因为此,知识本身必须是能动的。不仅易于抽取,而且能够灵活多样地链接。因此就得反复地更替,从若干视点出发不断地重建结构。零星知识的记忆是碎片化、线性式的,而且这种记忆是封闭、僵化的,难以同别的知识群形成新的组合。在探究型学习中知识的建构方式发生了变化,它可以借助强韧的思考、结构化与灵动的组织更替,来支撑新而又新的知识群。

探究过程的"高阶化"与"自律性"是培育"核心素养"的一个关键课题。"高阶化"的条件是:1.整合性(探究活动的目标与解决相契合、不冲突);2.效果性(在自主而协同地展开的探究活动中分享并深化各自的思考);3.聚焦性(焦点化、深度挖掘的探究);4.广角性(以广阔的视野展开多角度的探究)。所谓"自律性"意味着自主地展开探究。具体地说,包括"自我设定的课题""反思支撑的探究""社会参与"三个构成要素。[10]在"探究型学习"中需要有"批判性思维"与"元认知"两种技能的支撑。按照艾尼斯(R. H. Ennis)的说法,"批判性思维是逻辑性的、客观性的、不偏颇的思维,是有意识地琢磨自己的推论过程的反思性思维"。[11]根据这个界定,可以把"批判性思维"归纳为如下三个要点：批判性思维是逻辑性、合理性的思维；是有意识地琢磨自身思维过程的反思性的深度思维；是因应目标与境脉而实施的目标指向性思维。而要适切地发挥批判性思维的作用，就得合乎自身与一般人的认知特性，冷静地把握当下的问题情境，这就是"元认知"。"元认知"是关于认知（知觉、记忆、思维等）的认知，大体分两种。一是发现自我的认知状态（监视）、设定与修正目标（控制），谓之"元认知活动"；二是通过不断地体验与学习而积累起来的"元认知知识"。在优异的探究型学习中激活"元认知"的作用是不可或缺的。"元认知"即便是成人也无法轻而易举习得，它需要种种的工具，这种工具谓之"思维工具"。在探究活动中由于不仅需要借助自身的体验来进行思考，而且也需要借助源于多种交流的经验，包括基于语言的代理经验，从而发展为拥有某种社会意义的表象。儿童借助这种表象得以理解世界，为尔后经验的可能性提供了准备。所谓"教育"就是形成这种社会表象的有意识地进行的社会行为。作为学习主体的儿童在所有的生活情境中也是这样，发挥这种表象的作用，来接纳、变更、解释表象的刺激。儿童在种种的诸如观察、阅读、检索网络的探究活动中如何激活主体的精神，是变"被动学习"为"能动学习"的关键所在。在推进探究型学习之际，教师不仅需着眼于知识与技能的学习境脉，而且应重视激发学习者的学习动机，形成学习的结构与态度。

美国 19 世纪的思想家、文学家爱默生（R. W. Emerson，1803—1882 年）指出："人是自立的存在，所谓'教育'就是发掘人的潜能。来自他人的帮助，比之学习者自身潜在的自然的发现，终究是外在的机械作用而已。这样说来，学习乃是一种愉悦，其效果将是恒久不灭的。"[12]这就是说，所谓"学习"绝非仰赖于教师的"传授"，而是基于学习者自身的学习动机的好奇心与自立行为而产生的。创设体现这种原理的学习环境、讲究兼具技术性与艺术性的"教学策略"，是革新的教师不可推卸的责任。

注 1

德国存在主义哲学家雅斯贝尔斯说，"教育是人的灵魂的教育，而非理性知识和认识的堆积。""教育是顿悟的艺术,就是引导灵魂的眼睛抽身返回自身之内。""真正的教育是如何帮助并实现人的潜能,让受教育者在实践中自我操练、自我学习、自我成长。"

参考文献

[1][3] 钟启泉.课堂研究[M].上海:华东师范大学出版社,2016:187-188,189-190.

[2] 宇野忍.教育心理学[M].东京:中央法规出版株式会社,2007:162.

[4] 斋藤喜博.授业入门[M].东京:国土社,2006:125.

[5] 藤原正典,荒木寿友.教育的方法与技术[M].京都:智慧女神书房,2018:103.

[6] 藤原さと."探究学习"的创造:连接社会的"项目学习"[M].东京:平凡社,2020:51.

[7][8][10] 中村美智太郎,等.探究学习与案例研究[M].东京:学事出版公司,2022:12-13,14,16.

[9] A. Beard.顶尖的教育:改变世界的学习者[M].岩崎晋也,译.东京:东洋馆,2021:65.

[11] 楠见孝.教育心理学[M].东京:协同出版公司,2018:154.

[12] R. L. Ackoff, D. Greenberg.颠覆教育[M].吴春美,大沼安史,译.东京:绿风出版公司,2016:182.

第一编

教学策略的理论视野

我们能够体验到的最美妙的经验是不可思议的,它是从真正的艺术与真正的科学共生的地方奔涌出来的基本情感。

——爱因斯坦(A. Einstein)

第一章　课堂转型的指针
——索耶(R.K. Sawyer)的"创意课堂"

应试教育崇尚"教育即暗记"的"灌输教学",满足于"浅层知识",而学生拥有再多的"浅层知识"也是派不了用场的,索耶把它称之为"授受主义"教学。在他看来,在知识社会时代沿用这种教学方式是"时代的错误",替代"灌输教学"势在必行。[1]索耶倡导的"创意课堂"(Creative Classroom),为创生教学策略、实现课堂转型,提供了理论依据与实践指引,值得关注。

一、从"灌输教学"走向"创意课堂"

(一)灌输教学

学校教育是面向未来的教育。作为公共教育的"基础教育"要求所有儿童掌握现代公民所必须具备的问题解决的知识与技能,形成"终身学习"的能力。这就要求儿童的学习同其日常生活的具体境脉似乎并不直接相关的教育内容、抽象概念、普适性原理相关联。就是说,基于学术体系、借助学科特有的语言与符号来形成学科知识与独特的思维方式,重视每一个人凭借自身的能力、习得能够保持的知识。然而,这种学校教育的方式带来了"学习场"的扭曲。弗莱雷(P. Freire)在《被压迫者教育学》中有一段批判"存储式教育"(灌输教学)的精彩论述,揭示了这种扭曲的"学习场"折射出来的学校教育的病态。他指出,现实的学校教育不过是一种存储知识的行为——"存储式教育"而已:作为存储者的教师一味地向作为"银行"(容器)的学生单向地灌输信息。然而,学生死记硬背的结果是,越是积累了存储起来的知识,作为世界变革者的批判意识越是衰弱。弗莱雷列举了这种"存储式教育"的十大特征:1. 教师教,学生被教;2. 教师无所不知,学生一无所知;3. 教师思考,学生则是被思考的对象;4. 教师讲,学生听——温顺地听;5. 教师制订纪律,学生遵守纪律;6. 教师作出选择并将选择强加于学生,学生唯命是从;7.教师做出行动,学生则幻想根据教师的行动而行动;8.教师选择学习内容,学生(没人征求其意见)适应学习内容;9.教师把自己作为学生自由的对立面而建立起来的专业权威与知识权威混为一谈;10.教师是学习过程的主体,而学生则纯粹是客体。[2]上述这些特征,正是我国以教师的"讲解"为中心的应试教育课堂的真实写照。

这种教学范式也带来了"学习场"的异化感与孤独感。根据经济合作与发展组织(OECD)在2004年实施的15岁学生的教学"参与度"与"归属意识"的调查结果表明,中、日、韩等东亚国家的共同点是,学生尽管上学了,但是对班级与学校的归属感比其他国家低。儿童作为自主学习的故事主人公,不是活跃在拥有前瞻性的课堂里,而是作为班级集体的一员被埋没在"隐身性"之中。课堂教学的着力点被置于根据"评价标准"——基于短期的、外在的基准而细化了的尺度——来衡量的"学习达成度"上。在这种课堂产生的学习中,学习者的情感、意志及其作为学习者的存在状态,被边缘化了。这种状况加剧了三种"学力落差":1.由于家庭与地域而造成的经济上的落差;2.由于班级内学力差异而造成学力的落差;3.由于学校之间的等级差别而造成的落差。

学校教育不仅培育了每一个人的"学力",还会影响到每一个人就业之后的薪金、健康,社会生活各个层面——这是教育经济学领域的实证研究表明了的。在基础教育阶段,不仅要保障每一个儿童习得学科的知识与素养,而且要保障探究力、可塑性、社会交往能力,这样才能保障每一个儿童成人之后的幸福的公民生活与职业生涯。这是欧美国家历经20多年的长期跟踪研究所揭示的。在中小学教育阶段掌握同他者协同学习的方式,有助于培育超越个体与学校之间落差的学力。

(二) 创意课堂

现代社会中无论哪一种职业都需要创造性教育。在20世纪初,大约有95％的低技能职业只要求劳动者根据他人设计的简单步骤进行工作。然而时至今日,这种工作只剩下10％了。我们生活在创造性的时代,无须操作性的活动,许多机械操作都自动化了。体力劳动者的工厂作业,让位于电子计算机和机器人。随着人工智能的进步,诸多脑力劳动的职业也将自动化。单纯地向学生传递"浅层知识",无论对学生还是教师而言都是极大的时间浪费。学生所需要的并不是往昔的灌输"浅层知识"的教学,而是"创意课堂"。当代学习科学的倡导者索耶(R. K. Sawyer, 2019)彻底批判了这种落后于时代的教育。[3] 他在大学开设的讲座中,每次必定会向学生提出如下两个问题——

第一个问题:"在你取得高分的一个月之后,所学的内容被忘得精光。你有过这样的体验吗?"我在执教的班级提出这个问题时,全体学生齐刷刷地举起了手,毫不犹豫。学生们一个个举目张望,确认大家都举起了手。我不由得浮起一抹笑容,并不惊愕。学生说得不错,学校就是这个样子的。大量研究表明,即便是最优秀的学生也常常记不住学校里学到的知识。

第二个问题:"即便得了高分,其实并不理解所学的知识。你有过这样的体验吗?"学生们起初没有反应。放眼望去,整个课堂显得局促不安。有几个人开始小心翼翼地举起了手,后来有更多的人缓缓地举起了手。当明白不只是自己的时候,几乎全员都举起了手。这时,学生们并不惊慌失措。在大多学生看来,不理解教材的不光是自己,他们并不感到羞耻。我赶紧安抚他们说:"全体举手,是我料想到的。"众多的研究表明,在今日的学校里,即便考试成绩优异的学生,也大多未必理解了教材。

这样的课堂情景是司空见惯的,因为大多学校实施的是"灌输教学"。索耶把这种"应对 20 世纪产业主义社会的传统学校教育的模式"称之为"授受主义"(Instructionism)。"授受主义"的教育模式隐含如下的假设(特质):1. 知识是有关世界的事实和如何解决的步骤的集合。2. 学校教育的目标就是将这些事实和步骤装进学生的头脑。一个人的头脑中要是拥有了诸多这样的事实与步骤,就被视为受过教育。3. 教师知道这些事实和步骤,他们的工作就是将它们传输给学生。4. 先学习较简单的事实和步骤,再学习更为复杂的事实和步骤。学习难度以及教材的适当排列方式,是由教师、教材编写者或者相关领域专家确定的,而不是基于儿童实际上如何学习的研究来确定的。5.确定学校教育成功与否的方式就是检查学生掌握了多少事实和步骤。[4]这是一种效果低劣的教学方法。教师一味填鸭式地灌输教科书知识、学生死记硬背,然后通过考试、证明"掌握"了知识。在这种教育模式下,学生只能学到浅层的事实性知识与步骤性知识,只能进行最低水准的认知处理,其结果只能获得"浅层知识"(Shallow Knowledge)。优等生在考试中取得高分、记忆的是"浅层知识",考试之后被忘得一干二净。"浅层知识"是同创造性无缘的。倘若学科(数学、物理、化学、历史、地理)的教学只是"浅层知识"的灌输,是不可能借助这些学科的知识发挥创造性的。持续地进行"浅层知识"的学科教学,即便高喊"创造性能力"的培育,也不过是徒有其表而已。

培育"创造性"的最佳策略是借助"创意课堂"实施"创造性知识"(Creative Knowledge)的教学,亦即"深度知识"(Deep Knowledge)的教学。[5]有了"深度知识"才能从深度理解教材开始,活学活用,解决问题。学习科学家就是致力于研究每一门学科的"深度知识"的教学,传授创意教学的方法。这种教学模式具备如下特质:1.关注更深刻的概念性理解。要发挥作为知识劳动者的能力,仅仅单纯地掌握事实与步骤是不够的。事实与步骤的知识只能在可适用的情境,清楚知道修正知识和运用于新的情境的场合才起作用。因此重要的是,以更有用的方式来学会在现实世界中能够利用的知识。2.不能单凭教师的讲授,需要聚焦学习过程。单凭教师的讲授是不可能获得深刻的概念性理解的。唯有学生自身积极地参与学习,才能深入地学习。因此重要的是聚焦学生的学习过程。3.创设学习环境,应当支援学生作为"学习共同体"的熟练者所需要的一切知识背景。为此,必须借助互联网技术构成有可能解决现实世界困境的学习环境。4.基于学习者的既有知识的环境,进行基于学生既有知识的环境设计。5.促进反思。在学生借助对话与文本表达自己的知识、分析自身的理论、提供反思的机会之际,能够更好地进行学习。[6]基于这种立场,教师不仅直接进行指导,而且设计学习环境。在这种学习环境中教师主要承担旨在帮助学习的角色作用,存在形形色色的介入方式:从教学模式的提示开始,到引导学生走进学术世界,提供"脚手架",帮助学生展开探究或是参与共同体的探究。学校的课堂不是单纯的物理空间,而是一个社会的、政治的、历史的、文化的空间。从历史渊源看，传统的课堂是以产业革命社会的大工业效率主义为基础形成的，当今的"课堂革命"表明了崭新的社会背景——产业社会的终结与知识社会的勃兴，"教师一言堂"终将消失殆尽。

（三）"浅层知识"与"深度知识"

"灌输教学"只能传授"浅层知识"，但"浅层知识"不能支撑创造性。学习科学的研究表明，支撑"创造性知识"的绝非"浅层知识"，而是"深度知识"。[7]

"深度知识"即"创造性知识"——以"浅层知识"为基础、置于境脉的学科的基本原理与理论的概念性理解。有了创意知识，才能理解基础的知识，并且懂得如何运用学到的知识去展开思考。"浅层知识"（碎片化知识）只是死记硬背发生的事实，而"深度知识"能够解释这种事实为什么会发生。就是说，所谓"浅层知识"是识记大量的事实，而"深度知识"能够理解事实的由来、知道为什么它是真实的。"浅层知识"是关于世界的事实的堆积，比如，单词的正确的读法、九九口诀表、水的化学结构，等。"创意教学"并不否定重要事件与技能的学习，"创意教学"同事实性知识的教学并不对立。要能够读写，就得学会必要的词汇；要进行数学运算，就得记住九九口诀。富于创意的作家拥有比常人更丰富的语汇。因此，在"创意课堂"中涵盖了"浅层知识"，亦即"灌输教学"中传授的事实、技能、步骤的知识。所不同的是，这些知识不是碎片化的，而是链接在丰富的概念网络之中。"知识"形成范式，赋予深度与意义。

"深度知识"即宏大知识——学科知识内容的广博理解，亦即把种种碎片化的浅层知识归纳成一个概念的体系、阐释的框架、丰富而精致的模型。科学的创造性不是"浅层知识"的碎片，而是在知识整合的基础上开花结果的。认知心理学家谓之"浅层知识"的碎片倘不加以链接，就不可能支撑"创造性"。碎片是学习的最小单位，亦即构成知识的要素——"原子"，在"浅层知识"中知识的碎片非常小，相当于在科学教学中记住"云"的种类、岩石的名字，或者懂得"卷云"一词的正确拼法。在"灌输教学"中是按照知识的碎片顺序逐个学习的，而在"创意课堂"中也学习同样层次知识的碎片，却是在比学科更广阔的视野中加以理解、把一个个碎片组成一个整体来学习的。"深度知识"把"浅层知识"的碎片组合起来、形成一个复杂的整体图像。

"深度知识"即网络知识——不仅是分科的碎片化知识，而是跨学科的诸多碎片化知识与纽带，形成相关知识的网络。在"灌输教学"中"浅层知识"的碎片在头脑中是断裂的、零散的、孤立的，学生并没有掌握知识在复杂的体系中是怎样相互关联的，没有学到整体的图像。质言之，"深度知识"具有截然有别于碎片化知识的种种特质。

1. "深度知识"是能够灵活应用的。这是因为，学习者认识到新的知识是在创意过程中产生的。在心理学中谓之"适应性熟练"，亦即能够应用于新的情境之中的知识。单纯学习"浅层知识"的学生总以为所谓的"知识"是永恒不变的，是作为前人积累下来的"真理"来学习的，并没有觉察到自己学习知识也是一个创意的过程——从充满着(科学家的)发现、(技术家的)发明、(历史学家的洞察性)分析、(数学家的)证明和公式中派生出来的学习过程。单纯的碎片化知识派不了用场，就是说，"浅层知识"就像建造房屋的低性能材料一样，"又硬又脆"，一旦碰上地震，便会轰然倒塌。倘若用高性能的材料来建造房屋，则能够抵御自然灾害，使房屋不至于倒塌。这同"浅层知识"不能迁移到新的情境与问题，是同样的道理。"浅层知识"只能应用于同业已学到的境脉一样的情境，而"创造性知识"能够加以变通、应用到各种新的问题解决中。

2. "深度知识"支撑思维与行动。富于创意的人懂得思考怎样去运用自身的知识。吸纳新的问题解决思路，领会尚未习得的知识，应当质疑什么问题。学生掌握了"深度知识"就能像各个领域中的创造者那样进行思考。"如何思考"是能动的、灵动的，意味着面向未来、向前进击的可能性。"浅层知识"是凝固的、僵化的。即便有了"浅层知识"也不可能有任何的行动。其视线不是面向未来，而是朝向过去的。所谓"创意思维"是从给出的信息中跨越出来、重建旧有的观念、基于基本的框架与概念的深度理解，去探索新的课题。

3. "深度知识"构筑新的学习平台。倘若掌握了"创造性知识"，就可以为尔后的学习构筑平台——在尔后的教学中学习相关的知识之际，提升学习与理解的质量。倘若有了数周或是一个学期的深度知识的学习，就可以成为尔后各个单元的学习成果的推进力，构成创造性知识的良性循环。由于"创造性知识"是深度的、弹性的，便于理解尔后单元与概念之间的关联。

4. "深度知识"支撑跨学科探究。"深度知识"具有把某学科知识同别的学科知识关联起来的链接力,大多具有创造性的观念,是在跨学科的知识体系的交汇中产生的。在创造性研究中这种新的观念谓之"远程关联"(Remote Associations)。"远程关联"表明,融合类似知识、形成新创的观念具有更高的创意。在最有成果的创造性教学中,倡导学生把不同学科的知识加以融合、教授跨学科知识,就是基于这一理由。在需要多学科的知识体系来解决问题的场合,必须建构各门学科的"深度知识"。有了多学科领域的深度知识,学生就容易获得跨学科的洞察,能够运用每个学科的深度知识,理解其他领域的知识。跨学科的教学设计应运而生。

教师在整个学校的所有课程、所有学科中教授"深度知识",有助于发展学生的创造性潜能。不仅可以发挥各门学科的创造性,还可以掌握基于跨学科理解的创造性。一旦产生了这种"深度知识"的相乘效果,那么,整个学校的课程与教学就能实现"整体大于部分之和"了。

二、以"即兴"与"框架"实现"深度知识"的教学

(一)学科教学与深度知识

在学校的学科教学中倘若一味着力于碎片化的"浅层知识"的灌输,那么,培育"创造性思维习惯"就是一句空话。创意的心智准备得以最有效地发挥作用,是在奠定"创造性知识"之基础的时刻。在创意课堂中不同学科采用不同的教学策略与方法,就是旨在引导学生掌握每一门学科的"深度知识"。让学生将课程标准规定的学科内容的知识不是作为"浅层知识"、而是作为"深度知识"(创造性知识)来学习的。接下来,试考察一下若干学科的"深度知识"。

数学的"深度知识"。重点不是学习公式,不是单纯地记住"浅层知识",而是着力于数学思维能力的培育。数学的创造性不是在死记硬背公式中产生的,而是需要"深度知识"。诸如,理解基础;对问题的种种探索;懂得在设定问题时应当采取怎样的方

法;运用概念,链接相关概念;链接别的单元学习的概念与过程。20世纪著名的数学家哈尔莫斯(P. Halmos)在他的随笔中称"数学是一种创造性的艺术"。[9]这是因为数学家就像艺术家那样生存、行动和思考,创造着美妙的、新鲜的概念。这种别具匠心的艺术的创造性需要"即兴",亦即需要自发的、协同的行动。数学的"创造性知识"是以推论与论证为根据的。数学家越是拥有了数学的"创造性知识"这一平台,就越是能够即兴地运用数学知识,建构自身的知识。

科学的"深度知识"。科学的"深度知识"意味着宏大、深邃、贯通。新一代科学标准(Next Generation Science Standards,NGSS)——2013年公布的美国新的科学学科标准注重"创造性知识"。在NGSS中,科学教育最重大的学习目标涵盖如下七个跨学科的概念:1. 模型;2. 因果:机制与解释;3. 尺度、比例、数量;4. 系统与系统模型;5. 能量与物质:流动、循环与储存;6. 结构与功能;7. 稳定与变化。这七个概念是密切相关、便于应用的。这种"创造性知识"支撑着如下广泛的高阶的创造性活动:1. 围绕问题的大量相关的数据收集与生成(支撑发散性思维);2. 分析与解析数据(同综合性思维相关);3. 基于数据的概念形成(基于丰富的想象力的思考);4. 基本原理的特殊应用(依存于适应性熟练)。[10]

"太阳是恒星。"——是"浅层知识"还是"深度知识"?

NGSS以小学五年级生的问题为例,说明了学习"深度知识"的必要性。"由于太阳离地球最近,所以,它是人们可从地球上目测到的最大、最亮的一颗恒星。"在这个核心概念中包含了两个浅层的事实性知识:1. 太阳是恒星;2. 太阳比别的恒星更接近地球。

学生能够记住这两个事实。不过,当他们仰望天空时,或许会以为太阳就是比别的恒星大得多的天体。这种"浅层知识"的迁移,并不能让他们理解与解释现实世界中所观察到的事物。

但在"深度知识"中,这两个事实是被编织在网络知识之中的,学生能够发现自身原本拥有的认识是错误的。太阳比天空中的任何一颗恒星看起来都更大更亮的原因,仅仅是因为它比别的恒星离地球更近而已。没有"深度知识",即便记住了事实、取得了高分,也不能矫正自身拥有的错误认识。[11]

历史的深度知识。几乎所有的学生都体验过把历史视为无关联的名称、年号与场所的罗列。学生并不明白,要研究历史就得有历史的"创造性知识"。历史学家必须知道如何链接碎片化的知识——何时何地发生的、重要人物的名字、他们由于怎样的前因后果而变得重要、他们做了什么、地图上的位置及其相互关系等知识。不过,历史的思考要求广泛地链接有助于理解跨越时代的大事件。比如,为了理解数千年的欧洲史,就得学习小农经济、将军、法律、教皇之类的概念。历史的"创造性知识"是以概括化的概念为基础,在彼此链接、整合碎片化知识之后产生的众多的核心概念,诸如历时性变化、重要的历史事件、出于不同立场导致的对同一事件的不同说法、历史证据,等等。[12]

把这些核心概念同作为科学的学习成果而提出的七个领域的跨学科概念作一比较,即可发现历史、科学、数学的"深度知识"有其共同的本质性特征——关联、深邃、宏大、柔性、便于应用。历史的理解同科学的理解一样,不可能靠"又硬又脆"的知识来支撑。在应试教育中学到的历史知识是死记硬背的名词术语、事件、年号的罗列,大凡用这种方法教出来的学生并不能真正理解历史的事实。当你要求他解释历史的戏剧性变化及其原因之际,他们会束手无策,大多会按照自己学过的"浅层知识"复述一遍而已。各学科领域(学科、科目)具有独特的创造性倾向,与其把创造性作为一般技能来教,不如进行跨学科的教学更为有效。

在"灌输教学"中学生倘若没有习得足够的浅层知识,就不可能教授"深度知识"。布卢姆(B. S. Bloom)倡导的教育目标分类学,强调"记忆—理解—应用—分析—评价—创造"层级结构的金字塔,就是这种思维方式的一种表现。大多数教师也以为,必须先学"浅层知识",亦即应从最底层的记忆开始,然后由浅入深、逐层上升。倘若这些步骤不完成,就不能展开"创造性知识"的教学。然而,要上升到金字塔的顶端,不可能靠"累积式学习"为"创意课堂"作铺垫。研究表明,知识的教学不存在必须按照从金字塔底层向顶端移动的固定顺序。实际上,金字塔的上层与下层同时教学,效果更大。

就是说,"创造性知识"(深度知识)的教学必须从最初开始,即便是"浅层知识",也可以同"深度知识"一起教学,更有效果。当你实施"创意课堂"之际,学生学习的是"深度知识"与"浅层知识"两个侧面。"创意课堂"比"灌输教学"更有助于学生有效地掌握浅层的"事实性知识"与"步骤性知识"。况且,"创意课堂"同"争取优异的考分"并不是二元对立的。

(二) 有指导的即兴创作

索耶倡导"有指导的即兴创作"(Guided Improvisation)[13]的"创造性知识"的教学,亦即强调教师赋予学生探讨的课题、产生各自理解的自由,以"即兴"与"框架"(结构、计划)实现"深度学习"的教学范式。建构主义的研究表明,儿童自由自在地展开游戏般的探索性学习是有效的,这也是从蒙台梭利(M. Montessori)到杜威的进步主义教育运动的核心诉求。这种进步的建构主义研究遭到诸多的批判,但那些批判是站不住脚的,他们把"创意课堂"混同于信马由缰的探索与自由表达,其实在教学活动中设置"框架"与"制约"正是有助于提升"创造性知识"的学习成果。要把每一个人的"学习路径"同学科教学的成果关联起来,使班级全员达成课程目标,就得建构即兴式的知识。因此,教师一方面需要基于课程标准规定的学科知识,来制导每一个学生的学习;另一方面,又需要赋予学生建构自身知识所必需的自由的课程、教学计划、教学战略的组织。所有学校、所有科目都应当寻求建构"深度知识"的机遇,而不是"灌输教学"的"浅层知识"。在这里,索耶提出了如下有助于理解"有指导的即兴创作"的价值与特色的三个关键词。

学习轨道——"有指导的即兴创作"是引导学生从自己的"即兴"出发,步入创发的学习轨道,借以实现教学目标的一种教学设计。所谓"学习轨道"(Learning Trajectory)[14]是学习者从"无知"的起点到获得期许的学习成果的终点为止的路径。学习科学家与认知心理学家携手着力于阐明学生"创造性知识"建构的有效的概念路径。研究表明,最佳的"学习轨道"并不是从无知到知之的线性式路径,而是沿着"之"字形的即兴的路径。索耶用了一个比喻说,倘若把学生即兴的知识建构比作一条河,那么,河的两岸就是引导学生展开即兴学习路径的"脚手架"。岩石是障碍物,路标即认知稳定的瞬间,亦即表示学习者进行了局部的学习,但尚未达到完全掌握的状态。"学习轨道"是赋予各门学科以特质且富于年龄特征的。"有指导的即兴创作"基于研究成果,为学生提供同课程目标相衔接的"学习轨道"是理想的。在"灌输教学"中学生根据预设的步骤按部就班地展开学习,走的是典型的旨在传授"浅层知识"的线性式"学习轨道"。然而,倘若学习的目标是"创造性知识",采用非线性式"学习轨道"却能发挥最佳的学习效果。河面拓宽了,学生即兴的余地就会变大,但切忌让学生陷入同课程目标无关的、无效的活动。"学习轨道"的研究才刚刚开始,不过,新的研究一定会为我们提供各式各样的激励性的实践性指引。

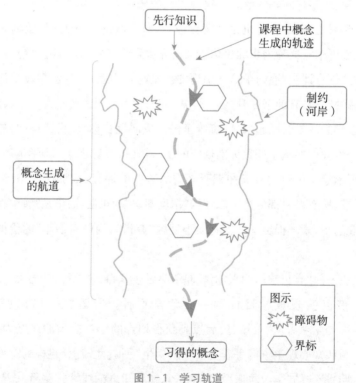

图 1 - 1　学习轨道

资料来源:R. K. Sawyer. 创意课堂:基于"即兴"与"框架"实现深度学习的教学范式〔M〕. 月谷真纪,译. 东京:英治出版公司,2021:123.

　　脚手架——"有指导的即兴创作"可以形象地比喻为建筑工人搭建的"脚手架"(Scaffolds)，"有效的'脚手架'意味着为学习者提供凭借自身的力量能够理解的暗示与线索，使之成为其主体性知识建构的支撑"。[15]要让学生自己去"建构"创造性知识，从教学伊始就得提供适当的帮助(制导)，亦即必须有教学的"计划"(框架、结构)。作为宏大的、复杂的、深邃的"深度知识"，不可能囫囵吞枣地学习，需要经受"制导"的过程。"灌输教学"满足于传授碎片化的"表层知识"，而累积式地堆积知识是无须"脚手架"的。但在"深度知识"的教学中，当学生遇见新教材之际，教师需要热情地作出"制导"，在这个阶段里学生尚未建成答案确切的即兴的平台，应把重点置于"结构"，亦即提供"脚手架"。随着学生"学习轨道"的移动，建构了渐次复杂的完整知识之后，教师就得削弱"结构"，亦即削弱"脚手架"。所谓"削弱"是教师因应学生获得理解的状况，慎重而缓慢地拆除制导结构的过程。而随着教学"结构"的削弱，班级的活动逐渐增加即兴性。在"学习轨道"的终点——达到课程的目标，学生掌握了该单元的"深度知识"——之际，能运用知识进行创造，也就无需"脚手架"了。

　　协同创发——"有指导的即兴创作"既不是教师离开学生的"即兴"，也不是学生离开教师的"即兴"。在"创意课堂"中师生双方参与协同的、探究的、即兴性的讨论，谓之"协同创发"(Collaborative Emergence)。[16]这是因为，舞台上全员参与的行为，可以创造预设之外的演出。"即兴剧"的规则是让每一个参与者拥有创意与主导权，在小组的成员之间通过交互作用，促进创造性。同"即兴剧"一样，教师为了引导学生，一方面不宜放弃主导权。教师不是"讲坛上的圣人"，而是拥有作为"贴心的向导"的责任与权限。即便在即兴的高潮(知无不言、言无不尽)之际，教师也必须把当天的教学计划与课程目标牢记在心。但另一方面，要发挥"协同创发"的建构主义优势，教师不应当"先导"整个课堂教学。"先导"无法产生真正的"即兴"，这是有碍于学生的创造性培育的。优秀的教师需要紧密关注学生的讨论行为，作为课堂中的一员发挥"即兴"作用，同时以舞台监督的眼光，去审视整个课堂教学——从课堂讨论到"创造性知识"的集体建构——是怎样得以创发的。

三、创意课堂:超越"覆盖陷阱"与"教学悖论"

(一)超越"覆盖陷阱"

在应试教育的课堂中,旨在覆盖所有的"知识点",让学生尽快地掌握大量的"浅层知识",通过考试取得"好成绩"。——这种现象,索耶谓之"覆盖陷阱"(Coverage Trap)。[17]"灌输教学"表面上看是有效的,似乎无须根本的变革。但这种知识并不是基于理解的,是不牢固的、考完即忘的知识。有效学习摒弃"知识覆盖"的观点,而代之以重视"创造性知识"的教学。研究表明,尽管在这种教学中并不教授大量"覆盖"的知识,但在"浅层知识"的考试中学生能取得优异的成绩,这是由于学生能够运用自己的"深度知识",从基本的原理推导出"浅层知识"。重视覆盖知识点的教学不仅无助于"创造性知识"的习得,即便是教授"浅层知识"也难以提升教学效果。这是因为,学生的记忆巩固率低,理解也不深,在学校之外知识的应用能力也极其薄弱。"灌输教学"尽管致力于强化学生的能力,学生的学习成就度却相对低下。

以美国俄亥俄州某小学的"项目学习"为例,可以看出"有指导的即兴创作"的典型特征。[18]该校42%的学生是贫困阶层的子女,但他们并不满足于"浅层知识",而是寻求"深度知识"的教学,成功地提升了教学的效果。他们让五年级小学生展开为期4周的"如何减少图书馆的噪声"的"项目学习",学生基于该州界定的课程标准,设计如下的培育高阶思维习惯的创造性过程——

发现。学生首先从检索相关资料开始,在教师的引导下旨在获得同幅度广泛的科学概念相关的创意知识,而展开探究过程。学生在探究过程中学到了大量的学科知识,诸如声音在物质中是如何传播的,有哪些可有效地消弭噪声的物质,等等。

发散思维。然后让学生展开发散性思维,借助这种创造性思维的方法,推出了大量可行的策略,诸如放下窗帘,在窗户边上种植大量的树木,等等。奇思妙想是有效的创意过程所必须的。学生们提出了大量的方案,诸如,在天花板上吊风扇,在窗边放上

大型的鱼缸养鱼,等等。

提问。学生通过教师的引导,思考从不同的视点去把握问题。比如,改变减少噪声的思路,让学生重新思考图书馆的功能——"或许可以重新定义图书馆,它不再是静悄悄地读书的场所,而是可以出声的活动场所,瀑布流水的声音不再是噪声的问题。"

实验。至此,教师引导学生的创意过程的步骤可以告一段落。学生利用纸箱、牙签等便宜的素材制作模型和原型。

提案。在学习的终结阶段,学生分小组表达各自小组的创造性观念,向教师与家长宣布解决方案。最后的解决方案具有一定的可行性。学生在教师的引导下,经历创造性的过程,习得了创意知识。他们掌握了该州规定的学习标准的重要因素,他们"创意教学"的成果是,音波和物质构成的理解(科学)、单位的计换算与百分率之类的素材成本的推算(数学)、自己提出的解决方案的可行性报告(语文)。

在"项目学习"的过程中会出现诸多无意义、无关联的观念,积累此路不通、接受失败的体验。在这里,教师面对学生的错误答案,反其道而用之。亦即利用错误的答案让学生接受深刻的教训,而不是让他们及时找到正解。根据"有效失败"(Productive Failure)的研究,与其让学生立时达成正解,不如让他们经受挫折(错误),更能有效地学到"创造性知识"。重要的是让他们探讨为什么会出错,同正确的答案究竟有什么差别。教师仅仅关注正解而无视错误,学生就不可能从失败中学习。这就是说,有效地面对失败,有助于学生习得深度的"创造性知识"。

(二) 超越"教学悖论"

一线教师面临着两难局面:一方面是教育行政系统规定的"课程标准"规约着教师的教学行为,另一方面是冲破这种制约、实施"有指导的即兴创作"。作为教师的专业"自律性"与制度的"制约性",相互掣肘。索耶把这种"框架"与"即兴"的教学处于相互矛盾关系的局面,谓之"教学悖论"[19],而"项目学习"(Project Based Learning, PBL)就是实现"框架"与"即兴"的巧妙平衡、超越"教学悖论"的一例。

PBL 的单元是从"开放式"问题开始的。开放式问题的最大优势是,进展的方法是根据某种程度的"混沌"来设计的,这种"混沌"是学习经验所不可或缺的。不过,无论对教师还是学生而言,同"混沌"的相遇都是一件困惑的事。当教师开始挑战 PBL 之际,倘若给出的课题过分琐碎——过分枝节的、无即兴余地的问题,一味减轻混沌性,那是不可能培育学生的创造性的。因为这是一种具体的问题——用线性的路径即可正确地解决的问题,谓之"良构问题"。在学生碰到这种问题的瞬间,就能明白其意图、结局与解决的方法,采用线性式、可预测的路径,着手问题的解决。相反,所谓"开放式"问题并不意味着完全没有结构。在 PBL 的教学中,为了让学生能够很好地应对开放式问题,需要设置大量的"脚手架"(表 1 - 1)。

表 1 - 1   良构问题与开放式问题

良构问题	开放式问题
1. 向学生提示问题解决所需的全部事实。	问题的一部分要素是混沌的、不确凿的。
2. 明确地叙述了目标、学生明确自己应当如何做。	目标界定含糊不清。
3. 明示了相关的限定要素与制约。	一部分重要的制约未明示,需从做中发现。
4. 列举了问题解决所需的规则与原则。	未给出必要的规则,学生必须边做边发现。
5. 只有一个正确答案。	可得出多种答案。
6. 有线性的解决路径,学生懂得该如何逼近解答。	有多种解决的路径,学生难以断定究竟选择哪种解决途径。

资料来源:R. K. Sawyer. 创意课堂:基于"即兴"与"框架"实现深度学习的教学范式[M]. 月谷真纪,译. 东京:英治出版株式会社,2021:138.

这种"即兴"与"框架"(结构)的最佳平衡是随着年级、学习成果、班级的不同而不同的。克服"教学悖论"没有特效药,这也正是"创意课堂"的难度所在。课堂的创意往往是"即兴"的,而这种"即兴"又需要一定的"框架",这种平衡是不断变化的。"创意课堂"的案例表明,无论最初"即兴"的比例最大、"框架"的比例最小,还是最后"即兴"的比例最小、"框架"的比例最大，学生在所有的案例教学中，都能习得"创造性知识"。

（三）"创意课堂"的特质

"创意课堂"力求学科之间的链接，以及课内学习与课外活动的链接（诸如把课堂教学同博物馆、科技馆等的体验学习链接起来），通过提供大量的"脚手架"让学生展开既动脑又动手的活动与学习。诸如，整合技术学科、美术室、实验室，让学生从事烹饪、裁缝、焊接、机器人制作、绘画、版画、劳作等，展开设计与制作的活动，就是一种富于即兴性的"体验学习"。这种体验学习有三大好处：一是有助于学习的具身化。学习者同外界的人工物进行物理性交流，最大限度地驱动自身的身体、五官与双手。学习活动伴随着具身性，"创造性知识"的学习效果得以提高。二是有助于知识的外显化。在制作活动中，学习者的知识发展是以肉眼看得见的有形物体的方式呈现出来的。这种外显化有助于学生元认知的发展，亦即有助于学生反思能力的培育。元认知技能是提升深度知识学习的学习力。三是有助于激发学生的内发性动机。研究表明，学习者的内发性动机有助于形成"创意课堂"。[20] 在"创意课堂"中学生通过有"框架"（结构）而又有"即兴"（灵活性）的教学计划与班级活动，沿着同"创造性知识"链接的"学习轨道"展开探索过程，可发现其具有若干有别于"灌输教学"的特质——

1. 聚焦技能甚于知识。从某种意义上说，充满创意的课堂相当于制作"彩沙曼荼罗"。在古代神圣的仪式中，佛教的僧侣们花上几天或几周的时间，进行包含几何图形与菩萨象征的谓之"曼荼罗"（坛场）的圆形或方形的整体板块的设计，赋予图案与色彩不同的象征意涵，然后用五彩斑斓（白、红、蓝、黄、绿）的彩砂来进行制作。僧侣们借此制作活动，掌握独特（砂粉不至于移动）的"曼荼罗呼吸法"。曼荼罗一旦完成、祈求菩萨保佑之后，便"事毕坛废"（迅疾地、静寂地加以捣毁）。对于僧侣们而言，制作彩沙曼荼罗的过程本身是一种神圣的修炼，并不在意最终完成的作品。其实，在晚近学习科学对"学习"作出的定义中，最受重视的也是"过程"。其理由是，是否获得了学习，并不仅仅反映在可测的成果之中。所谓"授人以鱼，不如授人以渔"。"灌输教学"是基于事实性知识的灌输与短时记忆而存在的。然而，科恩（A. Kohn, 2011）指出，"懂得诸多事实,却是呆头呆脑"。[21]换言之,即便掌握大量知识也未必拥有深度理解。这是因为,人脑是指向有效率的过程的一种器官,不容许碎片化知识的占领,无需的、无用的信息会迅疾地加以清除。学生自己进行操作、交互作用、记住尝试错误的行为与事实,尤其记住自己认为是重要的东西。脑的记忆机制就是概括要点与生成意义,不是录像机与事实的存储库。人脑的记忆是在同别人的交互作用之中,形成并再现的。人脑对连贯的、更聚焦的东西,倾向于自主地进行故事的编织。[22]

2. 聚焦过程甚于成果。"学习"并非简单地加以测定、单靠"输入"与"产出"即可完成的线性式过程。传统学校的课堂教学是按照工厂大量生产的模式,信奉"输入"与"产出"的线性模型,来作为教学设计的方法的。然而,这是有悖于作为进化之产物的人脑的本性的。人类起源的研究表明,人类作为一个拥有探究精神的生物学倾向的物种,借助不断的探索,适应永恒变化着的世界。人脑就是在人类长期探索新鲜的世界、积累新颖的刺激与新鲜的经验中,得以进化的。[23]同样,要奠定充满创意的课堂的基础,教师必须信赖学生,信赖他们自身拥有的学习动机与学习能力。仅仅给他们提供单纯追求覆盖教科书的知识的课程,是错误的教学行为的表现。而所谓"学习成果"——单纯地旨在理解人在学习之后发生了什么变化,也是一种不恰当的术语。仅仅局限于最终的到达点是难以捕捉个性特征——"这个人变了""他从某种理解方式转变为另一种理解方式了"——这一质性变化的。我们应当探讨发展的过程,亦即变化的轨迹。所谓"学习"是没有终结的,也并不囿于成果。我们往往可以发现,认知能力是飞跃性地提升的。"突发性",是所有学习与发展的特征。儿童的学习并不是线性的发展,它是一种复杂的、非线性的、动态的系统,隐含着无序的飞跃。教师需要把握这种奇迹般的飞跃。归纳起来说,教师应当懂得:(1)学习的过程,比之学习的产物更重要。(2)人脑拥有过程取向。(3)学校中教科书的内容几乎忘得精光。(4)学生在深度学习中记住的东西,是相互链接、赋有意义的。(5)要培育学生的个性,就得让他们展开思考、采取行动。(6)要创造充满创意的课堂,就得摒弃循规蹈矩的行为,信赖学生的自主学习能力。[24]

3. 借助学习积累的经验甚于结果。现代过剩的监督体制无视学生的内发性动机,容易导致学生创造性缺失、亦步亦趋、囿于教科书知识难以创新。为了建构"创意课堂",教师需要放弃某种程度的控制,信赖学生是能够展开学习的。教师的工作不仅要支撑、维系、尊重学生的创意,守护他们基于内发动机与尝试错误的探究活动,还需运用工具与技巧,把学生的兴趣引向探究的演练及其过程,提供"脚手架"、形成关系,展开知识建构与再建构。为此,一方面,教师需要设计有助于学习过程与教学内容得以彰显的学习体验;另一方面,教师需要为学生提供选项,发展他们的扩散性思维——你想创作漫画吗? 你想参与演出吗? 你想编撰一本带有注释的书吗? 你想学雕刻吗? 你希望作一场口头报告吗? 你想建造模型吗? 如此等等。——当学生表明自身拥有表达方式的时候,评价不是减少,而是强化。归根结底,所谓"评价"不是让学生显示学过的那些东西,而是让他们将学到的东西加以表达出来的行为,习得自立性以及自我表达,形成强有力的体验。

　　"知识建构"(Knowledge Building)的方法论是以真正的知识建构活动也能在课堂里发生为前提的。这就是说,知识是在集体中、通过集体而得以学习的。知识劳动不是单纯地模仿熟练的研究者与设计者,而是在本质上发展课堂共同体的既有知识的同时,也使得这种发展的知识成为更宏大的社会性知识建构的成果。正如研究者钻研的学术领域那样,课堂中的知识状态并非存在于在每一个学生的心中,而是创造性地共享的。共同体的知识间接地反映了共同体中每一个成员的知识。[25]"创意课堂"需要四个条件的支撑,这就是:(1)文化。鼓励教师的创造性,促进教师之间协作的文化。(2)领导力。赋予教师自律性,支援创造性教育的领导力。(3)组织结构。教师与学科尽管不同,但教师之间能够灵活地展开协作。教学设计多种多样,形成支撑"即兴"与"框架"的课时比例。(4)学业评价。在评价"浅层知识"的同时,聚焦"深度知识"的评价。[26]在这里,索耶特别强调了理想的校长行为应当是,乐于接纳"实验—反复—革新"的非线性路径,以身作则,在自己的工作中践行创意的思考与行动,鼓励教师在教学中不懈地实验,理解教师难免的失败与困惑并作出支援。[27]实现"创意课堂"最根本的路径是,从校长和教师自身的变革开始。

　　归根结底,"创意课堂"是以学生的学习为中心的指向"深度学习"的教学创造,同

《礼记·中庸》中倡导的"博学之,审问之,慎思之,明辨之,笃行之"的学习观一脉相承。摈弃"灌输教学",寻求"创意课堂"——这就是新时代"课堂转型"的指针。

参考文献

[1][15][25] 索耶(R. K. Sawyer).学习科学指南(第二版第2卷)[M].大岛纯,等,译.京都:北大路书房,2016:2,7,132-133.

[2][4][6] 钟启泉.课堂革命[M].南京:江苏人民出版社,2017:6-7,9,9-10.

[3][5][7][8][9][10][11][12][13][14][16][17][18][19][20][26][27] R. K. Sawyer.创意课堂:基于"即兴"与"框架"实现深度学习的教学范式[M].月谷真纪,译.东京:英治出版公司,2021:14-15,17,17,42-51,67,68-70,72,74-75,20,122,120,52,56-59,21,151-155,198,185.

[21][22][23][24] W. L. Ostroff.课堂上涌现"好奇的小猴乔治":唤起好奇心[M].池田匡史,吉田新一郎,译.东京:新评论出版公司,2020:304,301,28,308.

第二章 "教育即脑育":脑科学的论断

晚近脑科学研究以大量的案例解读了"学习脑"的机制,为课堂转型提供了坚实的理论基石。本章以日本脑科学家林成之的"教育即脑育"的论题所展开的论述为中心,作若干梳理,旨在揭示"应试教育"的弊端以及"素质教育"的必然性与必要性。革新的教师懂得,武装脑科学的新常识是变革自身的思维方式、实现课堂转型所需要的。

一、"理想学习"与脑科学的儿童发展观

(一)"理想学习"与脑科学研究

"教育"的本来意涵是每一个人发现自我的终身过程。换言之,它是每一个人得以终身挖掘自身潜能、寻求幸福的不可侵犯的权利。[1]然而,产业革命以来的学校教育是一种本末倒置的教育。正如著名英国女作家斯帕克(M. Spark)说,"对我而言,所谓'教育'就是从儿童的灵魂中掏出其原本有的东西,塞进其原本无的东西……这种玩意儿绝非教育,无非是对儿童灵魂的不法占领"。[2]本末倒置的实例之一——"学习唯有借助教师的灌输才能成立",因此,信奉"暗记即学习",课堂成为划一地灌输知识的场所。这是现行的"学校神话"。"本末倒置"的实例之二,人的知识(心智)的内涵分五个层次,即"数据、信息、知识、理解、智慧",它们的价值由低而高,并不是等同的。[3]然而,现行的学校教育无视这种区别,几乎不重视智慧的养成。处于应试教育基轴的是大量的信息,这种"信息"是"知识"所不可或缺的。因此,"知识"受到高度推崇。尽管"理解"有时也有所顾及,但"智慧"全然被置之度外。其结果是,只满足于"信息"与"知识",荒废了"智慧"的培育。[4]本末倒置的教育必须颠倒过来,借以实现"理想学习"。如果说,以往教育设计的焦点是"教"而不是"学",那么,后产业社会时代教育设计的焦点是"学"而不是"教"。[5]

20世纪中叶以来教育心理学研究的演进——首先是学习心理学的理论与方法，然后是认知心理学的理论与方法，对"理想学习"的研究产生了巨大的影响。进入21世纪，脑科学之光为"理想学习"的设计带来了一线新的光束。在脑科学与教育的研究看来，"所谓教育是控制与补充脑的神经回路网的建构所必须的外部刺激的过程"。同教育密切相关的"学习"被视为"借助来自环境的外部刺激来建构神经回路的过程"。就是说，"由于通过学习决定了所建构的神经回路的性质或方向，所以教育可以视为有意识、有计划、有组织地控制与补充来自环境的外部刺激的活动"。[6]"脑科学与教育"研究中作为重点的研究领域大体包括两个方面。其一，注意力、意志、动机、创造性的培育研究。诸如，婴幼儿、学龄期儿童的"注意"发展的脑活动非侵袭检测；婴幼儿、学龄期儿童的"意志、行为决策"发展的脑活动非侵袭检测；"直觉"与"洞察"的脑活动特征的揭示；"情绪"发展的脑活动特征的揭示；"学习时间、问题解决时间"的个别差异特征的揭示；"脑内报酬系统"的非侵袭检测；"模仿"的脑内机制的揭示；通过在科学、艺术、文化领域有独创性业绩人物的脑的非侵袭检测，揭示脑活动特征的研究，等等。其二，学校课程与教学方法的开发研究，以及脑功能障碍的揭示与脑功能障碍儿童的社会参与的研究。诸如，牵涉学习的脑功能发展的基本机制；婴幼儿、学龄期儿童记忆与健忘特征的揭示；逻辑推理的发展与脑内机制的揭示。敏感期（临界期）的有无以及开始、终止的机制的揭示；情绪、情感等脑功能发展与敏感期（临界期）有无的揭示；人的大脑皮质各个领域髓鞘化过程中遗传因子与环境因子关系的揭示；种种教学方法对脑功能影响的非侵袭检测；关于知识、概念形成、思考力、创造力的学习过程的脑机制的阐明；同学习动机相关的脑功能的阐释；基于性别差异的脑功能研究的揭示，以及脑功能障碍者的理解、教育、治疗的研究。[7]

"脑科学与教育"研究作出的一个论断是，脑既可能促进学习，也可能限制（抑制）学习。因此，倘若能够阐明促进学习、限制学习乃至抑制学习的脑神经的机制，不仅有助于学习障碍儿童的治疗，而且有助于有效的学校课程与教学的开发。比如，在儿童的语言获得过程中诸如上下文、意图、音韵、意义处理以及语法处理，需要不同处理过程的学习。再比如，在儿童的判断与评价中儿童的情感智能起着重要的作用。教育的目标不仅是发展认知能力，也发展情感能力。哺乳动物也拥有"情感脑"，而人同别的动物的区别就在于大脑皮质。大脑皮质从事计划、行为、注意等高阶信息的处理，另一方面又同"情感脑"的发展密切相关，这就使得人类拥有高于单纯进行信息处理的电脑的能力。

（二）脑科学的儿童发展观

从脑科学研究看来，"学习是一种产出，而不是消费。知识不是学习者吸收，而是学习者创作。学习是学习者既有的知识技能与新遇的知识技能的交响、从中迸发出新的关系与意义的过程。顾名思义，学习意味着形成新的意义、新的神经通路网路，以及脑/整个身躯的系统内的变化而形成的新范式"。[8]学校教育的作用可以归纳为如下两点：其一，人格的形成。教育的最终目标之一就是人格的形成。作为人格的基本要素，可以列举自我的确立与他者的认识、社会性的获得、丰富的情感发展与灵性的理解，可以说，支援建构人格的各个要素的发展是教育所承担的功能。具体地说，教育的作用就是有助于对"真、善、美"价值的认识，有助于支撑生存能力的价值观的获得，以及对他者的怜悯之心与共情心态。其二，生存能力的培育。作为教育的宏观目标就是培育拥有"核心素养"，特别是"4C"（Critical Thinking，批判性思维能力、Communication，沟通能力、Collaboration，协同能力、Creative Thinking，创造能力）的生存能力。脑科学要求我们必须用全新的方式来思考心智、脑与教育，脑科学为建构全新的儿童"发展观"提供了神经科学的实证依据，这种发展观的基本特征是[9]：

1. 从一元论到二元论。传统的认知理论受笛卡尔的身心二分的二元论的影响，表现为"离身"特征的认识论。这种"离身"特征的认识论成为应试教育课堂教学危机的根源。西方主流的人类心理模型认为，大脑作为核心器官，控制着决定多数的意识与学习行为。然而，脑的激活或是脑中各种各样的激活模式是在一个整体系统——身体之中发生的。身体的健康、营养、荷尔蒙系统以及人际关系都会对脑产生影响。而且重要的还在于，脑的发展依赖于人们的具身行为。换言之，人是通过作用于客观世界来学习，而不是仅仅通过聆听或思考来学习的。学习是一种具身的过程。

2. 从灌输到建构。传统"学习"的一个隐喻是"灌输"，亦即学习是人际知识传递。

31

这种观点意味着,学习是一个被动的过程。倘若知识可以简单地传递,那么学习者所需要做的就是"接受"而已。当然,学习并没有那么简单。知识是以活动为基础的,而这些活动会塑造脑的运作方式。学习不应该仅仅是接收信息,而且还应该运用、质疑和验证这些信息。因此,知识的主动建构模式应当取代知识灌输的模式。

3. 从阶梯到网络。皮亚杰(J. Piaget)的四阶段理论,把儿童的发展分为感知运动阶段、前运算阶段、具体运算阶段和形式运算阶段。这种简单的线性阶段的观点促成了发展的阶梯式模型——一种把"发展"描述为和爬阶梯一样,一步接着一步的阶梯隐喻。不过,当代科学家则用"技能网络"来代替"阶梯隐喻",关注建构过程和不同领域、不同人群之间学习的诸多差异。把发展视为网络而不是阶梯,催生了诸多有前景的研究方法。

4. 从线性发展到动态发展。阶梯隐喻同发展的线性观点密切相关,它把儿童视为独立的主体,完全按照一个标准的发展顺序前进,线性发展模型也是累积式的,智力被视为静态的,用来解释行为的一种固定的属性。动态系统的发展则关注不断发展的个体在具体的功能性环境中所具有的变化。在动态的非线性的系统中环境总是在塑造行为,同时行为也在塑造着环境。换言之,特定的行为由个人与环境相结合而涌现。动态系统的方法为我们提供了关于学习者更加真实的视角——学习者个人特征与其所处环境都包含在内,利用变异的相关信息来解释新性能的出现与即时学习中的发展微变化。

(三)教育即脑育

著名认知神经科学家迪昂(S. Dehaene,2020)说:"教育是我们脑的加速器……没有教育,我们的大脑皮层回路就会像一颗未经加工的钻石。"[10] 在日本脑神经外科专家林成之看来,时代是人脑创造的。人脑发挥怎样的功能是牵涉"时代进化"的根本课题。他从"脑的本能"与"脑的思维机制"两个侧面阐释了"脑与教育"的关系,并推导出两个鲜明的论断:其一,教育即脑育;其二,人脑以本能为基础,同据以产生的情绪一体化地发挥功能。[11] 在他看来,要培育出色的下一代,就必然要求在学校教育中锻炼"本能"、涵养"情感",要求教育者认识"心智"发展的机制。

那么,何谓"本能"?"本能"有两种。[12]一是源自细胞的"本能",亦即大脑中的神经细胞天生就拥有各自独特的本能。每一个脑神经细胞在同周边的细胞链接、交换信息中,产生四种本能:求生存、求知识、求伙伴、求沟通。求生存、求知识的本能发明科学;求知识、求伙伴、求沟通的本能形成文化与艺术;求生存、求伙伴、求沟通的本能产生宗教。进而,求知识的本能形成教育体制;求生存的本能产生家庭;求伙伴、求沟通的本能产生经济框架。二是源自组织的本能。亦即脑的各个部位集中形成的每一个神经细胞组织的脑功能所产生的本能。在现代社会的框架中要求"作出社会贡献,图谋安定生存",就是脑出于求生存、求伙伴、求沟通的本能而带来的二次性本能。磨炼这种本能是发挥脑力的基础。换言之,脑拥有守护自身功能的两种"癖好":其一是基于求生存本能的"自我保护"的癖好,其二是维护信息的"统一性""一贯性"的"统整连贯"的癖好——拥有"判断正误""识别事物""谈吐条理"的积极作用。不过,其反面作用也可能成为脑犯错误、成绩低落的原因。一个浅显的例子就是作出"厌恶同自己见解相左的人"的反应。冷静地思考,厌恶不同见解应当是没有理由的,但脑出于"统整连贯"的癖好而作出拒绝,甚至会作出"自我保护"的过度反应,从而妨碍脑的正确判断,引发错误的言行。人脑是依据一定的步骤发挥功能,其关键在于"情绪"的产生。换言之,脑的功能是通过"本能"与"情绪"一体化而形成的。[13]胎儿在母体内就形成了旨在发挥脑功能的回路,最初依赖母亲,在母体里以求生存的本能为基础,用哭泣的方式来传递自身的情绪。就是说,"好"与"恶"是从免受危险的求生存的本能中产生出来的"情绪"。学习也是如此。一旦对某门学科产生了"厌恶"的情感,其后就难以发挥判断与思考的功能,难以掌握该门学科的知识。创造出人类的复杂社会体制的,归根结底是"脑"。脑神经细胞彼此链接,进行复杂的信息处理,使社会得以进化、发展。在这里,发挥强大的引擎作用的,是人脑的"本能"。要最大限度地发挥脑的功能,就得磨炼脑神经细胞拥有的本能。人脑以源自细胞的本能与源自组织的本能为基础而展开学习,从而锻炼这些本能,发挥无尽的能力。

林成之进而从"脑的思维机制",亦即脑是怎样"获取""链接""判断""思考""记忆"信息的,作了两点通俗易懂的解释。[14]其一,脑给信息贴上"喜欢"与"讨厌"的标签,加

以梳理——从五官获得的信息,首先是"①大脑皮层神经元"作出识别,到达称之为
"②A10神经群"的部位,A10神经群由如下部位构成——掌管好恶的"侧坐核"、掌管
危机感的"扁桃核"、掌管语言与表情的"尾状核"、掌管意念与自律神经的"下丘脑"。
A10神经群可以说是形成情感的中枢神经。依据其对信息最初产生的情绪,从而贴上
"喜欢""讨厌""有趣"之类的情感标签。其二,以"动力中枢核心"为舞台,产生思考、心
智与记忆——然后,被贴上标签的信息进入"③前额叶",这里是理解、判断信息的场
所。若是对自己有价值的信息,便进入下一步,进行思考。另一方面,若被贴上了"讨
厌"这一负面的标签的信息,在"前额叶"就会被判为低价值,不能有效地发挥理解、判
断之类的思考作用。倘若判断为积极的信息,便会产生"干一干"这一情感,信息进入
"④自我报酬神经群"。进而,由于这些信息对自己是有价值的,便会携"⑤线状体—基
底节—丘脑""⑥海马回·边缘叶"作为记忆储存起来,产生"心智""意念""想象"之类
的知性活动。就是说,脑调动"A10神经群""前额叶""自我报酬神经群""线状体—基
底节—丘脑""海马回·边缘叶"等神经群,琢磨、思考信息,产出复杂的心智、信念、记

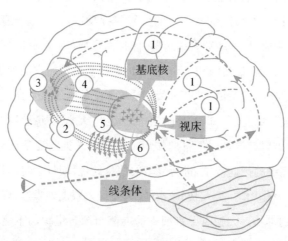

① 大脑皮层神经元　② A10 神经群　③ 前额叶　④ 自我报酬神经群
⑤ 线状体—基底节—丘脑　⑥ 海马回·边缘叶

图 2-1　脑的思维机制

资料来源:林成之.影响脑的十二种恶习[M].东京:幻冬舍出版公司,2022:21.

忆之类的功能。林成之把这一连串的神经群统称为"动力中枢核心"。脑在从②到⑥的神经群作为一个联合体而发挥作用的"动力中枢核心"的舞台上，进行思考、产出情感与心智的复杂而精妙的活动。

　　基于上述模型解读儿童教育问题，发现现行的学校教育从根本上背离了"育人"的本质。从人脑机制的观点看来，存在着足以颠覆"应试教育"的诸多理据。"应试教育"充斥着有悖人类思维机制的"减法式思考"。林成之打了个比方说，要求儿童考试得100分，倘若得了80分，还差20分；倘若得了30分，则差70分，于是"这也不是，那也不行"。[15]然而脑的"思考"是基于不同的神经链接而产生的，各自的功能并不相同。从一开始得30分不必大惊小怪，一旦掌握了方法，或许明日就得50分，经过1周之后或许可得100分。由此可知，脑是靠把握解决策略的"加法式思考"来发挥作用的。即便开始分数低一些又有何妨，只要慢慢掌握了策略，问题自然会迎刃而解。在这里，他用浅显的比喻说明了应试教育"育分不育人"的弊端——"应试教育"加剧了影响脑功能的种种恶习的生成。"应试教育之所以广受诟病，从根本上说，就在于缺乏脑科学的知识。一旦引进了脑科学知识，就可以取得优异的效果，发生惊人的变化。"所谓"教育"应当是以儿童的脑为中心展开的。从人脑成长的机制出发来思考，"素质"是能够基于科学的理论加以出色地培育的。[16]

二、影响脑的十二种恶习

　　林成之基于大脑神经机制的研究，梳理了由于应试教育的谬误所造成的影响儿童脑功能的"七种恶习"（2015）：1.了无兴趣，无所事事。2.动辄"讨厌""疲倦"，满腹牢骚。3.漫不经心，造成"态度"与"成就感"低落。4.一味求快，浅尝辄止，思考肤浅。一味求效率是不会产生独创性的。5.凡事慢条斯理、漫不经心，不情愿地学习也是无助于记忆的。6.对体育运动和绘画，兴味索然。有悖于脑的节律。7.从不夸赞他人，固执孤僻。[17]接着他从"终身学习"的角度，系统地阐释了影响脑功能的"十二种恶习"（2022）。他强调，倘若不排除这些无意识或潜意识地存在的不良习气，"自控能力"便会低下，不可能培育"发挥才能的素质"。即便用功了，儿童也不会有多大的发展，其根本原因就在于"素质"的培育方式。实施有科学根据的教育才能培育儿童的"本能""心态""心灵"，这种儿童才有望"青出于蓝而胜于蓝"。

1. 了无兴趣——婴儿的脑对母亲拥有兴趣，开始形成信息传递的通路。人脑的功能始于拥有"求知识"这一好奇心，"求知识"这一本能同思考与记忆息息相关。因此，对什么事情都了无兴趣，脑功能自然会恶化。思维的机制不发挥功能，神经通路不充分使用，脑功能便会渐渐迟钝、退化。[18]对于脑而言，"抱有兴趣"是万事的开端。"兴趣"是学习之母，也可以说是脑的原点。人从眼睛收集到的信息，经大脑皮质神经细胞的识别，到达"A10神经群"，在这里产生的是"情感"。在脑中对情感最先产生"喜欢""厌恶"的心情，"A10神经群"对此信息贴上"喜欢""讨厌"的情感标签。[19]这就是说，人脑所理解、思考、记忆的信息统统被贴上了情感的标签。理解力、思考力、记忆力等脑力，无不受到"情感"作用的左右。而一旦在"A10神经群"中被贴上了"讨厌"的标签（即负面标签的信息），脑对这种信息不会发生积极的作用，难以扎实地理解、深入地思考，也难以记忆。因此，要提升脑的理解力、思考力、记忆力，首要的是贴上"有趣""喜欢"的标签。对于脑而言，倾听他人的言说、接触新的知识之际，真诚的感动，是非常重要的。这是一旦激活了情感就能提升判断力与理解力的缘故，即"感动力"能提升脑的活动水准。倘若周遭尽是无动于衷的人，脑的感动力就会薄弱。这是因为在冷漠的人聚集的组织里即便是自己感动，也难以维系脑的"统整连贯"的癖好。可以说，"养成感动力"即"养育好头脑"。在这里，培育儿童"渴望新知、洗耳恭听"的姿态尤为重要。

2. "烦死人了"成为口头禅——脑从耳、目等五官获取信息，进行理解、判断、思考与记忆。如前所述，"A10神经群"作为掌管情感的中枢，当传递种种信息之际，贴上"喜欢""讨厌""感动""有趣"的标签。就是说，脑"理解""思考"的信息，一切被贴上了情感的标签，理解力、思考力、记忆力等脑的能力全都受到最初情感的左右。对贴上负面标签的信息，脑在"理解""思考""记忆"方面的功能会衰退。[20]脑喜欢具有积极性的话语。积极性的话语产生积极性的思考与想象，有助于激活脑神经细胞的活动。相反,否定性的话语会使得脑功能迟钝。感到"凡事兴趣盎然"的程度,意味着 A10 神经群在活跃地发挥作用。因此,尽可能传递积极的共情的话语,借助感动的力量,能够实实在在地提升脑的功能。可以说,当"有趣"成为口头禅之际,就是"好奇脑"得以活跃的时刻。

3. 唯命是从——一味听从、缺乏自主性,将导致脑功能迟钝、思考力低下,人是不能成长的。应试教育为考试而教、为考试而学,儿童不是"学习的主体",只是被动的知识接受者。在脑科学看来,本真的教育应当为儿童的终身学习奠定基础,这个基础就是"素质"。儿童必须在 6 岁之前培育起"自我管理能力"的"素质"。这是因为,7—10岁正是儿童产生事事自己完成、持之以恒或者锲而不舍的才能,迎来脑内自我报酬神经功能的完成期。[21]自我报酬神经群拥有"亲力亲为"的态势。"一味听命于上级""听从老师的指令"之类的顺从的态度,是难以发挥思考力的,关键在于儿童的"自主性"。在这里重要的是教师需要尊重儿童、相信儿童的力量。"应试教育"是单向的施教而育的概念,但"脑育"是"共育"的概念。就是说,从重视儿童的自主性出发,进而实现共同的培育。当然,对幼小的儿童要求"自主性"不能操之过急。"自主性"是指自己思考的东西自己去实现,对脑而言是一种褒奖,是基于脑中的"自我报酬神经群"而产生的。拥有"自主性"同拥有"责任感"是表里一体的关系,拥有了"自主性"同时也就意味着拥有了"倘若失败了,自己有责任"的态度。理解自我报酬神经群的作用是开发儿童潜能的关键。为了激活自我报酬神经群,重要的是让儿童有"试着干"的意愿,酿造"自主性"受欢迎的氛围。指手画脚,越俎代庖会极大地损伤儿童的"自主性"。特别是在儿童失败的场合指指点点,会让儿童拥有罪恶感,"自我保护"的防御机制增强,于是唯命是从、以免失败。长期作用下,就会阻碍儿童脑的自我报酬神经群的活动,儿童的脑功能便无从激活了。

4. 沉迷手机——手机是现代社会的人类生活所不可或缺的。沉迷于手机海量的信息,脑功能就会处于被动接受的状态。手机给人们的学习与生活带来便利,提供娱乐的时间。不过,一旦过分依赖,就会削弱思考力。海量的信息滚滚而来,导致脑中的信息处理作业粗糙不堪。在被动接收信息的状态下,大脑不会产生驱动 A10 神经群中积极的情感,其结果难以满足真正的心智喜悦与乐趣。[22]一个人终日独处,接触手机的时间过长,导致人际交往的机会减少。对脑而言,同别人对话具有重要的意义。人之所以能向对方传递思考与情感,是因为彼此之间能够借助脑的 A10 神经群发生共振,进而积极地分享思考与情感,脑的自我报酬神经群得以共振,从而激活脑功能。基于此,也就有可能产生"喜悦""快乐"之类的情感,形成深度沟通。在人际交往中同别人愉快地对话的人脑,同他人共情共振的机会增加,从而思考力与记忆力也得以提升。依赖手机的独处时间增多是脑功能低下的一个要因,应当尽可能避免。

5. 一味求效率——应试教育一味追求"知识传递"的效率,但脑科学认定,单纯追求效率不会产生"深度学习"。"动态中枢核心"拥有不会消失的漩涡状神经回路,这使得人脑能够反复进行思考,产生新的想法和信念。人的思维是借助反复琢磨而提升的。[23]出色的想法、独创的主意和新的发现,是几经思考产生的。当然,这种反复不是单纯次数的重复,而是必须严密地洞察理论的漏洞。重要的是通过严密的反复思考去发现漏洞,借以在洞察常识性错误的基础上,打破常识的思维过程,产出新的见解与发现。人们往往过分关注效率,快速思考,却把"反复琢磨"视为多此一举。然而,单纯地求效率是不会产生独创性的。要"深度思维"就得倾听他人的见解,不执着于自己的一孔之见。固执己见是影响大脑的恶习在起作用的典型证据:由于大脑"统整连贯"的本能而变得顽固,以为自己绝对正确,大脑便不易冷静客观地展开思考。另外,"阅读"自然是一种良好的习惯,但未必是多多益善。知识广博与善于思考并不是一码事,应把重点置于"如何反复地读好书",而不是单纯追求"阅读量",重视阅读的"质"应当甚于重视阅读的"量"。倘若阅读时抱着"这个我懂"、满足于"大概如此",大脑就会按照消极性指令作出反应,从而降低思考力与记忆力。精彩的内容需要反复地阅读,而不是单纯地记住结论,甚至能够达到对其背景也能逻辑清晰地加以说明的深度理解。通过自己头脑的反复思考,不仅能够真真切切地掌握其内容,而且能够加以运用。

6. 心猿意马、心灰意懒——记忆是经思考而形成的。就是说,记忆是极其主观的东西,因而会常常出错。应试教育崇尚死记硬背,但脑科学发现,死记硬背提升不了记忆力。人的记忆有四种——工作记忆、体验记忆、学习记忆、运动记忆。在所见所闻之中脑接收的信息全都成为工作记忆。工作记忆止于额前叶，不重要的部分短时间里便消失了。体验记忆、学习记忆、运动记忆则必须有脑的"思维机制"的活动，这三种记忆是在包括记忆中枢"海马回"在内的"海马回·边缘叶"产生的。这三种记忆均为"印象记忆"。所谓"印象记忆"不是事物原原本本的记录，而是按照大脑的理解来为事物塑造一种印象，然后这种印象被大脑记录，成为一种记忆。[24] 从记忆的神经机制来看，A10 神经群一旦贴上了积极的标签的信息，通过自我报酬神经群，判断"感兴趣"的信息，进入思考阶段，信息则被强烈地输入。而认为是"没兴趣""讨厌""不派用场"的信息难以记忆。[25] 要激活自我报酬神经群，"主体性"非常重要，不能被动地因为"人家说是重要的""考试会出题的"去记住，而是出于自己的需求必须记住。自己喜欢的对象、感动的对象、主动探究的对象、沁人心扉的对象，会深深地印刻在记忆之中。在心猿意马、勉为其难的"学习"状态中，即便怎样努力也无法提升脑的记忆力。[26] 大脑对各种重叠的信息会产生深度记忆，脑拥有"信息越重叠，记忆越强烈"的机制。人倘若对应当记忆的对象感兴趣，获取重叠的信息越多，记忆力就越高。这就是"印象记忆"的机制——脑通过印象的中介，重叠的信息得以超越所见所闻的信息，从而形成了记忆。比如在朗读课文之际，阅读识记配合发声诵读，大脑有意识地重叠深层信息，对记忆是有效的。另外，人类的体验记忆是非常强势的，比之从书本中阅读得来的记忆，大脑更倾向于根据体验记忆来对事物作出判断。体验记忆通常有"趋利避害"的本能，这对大脑而言是非常重要的，但另一方面，这种本能又会让人过分谨小慎微，很难作出新的挑战。因此，"是否被成功体验所束缚了？""是否由于失败的经验而丧失了挑战的勇气？"——这是需要人们常常反躬自问的两个问题。[27]

　　7. 敷衍了事——对脑而言，"敷衍了事"并不是一个好的选择，它是出于求生存的本能而来的"保护自己"的一种反应。"敷衍了事"的习气对脑功能的发挥，无异于作为一种"否定词"在起作用，使思考力、记忆力低下。面对复杂的问题需要抱有"务求解决"的焦虑。当脑处于适当的焦虑状态，信息就会返回前额叶，反复地"理解""判断"，从而展开深度思维，并且自信只要是"问题"，自己一定会求得最佳的"答案"。这种"理解""判断"的机制究竟是怎么一回事呢？实际上，脑的各个部位细胞的大小与密度是不同的。通过测定脑的"放电活动"的作业,可以记录到脑的不同的活动电位变化。用专业术语来说,亦即"去极化状态"(UP,能对刺激作出反应的活跃状态)与"超极化状态"(DOWN,不能对刺激作出反应的静止状态)之间的切换。在脑的各个部位存在着犹如各自不同条形码般的 UP/DOWN 的自动活动,从而驱动脑的各个部位发挥功能。[28]那么,借助这种脑的功能,信息是怎样在脑内传递的呢? 为什么在前额叶能够判断"这个信息是正确的""这是错误的"或者"只有这个正确"呢? 脑内的信息传递是以 UP 期作出反应的"共振"现象为基础的,通过大脑皮层路径与深部皮层路径两个共振位相传递,前额叶得到信息,从而能够作出判断。这是因为,前额叶是以源于求生存、求知识、求伙伴、求沟通的神经细胞的功能为背景,以期望"统整连贯"的本能作为基础进行判断的。一旦宽容儿童"有错误也无所谓""不会做也将就算了"的恶习,"统整连贯"地构成判断之基础的本能(亦即自动屏蔽那些会破坏大脑统整连贯的信息的作用)就会变弱,这样将导致儿童不仅判断力低下,而且尔后不管怎么用功,也培育不了学习能力,错过学习的关键期。"统整连贯"的本能不仅影响行为方式,而且在环境、思维方式、专注力、心态、日常生活等各种情境中发挥重要作用。

8. 孤高自傲,无视他人——各种信息在脑中得以处理,产生一个统整的"思考"。进入脑的信息在 A10 神经群被贴上情感的标签,经过理解、思维的过程,形成一种伴随着情感与信念的思考。这是由于,在脑神经细胞之间有着瞬时处理脑内所传信息的机制的缘故。1998 年,康奈尔大学心理学家在《自然》杂志发表"小世界网络"的集团动力学的文章,探讨人与人之间信息传递的速度与广度,从而揭示了人与人之间信息分享的机制。脑的庞大数量的神经细胞也同"小世界网络"一样,能够进行信息传递的互换。脑神经细胞一旦接收到信息,就会引起兴奋的"共振现象",其周边的神经细胞也会引起"共振现象",就像波那样传递开去。正是借助这种"共振的连锁",从而在脑内产生一个统整的"思考"。[29]人都拥有传递自己的思考与心绪的"求沟通"的本能。从多数人的大脑对某个信息引起共振的机制可以明白,"言传意会"在人际沟通中是不可或缺的。另外,"共振"一旦带来有趣、感动与期待,A10 神经群就会活跃起来,进而感到"高兴",脑由于受到"表扬"而激活自我报酬神经群。就是说,重要的是在分享某种思考的过程中向对方传递这种思考是有趣的、能打动人心的，从而使对方的脑神经细胞得以共振。理解脑的这种传递思维与情感的机制，是顺利地进行沟通的一大焦点。在这里，林成之阐释了提升脑力的若干焦点：缺乏情感的话语，难以传递自己的内心想法；不设身处地地顾及他人的立场，难以交到朋友；分享目标与成绩自我报酬神经群，便于融洽情感；尊重多样性、秉持利他精神，便会产生幸福感，保持脑的年轻态。倘若认识到不损人利己、"做有益于社会的人"，并付诸行动的话，视野就会开阔、思维就会深化，观察力与判断力也得以磨砺。拥有"贡献"的使命感是同提升脑功能的水准联系在一起的。

9. 无所用心、无所事事——"无所用心、无所事事"是磨灭脑功能的恶习。思维能力是提升脑的整体功能的关键。人们在日常生活中频繁地运用"空间认知智能"。"空间认知智能"是通过空间认知中枢起作用的，也同语言中枢密切相关。[30]在认识事物、判断、深刻、记忆等脑功能中"空间认知智能"的作用是不可或缺的，一旦空间认知智能缺失，就不可能有深度思维。因此，空间认知智能低，则工作拖拉；高则工作快捷。空间认知智能也影响运动能力的高低，它还同数字的直感相关，空间认知智能低下，对数字也缺乏敏感。这是由于处理数字的中枢接近空间认知的中枢之故。空间认知智能通过驱使身躯、投入运动而得到锻炼。为了锻炼空间认知智能，就得尽可能拥有驱使身躯的兴趣，运动、写作、绘画、郊游、烹调，等等。一旦拥有了乐趣，就能激活左右脑，提升全脑的功能。对于脑而言，节律具有重要的意义。说话时与思考时，感到"愉悦""顺畅"，表明符合脑的节拍。这时，承担重要作用的是谓之脑的"海马回"的部位。当多重信息同时进入或在情绪高涨时，海马回的特征处于兴奋状态。情绪一旦高涨起来，海马回中像菊石那样排列的齿状回颗粒细胞就会处于"兴奋—抑制—兴奋—抑制"的循环往复之中，形成脑的活动节律。当这种节律合乎愉悦的心境状态时，脑功能就得以出色地发挥。愉快地聆听优美的乐曲有助于提升作业的效率。

10. 懒散疲沓——"坐无坐姿，站无站相"，可谓"邪形败相"，身姿不正确，身躯的平衡就会崩溃，空间认知智能便不能充分发挥作用。要保持身躯平衡、提升脑力，可抓住两个要点。[31]其一，懂得保持身躯平衡的要诀。头颅倾斜，导致视线不能保持在一个水平线上。只要左右的视线保持在水平线上，整个身躯就会端正，不至于疲劳。其二，懂得"体轴可动支点"的重要性。平衡地走路时的体轴可动支点是处在左右肩胛骨的正中心，这种体轴可动支点会随着身体的动作而变化的，它是身躯得以平衡的中心点。

11. 暴饮暴食——要保持脑细胞不氧化，就得注意饮食。每天摄取可口、健康的食物。随着年龄增长，脑细胞会逐渐老化。人体在不可避免地产生自由基的同时，也自然会产生抵御自由基的抗氧化物质，借以抵消自由基对人体细胞的氧化攻击。机体抗氧化的能力越强就越健康，生命也越长。为防止老化，在中老年以后也能保持年轻时代一样的功能是有充分的可能的：一是时刻挂心旨在最大限度地发挥脑拥有的思考力与行为方式；二是形成预防脑细胞老化的饮食习惯。提升脑力的要诀是：①日常必须摄取的食物应是多含减少自由基的抗氧化物质，尽可能减少自由基的发生。[32]自由基一旦过分增加，便会攻击（氧化）正常细胞与基因。②倡导均衡的饮食。切忌偏食、厌食、暴食。均衡的饮食不仅可以预防老化，而且有助于强化免疫力与消除疲劳。暴食的结果是血液集中在胃里，脑的血流不畅。③发芽蔬菜与绿茶有助于激活脑细胞。④锻炼肠道，增加肠内的有益菌，优化肠内环境。这是因为，脑内被称为"幸福荷尔蒙"的神经递质——"多巴胺"不足，是造成焦虑的原因。相反，多巴胺增加，便会产生愉悦感与幸福感。一个人获得幸福的心情取决于肠道的状态。

12. "人老不中用"——这是一种"脑力衰弱"的负面话语，本质上是求生存本能的一种反映，容易带来焦虑与懊恼。要防止脑功能的衰退，重要的是丰富情感世界，不失好奇心，对新的领域采取挑战的姿态。一个人的既有经验与想象之间存在着巨大的差异，以积极的心态踏足未知的世界，有助于丰富刺激，促进脑的成长。[33]比如，有人认为"耳背"是老龄现象，无可奈何。其实，"耳背"的原因未必是耳朵本身，在不少场合是脑的问题。即便耳朵的功能没有问题，脑的功能衰退也会产生"难以听见"的现象。从这个意义上说，"听力"是脑力的晴雨表。要防止听力衰退，就得多交谈，多听音乐。同样，"视力"也是脑力的晴雨表。积极地锻炼视力，诸如眼保健操、欣赏绘画与电影，等等，都是跟预防脑功能的老化联系在一起的。尽管掌管思考力、判断力等心智活动的脑功能存在个别差异,但并不意味着脑功能会随着年龄的增长而全线衰退,倒不如说也有提升的部分。脑内产生思维与情感的过程中纠缠着的意识,称作"内意识";而对外来的刺激作出反应的是"外意识"。[34]"外意识"有随年龄增长而衰退的倾向,但脑的"内意识"功能并不会随着年龄的增长而变化,有的甚至优于年轻人。如何磨炼"内意识"的脑功能成为一个关键课题。人在开展"创造性思维"时脑神经细胞会产生强烈的共振现象,脑的网络性组织得以强化。换言之,"创造性思维"不仅可以防止脑的老化,而且借助新的神经突触的扩张和年龄的增长,思考力会随之提升。

应试教育把"知识授受"摆在第一位,"育分不育人"。本真的教育应从培育儿童"自控能力"的"素质"开始。[35]林成之从脑神经科学的角度阐释了人脑"判断""理解""思维""记忆""情感"的机理,以及与之相关的"自主性""自制力""专注力""心境"等素质教育的关键概念;揭示了影响脑功能的种种"恶习"。铲除这些"恶习"的唯一办法就是铲除"应试教育的恶习"。

三、儿童多元智能的发展:愿景与挑战

(一) 儿童多元智能发展的愿景

美国神经科学家汉森(A. Hansen, 2016)说:"脑是不断变化着的无比复杂的生态系统。不限于儿童时期学到的某些新的东西,变化是持续一生的。所有的感觉、所有的思考,……每当你经验到什么,总会刻下它的痕迹,你在一点一滴地发生着变化。今日的脑,不同于昨日的脑。脑,永远是发展中的未完成品。"[36]学校教育应当有助于脑功能的发展,而不是相反。学校教育的主要目标之一是提升儿童的学力,支撑学力的能力是智能。这种智能是"学习新事物、适应新环境的能力"或者"认知功能的总称"。不过智能测验能够测定的主要是语言智能、数理智能、空间智能。认知心理学家加德纳(H. Gardner)倡导的"多元智能理论"(Multiple Intelligences:MI)主张,人类的智能不是一种,而是若干种智能的综合。每一个人都拥有多元的、相对独立的智能,这些智能在每一个人身上都是以各自的组合方式而发挥作用的。人不仅拥有 IQ 所代表的单

维的智能,而且拥有相互独立的多元智能——这种智能理论是对传统智能概念的单一性的一种批判,作为新的智能概念理所当然地在学校教育中受到瞩目。按照加德纳的"智能"定义——"在某种文化中解决有价值的问题、创造有价值的东西的能力"。人类拥有的相对独立的八种智能是语言智能、数理逻辑智能、空间智能、音乐智能、身体运动智能、人际智能、内省智能及博物(自然探索)智能。[37] 加德纳认为,语言智能、数理逻辑智能是同学校活动密切相关的智能,音乐智能、身体运动智能、空间智能是同艺术活动相关的智能。而心理学家戈尔曼(D. Goleman)揭示的"情商"(EQ)则混合了人际智能与内省智能,谓之"人格智能"。另外,在同学校活动相关的智能中也同空间智能与博物智能有关系。在现行的学校教育体制中语言智能与数理逻辑智能受到重视课时也最多。不过,加德纳强调,八种智能是同等重要的,没有高低贵贱之分。立足于多元智能理论,学校教育应当开拓更多儿童智能发展的可能性。加德纳的"多元智能理论"体现如下的特质。[38]

第一,各种智能拥有对应的脑功能的领域。随着脑科学研究的进展,揭示出人的大脑不同区域赋有不同的功能。人的大脑并不是借助一个中央处理装置,而是基于多个并列的处理装置来运作的。脑科学研究揭示了同八种智能相关的脑的部位,这些见解显示了脑科学的前沿知识用于教育实践的可能性。在八种智能中,语言智能是在左前额叶(布洛卡中枢)与左侧额叶(威尔尼克中枢);逻辑数学智能是在左前额叶与右顶叶;音乐智能是在右侧额叶;身体运动智能是在左右侧运动区、小脑、大脑基底核;空间智能是在右半球后部区域;人际智能是在前额叶、侧额叶、大脑边缘系;内省智能是在前额叶、顶叶、大脑边缘系;博物智能在左顶叶。彼此之间的关联性极高。以这些关系为线索,可以把握多元智能同脑功能的关系。[39]

第二,多元智能是人人具备的。多元智能理论认为,所有人都拥有八种智能,只不过一个人的各种智能的有用程度是各异的,借助这些智能的组合构成了每一个人的智能特征。既有所有智能均优异的人,也有由于某些障碍而智能缺陷的人。不过,大部分人的智能实际上处于两个极端的中间,某些智能高一些,某些智能低一些,另一些智能平平。

第三,多元智能是协同作用的。八种智能相对独立,但在日常生活中是兼而有之、彼此交互影响而起作用的。比如合唱团的成员一起歌唱的场合,唱出歌词(语言智能、音乐智能)、指挥者与成员默契(人际智能)、自觉地表达自身的情感(内省智能),都是不可或缺的。在篮球运动的场合,运球与投球(身体运动智能)、识别并出色地传递本球队成员的运球路线(空间智能),以及球员之间的同心协力(人际智能),同样也是不可或缺的。

第四,多元智能是能够发展的。以为智能是与生俱来、不可变化的,或者个人之间的差异不可缩小之类的看法,是不正确的。智能是受周遭的环境与教育,以及相关人士的影响而发生变化的。借助环境的特性、教育的内容、相关人士的人格及其关系,智能是可以获得高水准的发展的。可以说,这不限于语言智能、数理逻辑智能,也包括音乐智能、身体运动智能,以及人际智能等所有智能。

第五,多元智能是能够多样化地教育的。在各自的智能中有多样的侧面、子系统,等等。比如,在语言智能中有听说读写的侧面,即便不能读写的人,听说能力优异者也是常见的。可以说,即便是这种人也拥有语言智能,或者说其一部分是优异的。每一种智能拥有多样的侧面与子系统,这些都是可以针对性地施以教育而获得发展的。

(二) 挑战性课题

我国应试教育的课程设计是以"重脑力轻体力""重认知能力轻非认知能力""重学科知识轻跨学科知识"为特征的。"新课程改革"经历 20 余年,"主科与副科"说、"学科与非学科"说,仍然大行其道。这类言说归根结底是以应试教育作为衡量标准的。其潜台词是,凡是纳入升学考试的科目,谓之"学科"或"主科",其余的则是"非学科""副科"。这是用一种"应试教育"的言说反对另一种"应试教育"的言说。应试教育把作为公共教育的基础教育变质为一味选拔竞争的工具,把"数、理、化"成绩优异的儿童捧为"优才",忽略长于"音、体、美"的儿童,是国民教育事业的一种错误认知。这在本质上是反儿童、反教育的,应当警惕。当下我国中小学面临的挑战性课题是:从"失衡的课程"转向"均衡的课程";从"分科主义教学"转向"跨学科教学"。基于"核心素养"的课程与教学强调的是"理想学习"的设计,类似于美国的"STEAM"和日本的"综合学习"(综合探究),实施跨界、跨学科的整合,不存在"主科""副科"之分,更没有"学科"与"非学科"之别。大凡学校开设的所有科目均为"学科"。晚近脑科学研究以大量的案例研究强调,"体育"与"艺术"不仅是学校教育的"基础学科",而且是整个人生的"必修学科"。对每一个人的发展而言,具有无可估量的价值。当今的脑科学研究如火如荼,核心素养的发展也趋于完善,"非学科"说已然不再具有说服力。

——运动锻造大脑。美国脑神经科学家瑞迪(J. Ratey,2008)用大量确凿的案例表明,"运动决定体力,体力决定脑力"。运动对儿童的发展乃至整个的人生具有无可比拟的价值。"身体越健康、大脑越精明,无论在认知方面或在情感方面都会发挥出色的作用。"[40]"运动使得 5 -羟色胺、肾上腺素、多巴胺等牵涉思维与情感的重要的神经递质增加","一旦运动,神经化学物质(除神经递质之外,调节神经元的成长与功能的化学物质的总称)与成长因子持续释放,这种过程使得脑的基础结构得以增强。实际上,脑同肌肉一样,用进废退。脑神经细胞通过枝梢的'叶'相互连接。运动使得这些枝生长,出现大量的新芽,从根本上强化脑的功能,运动是支撑学习活动的基本要素"。[41]神经科学家发现,正是运动构成"刺激",使脑作出学习的准备,激起学习的动机,提升学习的能力。特别是有氧运动对"适应"会产生戏剧性的效果。这里所谓"适应"指的是保持身心系统的平衡、最大限度地发挥其能力的功能。这对于挖掘自身潜能的人而言,是不可或缺的机制[42],"运动是锻造脑功能的唯一的最强手段"。[43]

——艺术是人类心智不可或缺的要素。"人脑作为沟通的实体,形成了加工语言与音乐两种信息精巧的神经网络。"[44]"艺术集中了超越人类参与的一切技能与思维过程。"在艺术中涵盖了种种的能力,诸如:诱发好奇心;准确地观察;感知不同形态的事物;准确地表达所观测的对象、所建构的意义;空间想象;灵动感,等等。因此,艺术能够促进儿童认知的成长与社会情感的成长,发展创造力、问题解决、批判性思维、沟通、个人的自发性、自立性、协作等技能。研究表明,"儿童参与音乐、绘画、舞蹈、戏剧、创作的活动与广幅的达成度之间有着显著的相关关系"。[44]"艺术作品的创作是愉悦的经验,有助于激活脑内报酬系统,促进谓之'多巴胺'的化学物质的急剧增加。这种多巴胺的急剧增加会使人精神振作,降低疲劳度"。[46]在学校教育中开设艺术学科的基本理由是:1.艺术在人性的发展和增长大脑的认知性、情感性、心智运动的神经通路方面,起着重要的作用。2.学校负有设置艺术课程、尽可能让学生在年幼时期接触艺术的义务。3.学习艺术可以提升整个人生的优质的人类经验。4.艺术唤起情感,而人的情感会随着涵养的增长而长期持续。[47]

爱因斯坦(A. Einstein)说,"想象力比知识更重要。知识是有限界的,而想象力却能穿越整个世界"。[48]21世纪的学校教育不是旨在应试,而是旨在儿童多元智能的发展。"高分"不等于儿童的成长与成功。"理想学习"设计的焦点不在于考分,而在于儿童能够成为深度思考者、创新思维者。从"多元智能理论"来思考学校教育,可以考虑三种可能性[49]:其一,全人教育。在学校教育中都会提出儿童德、智、体均衡发展的和谐发展目标。可以说,这种学校教育实践是融合了儿童的智能、人格以及体育等诸多目标的。多元智能理论则为所有智能的特质与发展的方略,提供了可供借鉴的思想资料。其二,个性化教育。这是着眼于发展儿童的兴趣与专长的一种智能教育。儿童拥有的多元智能不是均质的,有专长与不专长的差别。每一个儿童拥有发展自己专长的能力,在自主地运用这种专长的过程中使其智能得以更好地发展,借此达成智能的个性化。多元智能理论注重发展每一个儿童的才能,同个性化教育密切相关。作为个性化教育之一的早期英才教育就是从儿童特定智能的早期发展的角度展开教育的。其三,补偿教育。对于发展迟缓的智能或者有障碍的智能,就得施加旨在发展与强化的补偿教育或者矫治教育。多元智能理论可以为这种补偿教育的实践提供理念与方法。

"革新"的关键不是物资与金钱,而是思维方式。革新的教师面临的挑战是,如何以革新的心态,寻求课程与教学变革的新方略。

参考文献

[1][2][3][4][5] R. Ackoff, D. Greenberg. 颠覆教育[M].吴春美,大沼安史,译.东京:
    绿风出版公司,2016:14,12,53,56 - 60,20.

［6］［7］［37］［38］［39］［49］永江诚司.教育与脑:激活多元智能的教育心理学［M］.京都:北大路书房,2008:13,21-23,83-85,87-91,94,91.

［8］G. Couros.革新者心态:学校学习的变革［M］.白鸟信义,吉田新一郎,译.东京:新评论出版公司,2019:64-65.

［9］D. A. Sousa.心智、脑与教育:教育神经科学对课堂教学的启示［M］.周加仙,等,译.上海:华东师范大学出版社,2013:206-213.

［10］斯坦尼斯拉斯·迪昂.精准学习［M］.周加仙,等,译.杭州:浙江教育出版社,2023:9.

［11］［12］［13］［15］［16］［21］［23］［28］［35］林成之.基于脑科学发展儿童的素质与思维［M］.东京:教育开发研究所,2015:76,211,77,130,5-6,6-7,101,58,37-38,17.

［14］［18］［20］［22］［24］［29］［30］［31］［32］［33］［34］林成之.影响脑的十二种恶习［M］.东京:幻冬舍出版公司,2022:20-21,14,24,58,84,110,130,140,148-151,162,170.

［17］［19］［25］［26］［27］林成之.影响脑的七种恶习［M］.东京:幻冬舍出版公司,2015:2-11,20,70,70,77.

［36］［44］A. Hansen.运动脑［M］.御舩由美子,译.东京:サマ一ク出版公司,2022:37.

［40］［41］［42］［43］J. Ratey.运动锻造大脑［M］.野中方香子,译.东京:NHK出版,2017:310,10-11,17,308.

［44］［45］［46］［47］D. A. Sousa, T. Munegumi. STEAM教育［M］.胸组虎胤,译.东京:幻冬舍出版公司,2017:15,21,29,15.

［48］J. Mayer, J. P. Holms.爱因斯坦(A. Einstein)150句名言［M］.东京:厚德社,2019:93.

第三章　境脉认知研究与问题解决学习

认知科学的研究围绕"人是如何学习的"主题,形成了关于"学习"的本质、机制、类型、过程的诸多新见解。所谓"学习"是同其目的与动机、意图、周边的他者、时间与空间、状况与条件等要素复杂交织在一起而展开的,所有这些要素(条件)的组合称之为"境脉"。不同的境脉和教学策略促进不同的学习。因应知识社会时代"学习者中心教育"的需求,出现了众多的教学模型,诸如"项目学习"(Project Based Learning,PBL)、"发现学习"(Discovery Learning,DL)、"问题中心型学习"(Problem Centric Learning,PCL)、"课题中心型学习"(Task Centric Learning,TCL)、"课题基础型学习"(Task Based Learning,TBL)等"问题解决学习"的各种提案。本章梳理境脉认知研究的若干关键词,并以"项目学习"与"课题中心型教学"为中心,借以阐明新型教学范式的基本特质——不是知识分配中心,而是学习中心;不是教师主导,而是学习者主导(或共同主导);不是被动学习,而是能动学习。

一、知识特质与境脉认知研究

(一)知识特质

围绕学习与发展的理论研究主要是基于经验的认知系统的变化,尤其是以习得知识为中心展开的。人类"知识"的重要特质可以归纳为如下四点[1]:第一,人类拥有知识是出于个体生存与种族维系的需求。要生存,就得掌握变化万端的环境侧面的大量信息,需要积累过去的经验、据以推论出应对外界的适当处置方式。所谓"知识"无非是指有助于问题解决与理解的方式而得以持续保持的经验之集合。因此,除了旨在实现某种目标而作用于事物与现象的相关知识(策略之类的步骤性知识)之外,还包括表征这些事物与现象的重要属性的知识(图式与心理模型之类的概念性知识),以及关于这些知识的元认知知识。当然,在人类的知识中也涵盖了多种作为知识要素所拥有的概念或范畴(分类、命名)的规则。第二,在知识中,包括从易于记述与传递的内容(诸如"因为 X,所以 Y";"W 具有 Z 的性质"之类的语言性命题方式),以及难以使用某种形式的符号来加以外显地表达的内容。以往的认知研究主要集中于前一种类型的知识研究,显然是不够的。比如,科学家头脑中的知识与教科书阐述的知识是存在巨大落差的。人类拥有的作为符号的知识(局部),以更范式化或作为结合关系的集合来表达,更为适当,这就是链接说的主张。毫无疑问,人类拥有着比明示知识更为浩瀚的未语言化的、未曾意识的知识(默会知识)。第三,人类拥有的知识,各自同别的知识链接的同时,被"区分"为若干"领域",大多在领域里展开检索或用于问题解决。每一个人的知性能动性也会在领域之间变动。但是,这种领域的划分也可能由于目标之类的缘故而发生更替,并不是彼此隔绝的,甚至就像类推与比喻的场合所表征的,知识亦可超越领域而加以转用。另外,至少在若干领域中存在着可以视为普适性的知识。第四,每一个人拥有的知识不仅是个人经验的积累,而且是基于他者的经验而形成的。这是因为,即便是他者获得的知识,基于共享的符号而得以表达的知识,是可以在某种程度上得以传递的,每一个人所拥有的知识大多是仰赖于他者的传递而获得的。

认知心理学的研究揭示了这种知识的获得过程及其特质。[2] 1. 知识基本上是个人建构的。从知识的获得(受人际的、文化的影响)是主体自主进行的场合来看,知识是基于观察而获得的,几乎是问题解决(包括思维)与理解活动的产物。在学校的课堂教学中,学习者的自主建构是不可或缺的。2. 这种理解活动与问题解决中的知识获得过程,受个体所拥有的先行知识的制约。就是说,靠先行知识才能预先排除有可能的假设与解释,在大多的场合迅速产出适当的认知性产物。3. 教学过程中的知识获得亦是如此。无论是问题解决过程中的解法与策略的选择,理解过程中解释的琢磨,都受到先天性因素的制约。这种先天性制约可以视为各个领域(学科)的知识获得装置。从这个意义上说,人类的知识获得并不是纯粹基于经验的过程,这也意味着每一个人擅长(能迅速达成)的知识获得的范围是有限的。4. 人的问题解决与理解往往是在人际的境脉中生成的,据此的知识获得过程也受到他者及其行为的影响,同时也受到可供利用的工具的制约。就是说,在知识获得的过程中也存在外在的社会文化的制约。从知性的能动性受外在制约的思维方式,引出了知识获得的"境脉论"的见解。就是说,所获得的知性及其利用的难易度是同该知识的历史背景(在怎样的境脉中获得并利用)不可分割的。进而知识是在每一个人的心中储存、在个人及其周边的他者与工具之间分散地保持的。立足于"境脉论"的见解,学习与发展也是作为个人内部系统的变化,从而形成了更为分散的系统。5.从所获得知识受既有知识系统影响的视点出发,可以将知识获得的类型归为"积累型"与"再建型"。后者在发展的领域往往称之为"概念变化",主要是指由于知识的更替或质的变化而产生的要素的分化与统一,以及典型案例与解读方式的变化过程。人类的知识被解释为新的信息嵌入既有知识的框架。从这个意义上说,它具有保守性,"再建"是少有发生的。令人注目的是其产生条件的揭示。总之,知识的获得与进化是基于人的能动的心智而建构的。这种建构活动必须满足先天的获得机制及此前获得的知识这一内在性制约,和社会(具体地说是周边的人)及文化(共享的人造物或工具)这一外在性制约的条件。

认知心理学原本着力于通过揭示知识及其处理机制来理解人的知性行为。不过,晚近在这种传统研究的基础上产生了新的研究,把"行为"置于主体生活的社会世界,即由种种事实所编织起来的网络中来加以理解。那么,从这种视点出发来把握的学习过程,将是怎样一种见解呢? 这就牵涉"境脉认知"的研究了。

(二) 境脉认知研究

一般说来,认知心理学是从人所拥有的知识来说明人的知性行为的。因此,"现场认知"中的工具与他者的支援,也从行为主体所用知识的性质的角度来进行探讨的居多。不过,在主体与多样事物的协调中作为产出的事件来理解这种"现场认知"的研究,也在急剧地增长。倘若把人的行为比作汽车的"速度",那么,聚焦知识的研究是旨在彻底地阐明汽车引擎的性能与结构,而这种聚焦境脉的研究则是仔细地观察汽车实际运行的样貌,探明汽车是在怎样的引擎、车体、驾驶员、路面、空气等关系中实现速度的。从 20 世纪 80 年代就真正开始了基于这个视点的现场认知的研究。这种研究得到诸多派系的支撑,诸如,科尔、斯克莱伯(M. Cole & S. Scriber,1974)的比较文化认知研究;苏联心理学维果茨基学派的成果——包括列昂节夫(А. Н. Леонтьев)、维果茨基(Л. С. Выготский);文化人类学与社会学的认知研究(比如 J. Lave. 1988);吉布森(J. J. Gibson,1979)的生态学知觉理论,等等。这种研究与其说是认知心理学研究的一种形态,不如说是主体与情境的协调,是作为同"现场认知"的理解这一视点相结合的一种跨学科研究活动而展开的。因此,指称整个研究的名称尚不存在,不妨谓之布朗(J. S. Brown,1988)所称的"境脉认知"(Situated Cognition)。下面,就来梳理一下这种"境脉认知"研究的若干关键词。[3]

1. 分散认知。人同多样的事物进行协调、作出行为,实际上指的是怎样一种情形呢?在境脉认知研究中大多被理解为,在社会实践的现场进行活动的人们与现场所配置的工具作为一个系统而得以建构。这种见解意味着,知性行为是作为一个系统——分散在人际以及人与工具之间,超越了个人的一种系统而发挥作用的,在这个意义上被称为"社会分散认知"。文化人类学家哈钦斯(E. Hutchins,1993,1994)关于美国海军舰船航行团队的协同作业的研究,就是从这种视点出发来把握社会实践现场人们的行为状态的一个典型案例。在他看来,航行团队的协同作业是以有效地配置熟练程度不同的成员这一制度性分工的体制为基础,各个成员的行为受其他成员的监督、调整、引领,并借助各种工具的使用,有效地解决局部的误差而达成的。在社会实践的现场,借助制度性分工的体制、成员之间的沟通、各个场所所配备的工具而形成的结构化的社会分散认知系统,每个成员的行为浸润在这个系统的境脉之中,彼此展开协调,达成"知性成果"。

2. 学习境脉。把人的行为视为浸润在社会分散系统的状态之中,"学习"这一现象首先被理解为这种系统与学习主体之间的协调关系的建构过程。那么,怎样来分析这种协调关系得以建构的过程呢? 在境脉认知研究中,不是直接把握学习主体的行为及其背后的知识,而是把握围绕学习主体周边多样事物的种种关系,亦即通过阐述学习境脉来把握学习现象。倘若把它比喻为小说中的人物描写,就像作者并不直接言明人物的容貌、性格、癖好、心情一样,而是通过着力于描写周边的人们、若无其事的对话、房间的摆设之类的"周边的事件",来凸显人物的面貌。境脉认知研究的代表、文化人类学家莱文与温格(J. Lave，E. Wenger，1991)把这种方法称之为"去中心化方略"。采用"去中心化方略"的学习研究中，在学习境脉究竟"该叙述什么、如何来叙述"这一点上，存在着不同的立场。

作为学习境脉的他者——当学习主体同社会分散认知系统建构协调关系之际，同更有能的他者的沟通发挥着极其重要的作用。家长、教师、前辈在社会实践现场率先垂范是学习中的重要支撑。维果茨基(Л. С. Выготский)揭示了作为学习境脉的他者拥有本质的重要性。在他看来，人类有意识的知性行为(高阶心智机能)最初是更有能的他者以种种方式支援的共同作业来实现的。尔后在这种共同作业中学习主体自身承担起他者的作用，就像他者教导自身那样，自己也能控制自身的行为。最初在他者的支援下共同实现的行为也能单独实现了。维果茨基把这种过程称之为"内化"。在这里，重要的是，学习主体所内化的语言的自我控制方法，是既非天生、亦非自然发生、更非肆意妄为的，而是在特定的社会中共享传承下来的可称之为"技术"的东西。人类通过"语言符号"这一社会共享的传递工具来作为自己心理过程的媒介，才能作为有意识的能动的行为主体，作出同社会分散认知系统相协调的行为。发展心理学家罗格夫(B. Rogoff，1990)详细探讨了比较文化研究与婴幼儿研究——关于日常生活中成人对儿童作出的搭建"脚手架"的过程——的成果。她强调，成人与儿童共同进行的日常活动是指引儿童行为的一种结构化过程。在日常活动时儿童与成人搭建的脚手架中，大多是交织着有意或无意引导的境脉。儿童的学习并非是成人有意组织的特别活动，是儿童同成人一起并受到帮助、参与日常生活中种种实践的同时而展开的过程。罗格夫把这种广义的界定搭建"脚手架"的过程称之为"有引导的参与"(Guided Participation)。布朗(J. S. Brown，1988)则把这种过程称为"认知师徒制"(Cognitive Apprenticeship)。

作为学习境脉的实践结构——基于"脚手架"与"有引导的参与"概念的分析对象，是学习主体同更有能的他者共同实现特定的知性行为(比如"有意回忆")之际的沟通过程。因此，显然可以明确的一点是，仅限于学习主体内化这种知性行为的过程。"脚手架"与"有引导的参与"的理论架构有别于把学习视为特定行为的"熟练化"过程，而是用于从支援学习的视点出发来进行叙述的框架。因此，运用这种理论架构的研究，要把握学习主体同社会分散认知系统建构协调关系的整个过程,亦即学习主体在社会实践的现场逐渐发挥有能性,成为一个自主的人的过程,是不充分的。这是因为,这种协调关系的建构,并不是借助"脚手架"与"有引导的参与"之类的概念所界定的个别知性行为的熟练而达成的,而是借助种种知性行为的复杂关系才有可能实现。要基于"去中心化"来叙述这种更囊括的学习过程,就不能把"更有能的他者"剔除在学习境脉之外,而是需要把整个社会实践现场视为结构化的学习境脉,来叙述"更有能的他者"同学习主体的行为有着怎样的关系。从这个视点出发,莱文与温格(J. Lave, E. Wenger,1991)运用文化人类学的野外研究的方法,调查利比里亚传统的裁缝店,揭示西服制作的社会实践结构与裁缝店徒弟学习过程的密切关系。比如,利比里亚裁缝店的徒弟,最初是学会熨烫与缝纽扣之类的成品阶段的作业,在实际的生产劳动中来学习的;接着是模仿学习缝制的方法;最后才学会剪裁布料的方法。这样,徒弟的学习过程是由同实际上的西服生产过程恰恰相反的步骤来构成的。这对于作为学习主体的徒弟而言,是学习裁缝技术的最佳步骤。在从事熨烫与缝纽扣的作业中,了解西服的大体结构,而后在缝制过程中理解西服构件与布料之间的关系,从而得以理解布料剪裁的诀窍。而基于这种理解,最终掌握自己用纸样裁剪布料的技术。这是因为,前阶段的学习为尔后阶段的学习提供了有效的准备。另一方面,从制作西服的视点来看,这种学习步骤的效果在于,新入门的徒弟缝纽扣或熨烫的差错是有修复可能的,能够避免由于剪裁失误导致浪费整块布料这一致命性失败的发生。针对西服生产这一实际的目的而组织起来的裁缝店的共同活动的体制,在这里发挥着指引徒弟学习(作为新的生产者参与)的结构化资源的作用。同时,也有助于徒弟作为生产活动的实质性的担当者发挥有效的作用。

3. "现场理解"的建构。如上所述,在采取"去中心化方略"的场合,"学习"的现象被视为学习主体同他者或整个实践的结构之间协调关系的建构过程。不过,在社会实践的现场每日每时活动的人们,大多并没有觉察到这种协调关系。其实,人们的行为与学习以及实际上得以实现的社会分散认知的机制,同人们与之相关的解释——"现场理解",在大多的场合并不是一样的。下面,就来看看基于学习主体的"现场理解"的建构过程的若干研究。

莱文与温格（1991）倡导的"合法的边缘参与论"（Legitimate Peripheral Participation，LPP)的研究——"合法的边缘性参与"这一概念是从社会实践的结构关系的角度，来囊括性地把握学习主体的行为变化(熟练化)、"现场理解"的变化、学习主体自我认识的变化的一种框架。从"合法的边缘参与论"的概念来解读的"学习"指的是，学习主体作为"实践共同体"的正式成员参与实际的活动、其参与的形态逐渐发生着变化，以至于深度参与"实践共同体"活动的整个过程。而且伴随着这种共同体活动的参与形态的变化，学习主体的行为、学习主体基于自身对"实践共同体"活动的理解、学习主体的自我认识，也同时发生变化。比如，就"活动理解"而言，从事缝纽扣和熨烫的裁缝店的徒弟，使用的是有别于以往的工具、进行着不同种类的作业。要在师傅与伙伴的新的关系之中从事活动，他们对制作西服这一实践的见解自然会发生巨大的变化。不仅是制度上规定的角色的过渡，而且在日常生活中师傅与伙伴的关系、作业的内容、自己的技能熟练等也在发生着细微的变化。与之伴随的是徒弟也会点点滴滴地对自己周边的境脉重新作出解释。参与"实践共同体"的"参与形态"亦即境脉与行为的关系是每日每时在发生变化的。随着学习主体的视点的变化，从而催生出对实践的新的理解。学习主体的自我认识的构成也是同样，是在参与"实践共同体"的协同活动中伴随参与形态变化的同时，而得以展开的。人通过理解自己在"实践共同体"中的地位，建构起自己属于何种角色的理解。这样的自我理解的作业是直接基于同伙伴的沟通，以及自身活动成果的评价的反思而展开的。质言之，"合法的边缘参与论"通过"实践共同体"中学习主体的地位及其变化的叙述，为统整地叙述三种过程——行为的熟练、对实践的理解以及行为者个性的建构——提供了基本的框架。

基于对话的"现场理解"的建构与维系——"合法的边缘性参与论"提供了从"实践共同体中学习主体的地位"这一宏观的视点出发来分析"现场理解"产生过程的框架。相反，也有通过仔细地分析体现"现场理解"的对话场面，从更微观的层面来揭示"现场理解"的建构与维系的过程。文化人类学家麦克德莫特(R. P. McDermott，1993)分析了人们是怎样把阅读困难的小学生阿达姆的行为解释为"学习障碍"的。在这里，以放学后在烹饪俱乐部的阿达姆与别的孩子同教师的对话为对象进行分析,阿达姆不理解烹调的步骤,把放入调料的顺序搞错了:本应是第 4 步加入的酸奶酪,在第 2 步便加入了。麦克德莫特指出,从这个对话可以发现阿达姆是怎样失败的,阿达姆的行为被视为一个失败的事件,一种"学习障碍"的表现。"谁能做""谁不能做";"谁干得出色""谁干得糟糕"——聚焦于此的对话方式,在麦克德莫特看来,就是学校这一社会实践现场的特征性事件。这是学校里聚集的人所共享的、在无意识之中反复运用的事件的描绘方式。这种表述方式在日常发生的场合,像阿达姆那样"总是学不会的孩子",反复出现在对话情节中,亦即在人们面前作为学习障碍儿童的事实呈现出来。人们认识到阿达姆有学习障碍的事件,实际上是这些人自身通过沟通建构起来的,他们把阿达姆视为先天的障碍。在社会实践现场活动的人们通过某种共享的方式谈论事件,来建构自身对该事件的理解,该事件对他们自身而言是作为一种"事实"而得以接受的。旨在分析这种过程的理论框架之一就是"民俗学方法论"(Ethnomethodology)。社会学家加芬克尔(H. Garfinkel)创始的民俗学方法论是以人们陈述"社会结构感"的方法作为分析对象的。所谓"社会结构感"(Sense of Social Structure)是各式各样的对象"不言自明的存在"的感觉。比如,在日常生活中,人们的性别与能力作为个体的属性而存在,是不言自明的。不过,民俗学方法论者主张,这种属性的存在并不是借助感知作为实体存在于个体内部的这些属性而带来的,而是人们在沟通中彼此围绕性别与能力的范畴与据此赋予意义的情境而展开的互动作用带来的。比如,"阿达姆这类总是学不会的孩子"这一对阿达姆周边的人们而言是自明的"事实",是借助解释的循环——以"总是学不会的孩子"的行为来解释阿达姆的行为;同时又把阿达姆的行为作为具体的事例来说明"总是学不会的孩子"这一范畴的意义——而产生出来的。基于民俗学方法论的各种研究,作为旨在分析产生"现场理解"的沟通过程的理论框架,以及作为对话分析的技法,对境脉认知研究产生了巨大的影响。

(三)教学实践结构的变革

上述两种研究尽管理论背景不同,却拥有一个共同的特征,那就是通过关注社会实践现场的比较稳定的局面,来叙述境脉同学习主体之间的关系,借以洞察"现场理解"得以建构与维系的过程。"合法的边缘性参与论"从学习主体地位这一宏观的视点出发,在关注社会实践现场业已在某种程度上得以确立起来的稳定的共同作业系统中,来叙述"现场理解"的建构过程;而以民俗学方法论为代表的对话分析研究则是从微观的视点出发,通过社会实践现场日常反复运用的对话方式的分析,来揭示实践的参与者的"现场理解"得以共同维系与强化的过程。立足于马克思主义理论基础的维果茨基及其传承者的研究并不停留于上述"脚手架"过程的分析,而是关注"某种程度上得以确立起来的稳定的共同作业系统"与"日常反复运用的对话方式",在社会实践现场的成员自身产生变化的过程。维果茨基的合作研究者列昂节夫把基于这种立场的研究,称之为"活动理论"(Activity Theory)的研究。[4]

1. 最近发展区。维果茨基的核心主张是,人是将社会共享的沟通工具(语言符号)作为自己心理过程的媒介,才成为自觉的能动的行为主体的。把握这种媒介的形成过程的一个视点,同前述的"脚手架"研究一样,是把有能的他者支援学习主体视为社会共享的自我控制方法来加以叙述的。在这一点上,关注"脚手架"的研究,同"合法的边缘性参与论"与对话分析一样,关注社会实践所拥有的相对稳定的局面(社会共享的自我控制方法),从主体同情境的关系的角度来把握学习主体同社会分散认知之间建构协调关系的过程。确实,在维果茨基所界定的语言符号的媒介过程中,就像关注"脚手架"的研究所界定的那样,有社会共享的样式指引行为的侧面。不过,维果茨基并不限于关注语言符号的媒介这一规范性的侧面,他还强调运用语言符号在具体言说内容(也包括自我控制的言说)这一批判性、创造性的侧面——语言符号原本意涵的再琢磨与新的意义的生成。这就是说,对于维果茨基而言,基于语言符号媒介的心理过程,一方面借助语言符号语义侧面的作业,使得主体的行为与思考引向社会共享的样式;与此同时,通过发言而产生的具体意义,也是变革语义自身的创造性的过程。借助发言所带来的媒介方式的这种变化范围与方向,维果茨基谓之"最近发展区"。在这里所发生的过程已成为今日学习与发展研究的一个核心课题。作为"最近发展区"拓展的最重要的契机,是维果茨基注重的学习主体与他者拓展最近发展区的对话。历来的研究大多把它视为学习主体通过有能的他者的支援,改造自己心理过程中所涉媒介的不完整的语义,以社会共享的样式来实现行为的过程。"最近发展区"这一概念本身并不具备语义的变革这一创造的可能性,而是被视为趋向共享语义的规范化的可能性。不过,晚近的研究呈现出更强烈的趋势,即更富于批判性、创造性地把握这个概念,把拓展"最近发展区"的对话,理解为人们重新琢磨以自身的共同活动为媒介的语言符号,变革共同活动的方式本身的过程。比如,柯布(P. Cobb, 1993)把课堂教学视为教室中的所有成员共同建构意义的过程,来分析小学的数学课。结果表明,课堂中的成员是以两种对话方式——围绕数学的对话、围绕数学对话的对话,周而复始地展开,数学的理解与重新赋予课堂规范以意义是同时进行的。恩格斯托姆(Y. Engestrom, 1987)把社会实践现场的人们共同琢磨自己活动的系统、变革活动系统本身的过程,谓之"拓展学习"(Expansive Learning)。这是试图通过实践成员的对话所拓展的这种变革的可能性,来建构一种分析"最近发展区"的理论框架。

2. 作为多声场域的社会实践现场。在发话的语义变革的基础上,维果茨基所强调的是,作为心理过程之媒介的语言符号的社会文化的多样性。[5]即便是同样一个语种,其方言、行话、专业术语等由于社区与社会实践场所的差异,而形成了不同的语汇、语义与表述方式。维果茨基主张,作为人的心理过程的媒介,就是"概念"这样一种特定社会集团同社会实践密切结合而结构化了的语言符号的集合与体系。进而主张,心理过程通常是以不同的"概念"为媒介的。同种种社会实践相结合的"概念"不是各自单独的、而是在同其他众多的"概念"的链接之中作为一个整体,成为主体的心理过程的媒介。维果茨基从这个视点出发,分析了"科学概念"(科学家与学校教育所使用的客观、抽象地表述事物的语言)与"生活概念"(人们在日常生活中运用的语言)通过相互支撑、相互补充,而深化儿童的科学思维的过程。

3. 拓展维果茨基的这种主张——主体的心理过程是以多样的、一定的方式同种种社会实践相结合的"概念"链接而成的一个整体为媒介——的尝试是,把维果茨基理论与他同时代的文学理论家巴赫金(М. М. Бахтин)的理论关联起来的研究。[6]维果茨基终究是停留于两种概念——"科学概念"与"生活概念"——的探讨,而这种"概念"之间的关系基本上被视为相互协调的概念。与之不同,巴赫金关注种种的社会实践现场存在的更为多样化的语言性符号(社会语言),强调把对话现场视为一种多声的空间——种种社会语言的发话(谓之"声音")在彼此的反驳与共鸣中运动的空间。基于对话与语言性符号为媒介的心理过程,是种种的社会语言相结合的"声"与"声"的相互碰撞,特定的"声"占据特权地位,或者在这种碰撞中产出新的"声"的充满张力的过程。援用巴赫金的理论展开的研究,存在于社会实践现场的多样的社会语言相互影响、获得特权、产出新的类型的过程。就是说,从外表看,为追踪与分析"在某种程度上得以确立起稳定的共同作业系统"的内部展开的充满张力的运动,提供了理论框架,而这些理论框架也在分析学习主体周边的多样的社会语言之间建构独特的个性关系的过程方面,发挥着作用。我们可以从有别于莱文的"合法的边缘性参与"的视点,对社会实践现场中的学习主体的个性建构过程展开研究。

由上可见,即便同样是"境脉认知"的研究,其理论背景、分析手法、着力点是多种多样的:有以马克思主义理论为背景的研究;有依托民俗学的宏观社会性理论的研究;有囊括性地阐述社会实践现场共同活动的结构的研究;有分析对话场面的细微特征的研究;有作为社会实践现场共同作业的系统得以确立稳定的系统的研究,有作为隐含种种内在矛盾而逐步发生变化的研究,如此等等,各种研究千差万别。谓之"境脉认知"的研究,正是反映了这种在理论上、方法论上、历史脉络上大相径庭的学术领域在"多声"的交响中展开的跨学科研究活动。不过,在这些各不相同的研究方略之间究竟有着怎样的关系,或者对学习科学而言具有怎样的意义,不能说有了充分的探讨。当下我们需要的是,抛弃一孔之见,琢磨各种研究的理论背景与方法论前提,借以测定其可能性与局限性的作业。

二、"项目学习"(PBL):原理与策略

(一) 优质 PBL 的框架

世界在急剧变革,学校却未能及时地更新自身的教育模式。这就使得教育界有识

人士热衷于以"项目学习"(PBL)为代表的"学习者中心"的教学模式的开发。2018 年，PBL 的 27 名教育家、记者、"项目学习"研究的代表人物，以及包括芬兰、智利、韩国、中国等诸多国家的专家组成的管理委员会，围绕"优质 PBL 的框架是怎样的"这一课题，从学生经验的视角展开描述、取得共识，梳理了"优质 PBL 的框架"的基本标准(表 3-1)。[7]

表 3-1　优质 PBL 的框架(2018)

1. 知性的挑战与成果(学习者瞄准深度学习、批判性思维、优异的知性品质)
   * 学习者能否长期地直面挑战性问题与质疑。
   * 学习者能否聚焦学科领域与知识分野的核心概念、知识、技能。
   * 学习者能否接受旨在学习与项目的成功所必需的基于研究的指导与支援。
   * 学习者能否拼尽全力完成具有高品质的优秀作品。
2. 直面真实的课题(学习者参与同自身的文化、生活、未来相关的有意义的项目)
   * 学习者能否在校外的世界从事同个人的兴趣爱好相关联的活动。
   * 学习者能否运用校外的世界所使用的工具、科学技术与数据技术。
   * 学习者是否拥有项目的课题、活动与成果的选择权。
3. 成果的公开(学习者的成果公开，成为讨论的对象、批评的对象)
   * 学习者是否有能够展示自己成果的场所，超越教室、对伙伴与参观者讲解自己的学习内容。
   * 学习者能否接受来自参观者的反馈，直接展开对话。
4. 协作(学习者在线上线下同别的同学协作，或者接受来自可信赖的成人增加的进言)
   * 小组是否展开了旨在完成课题的活动。
   * 为了成为有效的小组成员与骨干，是否进行了学习。
   * 是否学习了同可信赖的成人、专家、社区居民、企业与组织进行协作的方法。
5. 项目管理(学习者从项目开始到结束，遵循有效的推进过程)
   * 通过多阶段的过程，学习者自身与小组能否高效进行管理。
   * 是否相信了控制项目的过程、工具与方法。
   * 是否适当地运用了设计思维的视点与过程。
6. 反思(学习者通过项目反思自己的成果与学习)
   * 学习者能否评价自身的成果与其他同学的成果并提出改进方案。
   * 学习者能否围绕学科领域的知识、概念、熟练技能，展开思考、写作与讨论。
   * 学习者能否注重反思这一工具的运用，借以提高作为学习者自身的主体性。

资料来源：S. Boss, J. Larmer. 何谓项目学习：同社区与世界链接的课堂[M]. 池田匡史, 吉田新一郎, 译. 东京：新评论出版公司, 2021：Ⅷ-Ⅺ.

这个框架一经发表，就受到美国及国际教育界的关注，被誉为"PBL 实践的黄金标准"。美国"巴克研究所"(Buck Institute)作为一个非营利机构，长期致力于从生物医学的视点出发、展开老化现象的研究,同时积极参与 PBL 框架的开发,率先研究了包括 PBL 实践的黄金标准模型在内的项目学习设计所必需的要素——《PBL 标准的设定》。该设定明示了项目学习设计所不可或缺的七个要素,完美地回应了 PBL 实践的黄金标准的要求。[8]

(二) PBL 的教学实践

学生要在 PBL 中求得成功,教师就得改变传统的灌输知识的教学方式。PBL 的教师认识到,教师角色不是发挥知识灌输的"无所不知的专家"的作用,而是拥有充分信息的教练,承担着学习的"促进者"、探究活动的"引领者"的作用。PBL 的教师与其说拥有全部的"答案",不如说是积极地提问,拥有好奇心,激励学习的展开。这种教师为所有学生提供发出自己"声音"(发言权与发表见解)的场所。有效的 PBL 实践离不开如下"教师的七种作用"(图 3-1)。

图 3-1 PBL 实践中教师的七种作用

资料来源:S. Boss, J. Larmer. 何谓项目学习:同社区与世界链接的课堂[M]. 池田匡史,吉田新一郎,译. 东京:新评论出版公司,2021:11.

1. 创造班级文化——积极的班级文化,形成 PBL 学习中融洽的学习者共同体。课堂文化传递关爱伦理学观、重视卓越性与分享的见解。适切的文化能提升学生的自立性、培育协作参与的技能、促进成长心态。支援冒风险、鼓励优质活动,创设宽容的、具有公平性的环境。在诸多方面,文化是促使学生发出自己的声音、作出选择、持续探究的"原动力"。前进的文化不是一朝一夕能够造就的,需要师生一道为共同体的建构持续地作出努力。作为创造文化的有效方法是:分享信念与价值观;分享学习共同体的决策;重视提供适当物品的物理环境;形成学生中心的课堂习惯。

PBL 的信念与价值观

为了鼓励你的学生,教师该怎样发声呢?

＊高度期待每一个学生!——让学生知道怎样才能获得成功;怎样通过课题支援学生。

＊出色的文化!——不是对学生单纯地检查课题了事,而是懂得该如何促进学生指向优质的活动与学习。

＊成长动机!——怎样提供范例,让学生明白"努力"的重要性。

＊受欢迎的、安心安全的共同体!——怎样使得所有学生感受到"自己得到认可、受到伙伴重视"。[9]

2. 学习的设计与计划——学习经验的有意义 PBL 设计,意味着设定最大限度地发挥 PBL 可能性的场所。在计划"项目学习"之际,为了使学生能达到有意义的学习目标,就得考虑如下"项目不可或缺的七个要素"——"挑战性课题与疑问;持续性探究;直面真实的事物;学生的声音与选择;反思;批评、修正与改订;公开成果"。有意识地设计学习经验也意味着设定师生最大限度地运用 PBL 潜能的场所。在"项目学习"中重要的是,准备好包括"形成性评价"与"终结性评价"在内的"项目学习"的蓝图,教师在计划阶段应当决定的是,除收集资料之外,无形之中也包括专家与社区协作者的联系。PBL 的计划需要为学生发出自己的声音作出学习的选择,留有余地。[10]

图 3-2　PBL 设计中不可或缺的七个要素

资料来源:何谓项目学习:同社区与世界链接的课堂序[M].池田匡史,吉田新一郎,译.东京:新评论出版公司,2021:7.

3. 对接课程标准——在学校教学中 PBL 不是"点心",而是"正餐",所以"项目学习"应当对接课程标准(学习目标)。通过把"项目学习"同课程标准的学习目标挂钩,就能保障 PBL 有助于"深度学习",把优先标准与高阶思维置于重点地位。学生也应当理解自己在学习什么,理解 PBL 同课堂外的世界有着怎样的关联。在这里,教师需要考虑如何有效地实现"项目学习"目标与"课程标准"目标的对接:(1)考虑两种学习目标之间对接的机会,是教师自己绘制课程地图,还是根据教委与学校规定的范围与序列开展课程,不同的立场会对 PBL 带来怎样的影响。(2)当你思考课程地图的时候,在跨学科的"项目学习"中最适当的机会在哪里。(3)如何才能明确地说明学习目标;通过进一步明晰每日的目标,对学生的自主学习会有怎样的帮助。

4. 精心管理活动——借助精心管理的 PBL 经验,学生就能实现"深度学习",掌握有助于项目与人生所需的协作能力与自我管理能力。项目的管理聚焦生产性与效率,从性质上说,几乎所有的项目需要进行各种层次的协作。即便在学生各自从事制作与完成课题的场合,也需要基于相互学习、相互反馈的活动。重要的是让学生在"项目学习"中发挥各自的作用。比如,让学生填写"学习者简介",实施谓之"SING 过程"——你的"强项"(Strength)是什么;你的"兴趣"(Interests)是什么;你的"需求"(Needs)是什么;你的"目标"(Goals)是什么,这种方法有助于学生学会协作,完成独自一人不可能完成的作业,产生优质的成果。在这里,"习惯"的养成是课堂文化的一部分,可以为有效的项目管理提供诸多的工具。比如,哈佛大学的"零点项目"(Project Zero)所开发的"可视化思维方法",被众多的 PBL 教师所利用。这种方法是向学生提出三种质问(看见了什么? /看见之后考虑了什么? /由此产生了什么疑问?)。基于该研究的大量"习惯"的养成,有助于潜移默化地促进学习者能动地参与的"思维过程"。这类"习惯"是一种短平快的便于教师进入学习的方法,拓展、深化学生的思考应当成为教师日常课堂生活的一部分。

5. 评价学生的学习——谋求"形成性评价"与"终结性评价"的均衡、向学生提供基于多重信息的反馈,将使学生实现"深度学习"、产生 PBL 的优质活动。评价是旨在引导学生进入更高水准的状态,绝不是给学生贴上"落后生"的标签,不是搞单纯的"选拔"与"排行榜",而是为了"成长"。采取适当的评价策略是让所有学生走向成功的关键。在 PBL 中可采用引导学生走向成长的四种策略:一是保障评价的透明性;二是强调形成性评价;三是求得个人评价与小组评价的均衡;四是鼓励来自复杂信息源的反馈。

6. 支援学生的学习——在重视"人人成长"的公平性的班级,学生以往的学习经验、语言流畅性、阅读能力等差异,并不是成功的障碍。换言之,因应每一个学生需求的学习支援,建构所有学生均能在 PBL 中获得成功的环境,是达成学习目标的必要条件。在这里需要关注的要点是:(1)在项目实施期间,能否更有效地运用工具与方法(可视化、小测验、区分难易度的读物等)来公平地支援学生;(2)在策划 PBL 之际是否考虑到每一个学生的需求,哪些支援是求得每一个学生的成功所需要的;是否考虑到对特定学生与小组需要有怎样的支援;(3)是否考虑到借助激励每一个学生的学习内容、学习过程与成果，来提升 PBL 的学习成果；(4)是否制订自我管理能力、"4C"(协同性、批判性思维、沟通能力、创造性思维)等支撑学生技能发展的支援计划；(5)怎样支援学生能够像专家那样思考。

7. 学生倾心学习、教师悉心指导——"倾心学习、悉心指导"的教学策略有助于激发学生的优势。教师借助提问、模型化与反思，激发内在动机，帮助学生达成学习目标。师生之间的关怀与信赖关系是 PBL 成功的基础。

(三) 倾听学生的声音＝教师缄默式教学

所谓"教学能力"并不是通过教师的讲解，聚焦目标、加以控制，展示其作用于学生的技能。倒是可以说，采取"倾听""考量""协作"的姿态，同学生一起活动。教学真正的价值就在于此，唯有这种教学才能使得学生展开自主的学习活动。

"教师缄默式教学"寻求有别于传统教学的新的教育思维方式与目标明确的学习活动。在"知识掌握"中涵盖了"思考""对话""写作""建构""演出""应用"；在"小组学习"中涵盖了形形色色的协作方式，诸如"倾听""观察""反应""参观""反思"，从而给学生带来持续的刺激，培育学习的技能。教师的"教"并不仅仅是传递知识，还涉及热衷于学习的动机，以及基本的学习方式(注 1)。学习本身也包含了"为什么学""如何学"。当然，也牵涉到终身持续探究的态度与技能的形成。所有这一切都表明了"教师缄默式教学"的意义所在。在芬克尔(D. Finkel，2000)看来，"教师缄默式教学"的方式将有助于学生发挥学习的主体性，建构理解所学内容。一切的教学活动应当引导学生倾听自己的声音，也相互倾听对方的声音。对教师而言，当然离不开倾听学生的声音。[11]那么，作为教师，怎样在课堂里探寻学生的"声音"、倾听并激励学生真正的声音(心情)呢？布斯(D. Booth，1988)归纳了六种"有效发声"[12]：(1)明确学生的意图——教师通过"在做什么""要做什么""想怎么做"之类的提问，促使学生除了口头表达课题之外，还能陈述方法与问题所在。(2)尊重、倾听学生的反应——应当传递的信息是"你的反应有价值，我正在听呢"。(3)发现学生之间的知识与技能的差异，即时发声应对。(4)把学生的见解引向新的方向与广度——"好，然后呢？""那么，能做些什么呢?""那么,该怎么办呢?"(5)当学生困惑时重新调整获得的方向。(6)当活动状态比作为教师的你的预想更好的场合,促使学生更上一层楼——"梳理一下思路,你们能应对更高难度的课题了"。倾听学生的声音无异于取得学生的信赖,意味着从"师生关系"转向"协同学习的伙伴关系",也意味着课题的选择与设定的责任分担。在日常的教学中就能因应不同的情境,生成多姿多彩的学习形态。

下面,试举语文教学中若干项目设计的实施场景:

实施案例 1——摄影活动。由 14 名男生持数字照相机来拍摄"写真话人生"。给学生配备照相机,让他们在放学后拍摄生活照片。这一活动可拉近同学之间的距离,产生相互依赖的关系,也能使学生变为主动的探究者,借助照片发出自己的声音。凭借纪录式或图像式的实录,配上简短的文字,把自己拍摄的照片像文章那样加以叙述。教师透过照片与文章,可以触摸到那是他们心底的"声音"。[13]

实施案例 2——作文活动。经历"撰写初稿—反复修改—相互点评—文稿朗读—结集出版(或展示)"的程序,可以展开多彩的对话活动,进而有选择地归入各自的档案袋,成为见证学生学习与成长的重要信息。在许多场合,朗读时的语言是"书面语言"。当学生朗读、倾听、交谈或作出解释,从而感受到语言力量的时候,就会作为一个发言者与倾听者,理解其语汇。当学生以自己的语调高声朗读文稿、同即兴发言之际所接触到的某些语汇相遇的时候,就会发现这种语汇背后的某种意涵、深度或关联。对学生而言,作文朗读是对口头表达的沟通方式的一种挑战。实际上,通过口头出声检验作文,为一直是默读的人(自己)而言,提供了一个"倾听"的机会。可以在小组里相互朗读,或者让高年级的学生读给低年级的学生听。这并不是旨在听众面前纠正读法的场面,而是要求面对倾听者,作出对文稿有高度解释力的朗读,促进学生作为一个朗读者的成长。[14]

实施案例 3——故事创作。学生的个性、文化,以及独创性都会在各自言说的故事中表现出来。归根结底,人生的经验将会赋予讲述者与聆听者得以满足的情节与节律,带来独创的故事。"学生基于经验的叙述,使得各自的乡音、多彩的句式、独特的音韵、独到的眼光、情感的浓淡、异样的场景以及时序等,糅合在一起。学生越是展开交流,越是专注于故事的编织。"[15]

　　实施案例4——戏剧创作。 在作为协作性学习活动的戏剧活动、让学生扮演角色或让分享的场景中,需要聚精会神并作出反应,赋予彼此听说的机会。在戏剧活动中可以提供对话的场所——让参与者思考内容、境脉与台词,同时也让学生明确、解读、持续地理解戏剧的事件。学生即便是在"架空"的设定中也能使用活生生的话语。扮演戏剧中的某种角色可以让学生从狭隘的世界中解放出来。在他们投入角色情境的同时,也发现同架空的人生之间的关系,亦即"从角色中照见自己"的感觉。[16]

　　实施案例5——诗歌创作。 在欧美国家有不少采用3—5年级"混龄制"(不同年龄的学生组成的混龄班)进行课堂教学的学校。在这种班级的作文教学阶段,教师首先设定若干主题,让学生根据自己的兴趣挑选其中的某个主题,进行写作并说明选择的理由。通过师生之间与学生之间的点评与分享,以及注重学生的"声音"的环境,展开各种形式的尝试。当学生接触古典的韵律、发现语言的情感侧面的时候,他们认识到朗朗上口的诗歌是表现自己"声音"的一种独特方法。他们中有的被19世纪华人劳工修筑"加拿大太平洋铁路"的血泪史所感动,写下了感人的诗篇。下面,就来听听一位少女发自肺腑的声音[17]——

记住我所有的叮咛、我的话语。

我现在走了,就像一只鸟。

我的身躯躺在了地下,

我的灵魂却听见了什么。

我所做的和所说的一切,

在临终的时刻复活。

然而此刻我只想说——

"看看我躺在哪里?"

在我的眼瞳里,

你看到了跟我一样的东西么?

别了,我不再言语。

我现在走了,就像一只鸟。

令人不可思议的是,一个少女居然采用了即便是成人也未必精通的表述形式、生动地表达了自己内心深处的感悟。这就是"项目学习"的魅力。课堂是"能动学习"的场域,当我们的教师确立起双向的、扶持的、挑战"真实性学习"的课堂的时候,那么,我们的学生也就一定能够发出自己内心的声音,创造新的世界。

三、"课题中心型教学"(TCI):原理与策略

(一) 何谓 TCI

TCI 与 PBL 的异同——"课题中心型教学"(Task-Centered Instruction:TCI)是一种以课题为中心的教学方法,也是践行梅里尔(M. D. Merrill)的"五要素说"——学习课题、既有知识的激活、例示、应用、综合/探究——的一种教学模型。[18] TCI 是从认知师徒制、精致化理论、4C(学习课题、支援信息、步骤信息、局部课题的练习)教学设计模型、梅里尔的教学设计第一原理等理论与模型派生出来的。TCI 在认识论、目的与策略上,有别于其他的课题中心学习模型。比如,纯粹的"问题基础型学习"(亦即"项目学习",PBL)是基于建构主义的学习观,而 TCI 是基于认知情境处理理论、成人教育学、运动学习、认知师徒制等教育学的信念。由于这种认识论上的差异,造成了 PBL 与 TCI 的目的有所差异。TCI 的目的是在寻求有效果、有效率的学习的同时,偏重于现实境脉的知识应用与迁移。与此形成鲜明对比的是,PBL 的目的则是侧重于灵动的知识、问题解决技能、自我主导学习技能、有效的协作,以及内发动机作用的发展。在TCI 中,随着时间的推移,追加了"纯粹"的 PBL 中未必涵盖的支援课题实施的"脚手架"(Scaffolding)等有关学习的若干重要的策略。通过增加支援与指导的要素,有助于

更有效地学习、提升学习者掌握教学目标(习得概念与技能)的可能性。众多研究者强调,为了支援知识建构、提供信息化时代有意义的学习经验,重要的是以现实问题为中心展开学习。不过,这种教学模型的主要课题在于,在获取指标性的知识与技能的成果之前,学习效率低下。针对这个问题,TCI 提供了寻求两者之间的平衡点的方法论——在以现实的问题作为学习课题的同时,为学习者提供具体学习方法的支援与指导。借助这一策略,就有可能基于学习课题的有意义经验来提升学习动机,求得学习者之间的知识建构,也求得学习的效率化。TCI 的重要性也同合乎信息化时代学习需求的"学习者中心的教学"密切相关。TCI 不是单纯由教师提供计划,而是聚焦于学习者自身的行动来展开学习,这就可能实现不是由教师主导、而是学习者主导的学习。TCI 能够激发学习者潜在的内发动机,学习者的进步不应靠一味追加时间的"时间依存型",而应当是靠一步步求得成效的"达成度依存型"。再者,在信息化时代,能够向学习者提供丰富的信息源,可以囊括几乎同所有的课题相关的信息与步骤。运用这些信息来完成课题的技能是重要的,而搜索信息的技能的重要性相对降低。由于这些重要的特征,TCI 在学习者中心教学范式中能够发挥重要作用。

TCI 设计的价值观——TCI 的目的涵盖知识的应用,知识向现实世界的迁移,以及有效果、有效率的学习。一旦认识了这些目的,就会有助于教学目标类型的决策性探讨。在聚焦知识的应用与迁移,习得知识与技能的可特定迁移成为重点的场合,教学设计者或教师可选择 TCI。当采用 TCI 之际,在学程内或特定的学习经验内,学习者能够运用知识的情境变得越发重要;在诸多需要花费时间来完成课题的场合,以及在需要记忆特定的术语与概念、进行反复练习的场合,TCI 并不是最佳的选择。一般而言,TCI 所选择的学习目标的种类是日常生活中使用的实用性技能。通过 TCI 的经验,师生会更明确地思考怎样在校外的环境中应用所学到的知识。随着各种学习课题的应用,学习者能够聚焦于所学到的课题的实际应用,同时也能进而把课题解决的方法应用于学校内外碰到的类似问题。TCI 特别有价值的是,强调学习者中心的经验和必须有学习积极性与真实性学习要素的环境。为了更有效果、更有效率地求得 PBL 类的发现学习形式,就得追加对学习者的支援与辅导,TCI 能够提供这种支援与引导

（脚手架）的策略。随着学习者专业性的提高，如何适时地减少这些支援与引导的策略，也变得重要。TCI的价值观可以归纳如下：1. TCI的目的——注重特定知识与技能建构的高度价值；注重向现实世界学习迁移的高度价值；注重高阶思维技能（批判性思维、问题解决等）发展的高度价值；注重自我调整技能与社交技能的高度价值。2. 优先事项（教学设计成功的标准）——注重教学设计的效果、效率以及内发动机的高度价值。3. 手段（教学方法）——注重"做中学"（能动学习）的高度价值；注重"协同学习"的高度价值。4. 权限（围绕上述三项的决策）——注重赋予学习者关于学习目的、优先顺序及手段的决策权的高度价值。[19]

（二）TCI设计原理

"学习所面临的重要挑战是对不同文化实践的整合，而文化不仅仅关系到人们学什么，还关系到人们如何学。"[20] 四个主要的设计模型对TCI产生着巨大影响，这些模型分别是"认知师徒制"（1991）；赖格卢斯（C. M. Reigeluth）的"精致化理论"（1979，1999）；梅里尔（M. D. Merrill）的"ID第一原理"（2002）；冯曼利伯（van Merrienboer，1997，2007）的"四要素教学设计"（4C/ID）模型（1992，2013）。TCI的设计原理融合了所有这些模型，这些原理聚焦五个主要领域：学习课题、激活既有知识、例示/示范、应用、统整/探究。[21]

1. 学习课题——"学习课题"是TCI最核心的要素。学习者应当切入TCI经验的核心侧面完成学习课题。这些课题同现实世界的作业是一致的，所以学习者能用同样的方法把学到的知识与技能应用于校外的环境。在TCI中学习者能够把他们的知识与技能贯穿于课题解决的全过程。学习课题的难易度应同学习者的能力相一致，由易到难，有序推进。

混沌复杂的现实世界的整体性课题，被置于一切学习的中心。梅里尔（M. D. Merrill，2009）主张，为了实施TCI的过程，设计者或教师应当以课题为中心，而不是以主题为中心。就是说，在教学过程中教师并不是决定学习者的学习主题，而是界定与学习者运用于现实的知识与技能的主要概念相关的若干课题。这些课题包括学习者在课后直面的现实世界的课题,或是在学习情境中尽可能涵盖更多的同现实课题相同的侧面。这些课题的特征是,不限于一个正解的混沌性,运用各式各样的工具与行为方式,等等。学习技能要求单一、应用性不强、短期内就能完成的课题,不宜作为TCI 的学习课题。课题的复杂性与完成课题所需时间并没有标准的答案与严格的规则。这些要素取决于学习者的知识、技能或其他的状况。

课题序列基于学习者的进步水准而匹配相应的从单一到复杂的配置。这就要求教师提示学科教学中相关主题所必须的一连串学习课题;要求学习者学会运用这些主题来完成课题(M. D. Merrill, 2007)。在这一连串的课题中应当开发并配置符合需求且及时更新的知识库,借以完成尔后的课题。在 TCI 中应当设计具有挑战性、包含可变因素的机制,如应对复杂的校外活动的课题。

以支援与引导的方式提供"脚手架",再逐渐地撤除这些"脚手架"。运用"脚手架"来对学习者作出支援与引导,再渐渐地淡出。最初的学习课题是现实世界的课题中最单纯的,学习者即便不预先习得相关的知识与技能也能完成。这种"单纯化"课题即借助选择尽可能少的相关变量就能完成的课题;进而根据学习者的需求,在介入课题之前,制定即便借助若干课题要素也能完成的课题。在学习经验早期阶段的学习课题应伴有更多的辅导与引导。随着学习者达成一个个学习课题,他们掌握了更多的专业知识,支援逐渐减少乃至消失。

现今的研究支持在学习经验中使用现实世界的课题与问题。不过,同时也有诸多研究指出,必须为学习者作出适当水准的引导,慎重地将学习课题加以系统化。若干研究进而推崇利用"整体性课题"的学习,实施更复杂、更统整的学习课题。学习课题作为 TCI 一个核心要素,是同如下原理——激活既有知识、例示/示范、应用、统整/探究——的应用息息相关的。

2. 激活既有知识——所谓"激活"(Activation)既有知识,是指同所学习、所完成的主题与课题相关的认知结构的活性化。激活原理必须准备相关的认知结构,借以接收新的信息与经验,它源于学习的认知信息处理理论。有效激活既有知识是基于包括观察、课前测验、问卷调查、专家评估在内的学习者的分析结果而得出的学习者既有知识的理解,这是 TCI 不可或缺的部分。就是说,通过学习者分享相关的既有经验与思维,有可能使学习者想起将新的知识加以系统化的既有知识结构。借助激活,可以为学习者提供准备接收复杂信息与步骤的机会,也可为教师提供视学习者需要的针对性辅导的机会。在此类支援性活动中包括预习课题与全班讨论、制定规划、以小组为单位进行既有知识的梳理并展开小组交流,等等。

3. "例示/示范"——在 TCI 的例示/示范中包括向学习者提示学习课题的实施方法、提供学习课题的步骤与相关的支援性信息。"例示"的术语出自梅里尔的 ID 第一原理;"示范"的术语出自"认知师徒制"。向学习者提示的例示/示范的量,随着学习者的知识掌握进程而逐渐减少。在 TCI 中有必要向学习者演示学习课题的实施方法。不过,例示/示范仅靠学习课题的说明、学习课题要件的提示是不够的。为了学习课题的实施,还得使学习者学会运用有关学科的主题与步骤的知识。

例示/示范也有助于学习课题完成之际相关信息的提示。为了例示/示范,教师在提示旨在探究复杂学习课题的局部过程之际,势必言及课题完成时所必需的一般形式以及其他信息。教师在例示/示范过程中所披露的信息,有时也包括跟学习课题相关的分类框架、概念或步骤。让学习者分享学习课题同这些分类框架、概念与步骤之间的关系。最后,例示/示范应当依据多媒体学习的认知原理,采用适当的媒体。

同学习课题相关的信息,一般在提示学习课题的实施方法之前或实施过程之中进行提示。这种信息可分"步骤性信息"与"支援性信息"。"步骤性信息"被界定为旨在实施学习课题所应当采取的一般步骤的信息;而"支援性信息"则涵盖了跟学习课题相关的主题与概念,而不是完成学习课题的步骤本身。用于学习课题的学科的概念被视为"支援性信息",学习课题构成从"步骤型"至"启发型"的一个连续体。在"启发型"要素强的场合,学习者实施学习课题时更强烈地依存于"支援性信息";在"步骤型"要素强的场合,学习者更多地依赖于"步骤性信息"。在几乎所有的学习课题中,学习者一般是组合"步骤性信息"与"支援性信息"展开课题探讨的。

4. 应用——在 TCI 中,学习者为了完成学习课题而调动自身的知识,它不同于诸多教学模型立足于"学习结束之后应用学习成果"这一假设之上的设计。在 TCI 中的

"应用"是作为学科学习经验的一部分,这些应用必须同所学的技能相一致。为此就得设计有助于支援学习者旨在实现学习目标而进行基本技能训练的学习课题。在"应用"中,学习者借助运用所学的"步骤性信息""支援性信息"展开学习课题的探讨。在这里包括接收课题实施状态的指点——对课题执行的修正、改进方式的指导,以及对学习者达到怎样的程度的反馈。如前所述,学习者按照设计的序列来完成若干学习课题,学习课题旨在发展学习者的高阶认知思维能力与技能的迁移能力。因此,整个设计应由简而繁地展开,包括考虑到学习环境之外的种种可变要素来进行设计。随着学习者完成一系列课题逐渐运用自身的知识,有关课题实施的指点与反馈也随之逐渐减少。学习中的"应用"也嵌入了成绩评价的机会。随着支援与指导的逐渐减少,学习者渐趋独立,最后完全脱离外部支援。在这个时间点上,可视为学习者掌握了这种类型的课题,可以准备挑战别样的课题。

5. 统整/探究——统整/探究也是作为 TCI 经验的一部分来实施。这是学习者在日常生活中运用新的知识与技能或者为运用新的知识与技能探究新的方法与概念的学习阶段。"统整"的术语出自梅里尔的"ID 第一原理",而"探究"的术语出自"认知师徒制"。所谓"统整/探究"意味着通过运用此前学习的课题,或者进而通过探究新的选择与概念,把学到的知识提升到新的阶段。先行的研究也支持统整/探究的概念。长期以来的研究和实践报告表明,学习者从讨论、反思、询证自身的知识出发,通过把学到的知识运用于新的情境,通过运用新的方法显示他们的理解活动,从而显示出他们所进行的学习的迁移。学习的迁移牵涉到学习者能否有意识地摸索共同点与抽象化。而进行"统整/探究"的反思练习,特别是在基于真实性作业的学习情境中,一直以来作为有效的学习工具而受到注目。先行的研究充分表明,基于既有知识与技能来设计的新的项目学习,使得学习者的学习与迁移得以提升。从上述原理可以发现,由于 TCI 同"学习者中心教学"有着极高的适切性,所以成为新型的教学范式的核心教学方法。构成教育的新范式的主要观念是基于达成度的学习进步、因材施教、师生角色的变化、协同学习。

（三）TCI 设计的特质

基于上述原理的设计可以归纳为如下四个特质[22]：

支援学习者基于达成度的学习进步的设计——TCI 的设计是伴随着学习的进步而达成复杂的课题来安排学习课题群，以促进学习者的知识与技能的发展的。这些课题经过精心设计，可以覆盖学习者应当掌握的知识与技能，以及完成课题所必需的素养。作为学习者中心教育的主要特质的基于标准的评价，同 TCI 的实施有极强的互换性。在 TCI 中学习者通过完成符合特定标准的知识与技能的学习课题，证明这是一种有助于学习者达到标准的要求的有效方法。

因材施教——"学习者中心教育"的另一个特质是"因材施教"。TCI 能够因应每一个学习者，预设契合他们需求的"脚手架"。在巧妙设计的课题中，由于有能力的学习者能够独立地展开探讨，这样就能保证教师有充足时间对别的学习者进行辅导与反馈。信息化时代带来的丰富的可供利用的技术资源与信息资源也可以用于 TCI 的个别教学。

角色的变化——在"学习者中心范式"中，教师与学生的作用发生了变化。信息时代的教师所发挥的作用是，担任学习经验的设计者与学习的促进者。作为学习经验的设计者，设计的是要求学习者应用知识与技能的学习课题；开发阶梯式的一连串课题，以便向学习者提供适当水准的课题。教师也能基于学习者的既有知识，作出因应学习者个人的课题选择。"学习者中心范式"中的学习者角色也相应地变化为自我主导的、协同的学习者。TCI 中的教师发挥的作用是说明学习课题；对实施课题过程的某些部分作出例示；帮助学习者自主控制。在 TCI 的应用阶段里，当学习者从事课题解决之际，通过推荐适当的资源、提供评价指标与作出反馈，来发挥指导者的作用，而学习者的角色也随之转变为"自我主导的、协同的学习者"。学习者通过学习课题实施之中的自主学习的控制而发挥"自我主导学习者"的作用。TCI 的教学目标是，随着学习者知识与技能的掌握，培育他们逐渐成为对自身的学习负有责任的主权者。

协同学习——"学习者中心教育范式"的学习者是互教互学的"协同学习者"。TCI 为学习者讨论与协作、各尽所能，以及包括相互批评在内的协同学习活动，提供浑然天成的框架。

注 1

诉诸"情绪"也是激发学生兴趣的一种策略。在心理学中,对特定对象产生的喜、怒之类比较激烈的、一时性的情感状态,谓之"情绪"(Emotion),而在一定期间持续的、无明确对象,并包括"心境"(Mood,时效短暂的心理反应)在内的情感状态,谓之"情感"(Affect)。"情绪"不仅是单纯的喜怒哀乐的主观性体验,而且也是在生物性与社会性两个侧面赋予人类生存潜能的因素。"情绪"的功能大体分为三种。一是生理唤醒。亦即使身体状况发生变化,以应对特定情境的功能。比如,当人感到恐怖时会产生瞳孔扩大、肌肉紧张,释放肾上腺素、精力提升的生理变化,这些变化有助于个体精准聚焦恐怖事件、作出周旋(搏斗或是逃离)的判断,以尽早地付诸行动。二是沟通功能。情绪表现出身体状态的变化或是行动,也成为作用于他人读取其意涵的重要信息。比如,孩子对厌恶的虫子表现出恐怖的情绪反应时,读取该反应的父母就会作出驱赶虫子的处理。三是促进学习。总之,我们是依赖自己的情绪与他人的情绪来理解情境、对情境作出行动的。研究表明,唤起情绪的某种情境的信息比别的信息更易记忆。就是说,情绪是在我们处于需要作出某种处置的特定情境(危险)之中产生的,这就为我们理解和思考如何为儿童所处的情境提供支援,提供了线索。普鲁契克(R. Plutchik, 2001)倡导囊括了从"喜欢""敬重"到"生气""憎恶"等 24 种情绪的"情绪之轮",这是一种有助于教师分辨各种情绪之间关系的模型,备受关注。24 种情绪分别是:愤怒、害怕、期待、惊异、高兴、悲伤、信赖、嫌弃、焦躁、担忧、好奇、安心、平和、哀愁、接纳、厌恶、生气、恐怖、戒备、惊叹、喜欢、悲叹、敬重、憎恶。当然,在学生的记忆中也会有由于"恐怖"的情绪而留下痕迹的教学。不过别忘记,教学的目标终究是同积极的情绪联系在一起的。培育积极进取的文化——同"信赖""高兴""喜欢""好奇"等情绪息息相关的向上的文化,是每一个教师的职责所在。刘易斯(M. Lewis, 2008)倡导"情绪发展模型"。按照该模型的解释,人呱呱落地便已获得了满足、兴趣、痛苦的情绪。半岁之后,认知能力提升,能把握更复杂的环境,因而获得"一次性情绪"——喜欢、惊异、悲痛、厌恶、愤怒、恐惧六种情绪。到了一岁半之后,自我意识形成,因而表现出跟自我意识相关的害羞与羡慕的情绪,开始掌握评价的标准与规则,也会产生羞耻与罪恶感之类的"二次性情绪"。随着对更复杂的客观世界的把握,情绪也变得多样化,承担起应对客观世界的信号的作用。情绪是功能性的。持续地体验与表现诸如感到"恐怖"的激烈情绪,有碍身心健康。消极情绪往往会恶化人际关系,人也需要在社会目的(教育目的)之下抑制情绪,这就是"情绪调整"(亦称"情感控制")的课题(中谷素之,中山留美子,町岳.教育心理学:从日常插曲到教学实践[M],东京:有斐阁,2022:30 - 37)。

参考文献

[1][2][3][4][5][6] 波多野谊余夫.认知心理学:学习与发展[M].东京:东京大学出版会,1996:2-4,4-6,38-50,50-55,52,53.

[7][8][9][10] S. Boss, J. Larmer.何谓"项目学习":同社区与世界链接的课堂[M].池田匡史,吉田新一郎,译.东京:新评论出版公司,2021:8-10,7,74-75,94-96.

[11][12][13][14][15][16][17] D. Booth.我也想说:激活学生"声音"的课堂创造[M].饭村宁次,吉田新一郎,译.东京:新评论出版公司,2021:50,30,136,23-24,131,173-174,234-235.

[18][19][21][22] C. M. Reigeluth, B. J, Beatty, R. D. Myers.教学设计的理论与模型:实现学习者中心的教育(第4卷)[M].铃木克明,译.京都:北大路书房,2020:66,68,69-77,77-84.

[20] 科拉·巴格利·马雷特,等.人是如何学习的Ⅱ:学习者、境脉与文化[M].裴新宁,王美,郑太年,主译.上海:华东师范大学出版社,2021:23.

第四章　基于境脉认知的教学策略

　　纵观心理学围绕人类学习的本质、机制、类型与过程的研究，可以发现一条基本的线索——从"行为主义"开始，接着出现"认知建构主义"论。在认知建构主义的基础上，吸纳社会环境影响的要素，再发展为"社会建构主义"与"自我调整学习"论。可见，晚近教学心理学研究大体是沿着两股潮流发展起来的。一股是通过 20 世纪中叶开始的"认知论研究"，聚焦于阐明作为学习主体的个人头脑中的封闭式的认知变化与知识结构的研究；另一股是通过 20 世纪后半叶开始的"社会文化研究"，聚焦学习主体同周边的他者与社会文化环境的交互作用、借以矫正传统教学范式的研究。本章从这两股潮流的研究积累起来的见解出发，阐述基于"境脉论"的教学策略的理论意义及其实施可能性。

一、两股学习研究潮流

（一）认知建构主义学习论

　　"每个学习者都会在生命进程中发展出独一无二的知识序列和认知资源，它们由学习者的文化、社会、认知及生物等境脉的交互作用所塑造。理解'人如何学习'，其核心在于理解学习者在发展、文化、境脉和历史上的多样性。"[1]"认知建构主义学习论"就是着眼于学习者的认知来说明学习形成的理论。[2]所谓"认知"，指的是信息的认识与尔后的判断、处理过程。在流行"行为主义"的思维方式——"学习是从外部可以观察到的行为的变化"——的风潮中，皮亚杰（J. Piaget）尝试对"学习"的机制作出科学的解释。他运用"图式""同化""顺应""平衡"的概念，说明所谓"学习"是经历反复的同化与顺应，而发展为更适当的稳定图式（均衡化）的过程。具体地说，这里所谓的"图式"指的是"人认识事物的框架"。比如，当某个孩子见到水族馆水槽中游来游去的生物,便知道了"那是鱼"。在这种认识与判断中,有关"鱼是在水中游动的、细长的、有鳍没有脚的、谓之'鱼'的生物"的把握方式,亦即鱼的"图式",在起作用。尔后,这个孩子看见别的水槽中游动的生物,便会喃喃自语地说:"这也是鱼,名叫孔雀鱼。"孔雀鱼的样子同自己拥有鱼的图式一致,因而作出"孔雀鱼也是鱼"的判断。进而当出现新的信息时,同既有的图式相对照,并且一致的场合,个体吸纳这种信息,谓之"同化"。相反,当新的信息同既有图式不一致的场合,会产生不能对应既有图式的状态,这种状态谓之"认知冲突"。为了消解这种状态,就要求改变图式本身,即"顺应"。比如,一天,姐姐告知说:"海豚,能够在水中游来游去,但海豚不是鱼。"于是,这个原以为海豚是鱼的妹妹,同自己以往的鱼的图式不能对应。这就得变更自己既有的鱼的图式——"在水中游动的生物中有鱼,但也有不是鱼的生物"。进而,每当接触到别的信息时,就会产生反反复复的同化与顺应、从而获得更稳定的图式的过程,谓之"平衡"。一言以蔽之,所谓"学习"即不断更新自身的图式的过程。皮亚杰关于学习形成的观点,尔后受信息处理过程的影响(把人类的认知与学习等同于电子计算机的信息处理系统)得以发展起来,谓之"认知建构主义"。就是说,所谓"学习"是人基于既有的知识结构(图式)判断并处理新的学习、形成新的知识结构的过程。

从认知建构主义的学习论观点看来,理解某种知识同别的知识之间的关联性,产生如何理解知识的新的思维方式的信息处理活动,可以谓之"学习"。结构化的知识便于在必要的场合运用为其特征,所谓"深度学习"指的就是这种知识结构化的学习。相反,也存在即便吸纳了新的信息,却未能同既有的知识链接起来,每一个信息处于碎片化状态的情形。这些知识难以运用,不久便会忘却。而这些知识未经结构化的学习可以称作"浅层学习"。

(二) 自我调整学习论

在认知建构主义学习论发展之前,把"学习"视为"基于经验而产生的相对持久的行为变化"的"行为主义"学习论,大行其道。这种观点认为,借助外来的奖惩的刺激,原先的行为朝着更好的方向变化,就是"学习"。因此,学习者是受他者所控制的被动的存在。而为了形成学习就得靠外力的推动。然而，人即便在没有外来的奖惩的场合，能基于自身的兴趣爱好或意愿与需求展开学习。围绕这种兴趣、爱好、需求之机制的研究，谓之"动机研究"。诸多研究发现，动机具有启动学习与持续进行学习的作用。同揭示记忆、理解、思维之类的人类认知性学习机制的研究并行，也盛行学习者借助怎样的方法才能有效果、有效率地学习的研究，亦即"学习策略"的研究。在这种研究潮流中，从20世纪90年代前后倡导"自我调控学习"（Self-regulated Learning）的教育思维。[3]所谓"自我调整学习"是指学习者旨在达成自身设定的目标，把握自身的学习状态，适切地控制动机作用与情绪，持续地展开具体的学习行为的过程。在这个过程中学习者客观地认知自己的认知状态即谓之"元认知"的功能，同动机作用、学习策略交互作用。自此之后盛行的"主体性学习"，几乎是"自我调整学习"的同义词。

在"自我调整学习"中强调的"学习方略"指的是"旨在提升学习效果而有意识地进行的心智操作或是活动"，[4]大体分为三种，这就是——1.认知方略。指的是在记忆、理解教学内容之际所运用的认知处理方略，分为"浅处理方略"与"深处理方略"。前者是形态与音韵层次的处理方略，后者是意义层次的处理方略。可以说，"精致化""系统化"即为"深处理方略"。2.元认知方略。具体地说，是根据"自己确认达到了多大程度的理解"之类的监控结果，而进行学习方式的调整的一种自觉的监控方略。3.资源运用方略。亦即有效地运用资源的方略，包括学习者运用外部资源的同时，集中精力与努力等学习者内部资源的运用方略。

一般认为，为了培育主体性学习者、能够自主学习的学习者，需要通过集体教学和个别辅导，着力于提升"元认知能力"、传授"学习方略"和经营"动机作用"。作为个别辅导活动的典型例子就是"认知咨询"。它有别于一般以心理创伤为对象的咨询，而是以认知烦恼为对象进行的。主要采用自我诊断、诊断性提问、图式说明、比喻性解释、假设性教导、教训归纳六种技法，咨询者与学习者进行对话性学习座谈。[5]

(三) 社会认知建构主义学习论

人是社会的存在。通过同他者的对话与交流而形成知识结构的观点，就是"社会认知建构主义"。[6]其理论基础是维果茨基(L. S. Vygotsky,1896—1934 年)关于发展与学习的理论。维果茨基主张,人的语言活动与思维活动是通过同他者的沟通、亦即对话而过渡到个人内部(内化)的。比如,记忆词汇的时候,儿童最初是将语言作为同人们沟通的手段来使用语言——"外言"。随着同各式各样的人打交道的经验积累,而产生自身运用的"内言"。不久,就能使用不伴随声音的自身的"内言"了。不仅是语言的习得,而且儿童通过同他者的对话,得以发现自身未曾想到的"见解",并借助话语明确地阐述自身的想法。学校聚集一群教师与学生展开同他者一起学习即"集体学习"这样一种方式之所以得以持续的理由之一是,借助对话的学习比之个人单独学习更为有效。"最近发展区"集中地体现了维果茨基的教育主张,他区分了两种发展水准。一是当下凭借自身的力量能够达成的"现在的发展水准",二是借助他者的帮助与协作能够达成的"可能达成的水准"。而这两种水准之间的差距,就叫作"最近发展区"(Zone of Proximal Development,ZPD)。教育的作用就是借助 ZPD,让学习者逐渐脱离他者的援助与支持,凭借自身力量达成目标。

布鲁纳(J. S. Bruner,1915—2016 年)倡导的"脚手架"(Scaffolding)与"拆除脚手架"(Fading)的观点,就是旨在借由 ZPD、通过教育实践,培育自立的学习者。所谓"脚手架"是当儿童单独不能完成的任务之际,以显示范例、促进其关注课题为其特征而进行的援助。所谓"拆除脚手架"是指援助逐步地减少,以求得儿童单独也能完成任务。维果茨基的 ZPD,以及由此发展起来的"脚手架"与"拆除脚手架"的观点,成为重视他者作用的"协同学习"的一个理论基础。

二、境脉认知与教学策略

(一)促进认知境脉学习的教学策略

引起"概念变化"的策略——一般说来,在学校课堂教学中,学生凭借自身的经验,已经拥有了某学科领域的某些概念。就是说,存在着具体地解释日常现象的"学习者特有的概念",这是有别于教学中所教授的、严谨地解释自然现象的"科学概念"。"概念变化"的问题始终是学校的课堂教学回避不了的课题。所谓"概念变化"可以界定为"既有知识体系的大规模重建",迄今为止关于"概念变化"的形态大体有两种解释。其一,变化是自然发生的;其二,变化是由教学引起的。前者是儿童在生活世界中通过经验的积累、缓慢而渐次地产生的。从某种意义上来说是局部的、自下而上的变化。比如,关于地球形状的思考,从平面到球形,是逐渐发生变化的。后者指的是基于教学的概念变化。学习者自身认识到概念性知识的不足,引发自身认知冲突而产生急剧变化。从某种意义上来说是自上而下的变化。在社会的教育因素具有促进效果的学龄期之后,施加有效的教学方法,可以实现系统的根本性变化的过程。自 20 世纪 80 年代中叶波斯纳(G. Posner, 1982)倡导"概念转换的条件"(诸如,不满足于既有知识、新的知识更易理解、更趋合理、更富成果等条件)以来,产生了各式各样的促进概念急剧变化的教学策略。从这种立场出发,所谓"概念变化"不仅是指通过积累经验而产生的既有概念结构的充实,而且是指重要的核心概念所必需的重建过程。下面列举的教学策略,在阐明学习者拥有的既有概念结构的基础上,通过激发认知冲突的策略与思维指引,引出与之相矛盾的科学概念,有助于促进概念的变化。[7]

1. 架桥策略。把学习者熟悉的"生活概念"作为学习的出发点,亦即激活他们所拥有的经验与知识,最终掌握应当学会的"科学概念"。通过实验,以两者共同的概念(大概念)为媒介,进行架桥,有助于发现两者表层的类似性以及概念的根基——结构性。

2. 现象性原理。从日常生活中经验到或观察到的事物出发,具体地建构的知识,谓之"现象性原理"。由于"现象性原理"是有限地解释限定的现象、同"科学概念"并行不悖,所以并非求得根本性的颠覆,而是就事论事地对适当的现象作出"现象性原理"的解释,从而超越境脉,实现概括性法则的发现。

3. 变式。物理学家把物理现象转换成数学学科的表述方式(数式、图式、模型等),借以探求普遍性与规则性,再返回物理现象、理解物理的概念。学习者也可以采用同样的方法把物理现象转换成数学学科的变式所发现的普遍性与规则性,再同他们在日常生活中直觉的话语链接起来,使日常概念得以重新系统化。跨越不同的学科边界,有助于整合"生活概念"与"科学概念"之间的歧义,促进系统的重建。

促进个人思维的认知工具——晚近除了以学习者拥有的既有概念结构作为参照框架的教学策略之外,还出现了建构"旨在促进概念变化,该使用哪些有效的认知工具"的理论框架的研究。[8]这些认知工具对学校现场的课堂研究是富于启示性的。

1. 探究模型。作为促进个人思维的认知工具,强调学习者在理解学习目的之基础上,展开包括实验、推测、引出数据、评价结果、修正错误等一系列的行为,不是求得同自己的理论相一致,而是通过探讨"反证事例",使理论得以修正与精致化。就是说,不是单纯地指向发现事实,而是把焦点聚焦于如何积累有助于颠覆信念并从根本上矫正问题意识所必需的体验。

2. 精致化。所谓"理解"是通过谓之"精致化"的过程而发展起来的,而所谓"精致化"意味着"促进思考的梳理、链接与整合"。"精致化"的定义各式各样,但共同之处是既有知识与新的信息的勾连,"给记忆的信息追加特征"。以下列举三种有助于"精致化"的方法。其一,精致式提问。围绕学习的知识与概念,作出"怎样""为什么"的提问。其二,具体举例。可为学习过程带来诸多好处。诸如,能简洁地传递信息;能提供更便于记忆的信息;图像比之语言更便于记忆,等等。其三,"双重符号化"——运用语言与图像来表达同样的信息,更便于记忆。一般而言,图像比语言的说明更容易记忆。重要的是要确认,给学生的图像是否同教学内容相关、是否有助于理解。此外,采用如下的"四问"——一问"为什么"(学习目的),二问"学什么"(学习内容),三问"怎么样"(学习方法),四问"靠什么"(教学媒体),来明确认知工具,也有助于促进个人的思维。尤其是一问,对是否适于学生的兴趣、经验、知识、能力,是否创设了有助于促进学生理解的情境,极其重要。

3. 失败的经验。可以认定,"失败的经验"是有助于促进深度的个人思维的认知工具。这是因为,当知识的建构失败之际,该问题对学习者而言是真实的问题,从而成为引出学习者真实观念的一种契机。在此时,对学习者重温以往的学习记录、从更囊括的视点出发、反复地修正观念的作业,将会产生影响。

4. 叙事。不仅是单纯的"收集信息、记录信息、归纳信息",而是超越学科领域与法则的水准,有助于获得如下促进深度活动的认知工具:A. 学习者对自身的观念进行分类。B. 推论与认知冲突的方略。C. 反思学习过程,掌握新的理解方式。D. 能够深度记忆,随时提取。E. 能够比较新旧思考的差异,评估变化的经历。

5. 类推。把"类推"作为认知工具加以引进,经历如下三个过程将会有助于获得真实的概念。A. 着眼于现象的推论——解释只是基于连续现象的"观察的描述"进行的,不能发现"证据"(发生了什么)与"理论"(为什么会发生)之间的差异。B. 着眼于关系的推论——解释只是依赖于现象的变量之间关系的观察,并根据"日常的经验"进行。证据与理论并不是一回事,但理论仅是作为一种真实来加以假设。C. 着眼于模型的推论——解释基于模型加以生成、评价与修正。理论不是绝对的,包括问题在内,理论的假设不是一成不变的。

激活动机作用的教学策略——传统的教学方法主要是从"认知侧面",亦即"内容水准"(教师设定的教学内容的达成水准)的观点出发,聚焦是否掌握了教学内容(知识与法则等)。在概念变化的新潮流中开始强调,为了顺利地求得概念变化,不仅需要重视"认知"(冷)侧面,而且同时需要重视"动机作用"(暖)侧面。西纳特拉(G. M. Sinatra,2005)尝试建构"概念变化的认知侧面与动机作用侧面相互链接"的模型,揭示了概念变化的连续性过程。学习者拥有的既有概念具有"强固、首尾一贯、深度参与"等特征,被默然地编织于认知结构之中。要激发概念变化的动机作用,就得在教授的新信息中明确地提示"便于理解、首尾一贯、更富兴味、有感染力"等要素。在学习者对新信息的动机作用低下的场合,由于只是满足于操作式的浅层处理,难以生成概念变化。相反,在动机作用高涨的场合,由于有意识地运用精致化策略进行深层处理,概念变化容易生成。日本学者高垣マユミ(2003)系统地探讨了提高学习者的学习动机作用、促进概念变化的教学策略。在理科教学中通过一连串有意义的观察、实验、经验、解释、感知等所构成的脚手架,引发概念变化,来设计认知冲突的教学方法。在通常的教学中经常检验自身相信的先行经验的妥当性是极其罕见的,但在高垣的这个模型中,在其所包含的"现实世界"与"思维世界"两个领域,由于是沿着"同先行概念相矛盾的现象""证明科学概念的关键性现象""适当的概念""感知的现象"等一连串的脚手架组成的,涵盖了旨在对自身的概念加以琢磨、表述、监控,变化为"科学概念",从而提升了学习者自身的学习动机、促进概念变化的可能性。

(二)支援社会境脉学习的教学策略

课堂教学中的循证——如前所述的研究,是出于同既有知识的整合与重建个人的理解过程加以模型化的视点。在晚近的教育心理学研究中代之而起的是另一种视点,从社会共识的形成与验证的角度,重视个人之间的社会交互作用的视点。学校课堂教学中(特别是"科学"学科的教学)的一个显著动向是,重视丰富的社会交互作用而展开的"循证"的实践。所谓"循证"是旨在引出有说服力的结论,通过举证与思考反证来支撑或驳倒解释、从而引出一连串的对话交流。这是着眼于科学教学领域中的循证实践,亦即在共享课堂教学的时间与空间的社会境脉中,在参与比较稳定的成员之间展开的"循证实践"的过程中,进而分享知识、重建理解的研究。在晚近围绕循证实践的结构化研究中,图尔明(S. E. Toulmin,1958)倡导的局部引进"循证六要素"的教学策略,受到广泛关注[9]——

循证六要素

* 主张(claim):阐述结论。

* 数据(data):支撑某种主张的根据(客观的事实与材料)。

* 论据(warrant):说明基于该根据能提出某种主张的理由。

* 支持(backing):支撑理由之正当性的证明。

* 限定语(qualifiers):支撑理由之确凿性的程度。

* 反证(rebuttal):关于论据效力的保留条件及适用范围的界定。

促进知识协同建构的教学方法——要提高知识协同建构的质量,教师就得适当地编制提升课题价值的脚手架。桑多瓦尔、米尔沃德(W. A. Sandoval, K. A. Millwood, 2006)的引进循证要素的实证研究,通过高中生物学"达尔文进化论"(自然选择说)题材的教学,借助"论据"的明确获得,发现有助于科学概念的深度理解。[10]在这里,不是径直地引用单纯地表达自然现象的图表之类的东西来说明"X原因是怎样引起Y结果的",而是必须同日常生活中真正的境脉链接起来,根据经验的事实(数据)来说明理由(论据)。贝尔、林(P. Bell, M. Linn, 2000)通过高中物理学中以光波现象为题材的教学表明,在循证中的"论据"是盖然性的场合,当作为支持论据的一般原则的"实证"是从日常生活的经验中导引出来、"科学概念"的理解不再困难之际,"科学概念"同"既有概念"之间的关系得以结构化,从而引出两种概念得以统整的决策。梅内尔、克拉伊奇克(K. L. McNeill, J. Krajcik, 2008)通过高中化学若干单元的教学,实证了如下的教学策略有助于深度理解:A. 科学解释的模型化——收集探究的基础数据,揭示分析结果之步骤的策略。B. 科学解释论据的明确——显示证明"主张"的"数据",借以理解得出主张的理由。C. 科学界定的定义——理解"主张""数据""论据"三者之间的关系。D. 科学解释与日常解释之关联——理解两者不仅是类似的,而且也是有差异的。

　　支援社会境脉的教学策略——存在形形色色的研究视点,诸如[11],1. 不仅考虑到师生之间的"垂直维度",而且考虑到生生之间的"水平维度",包括视点与解释的多样性。2. 矫正"传递型教学"的框束、转向"对话型教学",就得谋求提问方式的转型,从教师的"教科书式提问"转向学生的"真实性提问"。3. 在协同学习中发挥每一个学生在知识建构中的决定性作用,形成能动的参与者结构的脚手架,界定集团(年级、班级、小组)与个人之间能够自由往返的活动方式。4. 把原本熟练者的"个人内部"所进行的理解过程,外化为"个人之间"的作用。适当地接受来自教师的帮助,通过个人之间的对话,支援学习。5. 同基于科学根据的他者的交互作用,形成产出新旧知识体系的冲突与新的认识的源泉——在这种拥有社会文化意义的相互对话之中,让每一个学习者置身于必然导致课题解决的情境。汲取上述研究的视点,在介入教学实践之际,作为前提的是,在"理论知识"(研究者的尺度)与"实践知识"(实践者的尺度)之间展开反复沟通,以平等的立场进行协同研究。研究者自上而下地深耕,超越研究者与实践者的框架,秉持共同的问题意识——协同创造新的成果,从学科(领域)内部展开叙事研究。同时,从协作编制教学计划做起,在教学实施中围绕儿童的实验、教学中教师的提问与

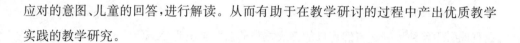

应对的意图、儿童的回答，进行解读。从而有助于在教学研讨的过程中产出优质教学实践的教学研究。

（三）整合认知境脉与社会境脉学习的"脚手架"策略

认知性与社会性境脉背景下的理解过程——前述第一点梳理的是聚焦认知境脉背景下理解过程的教学策略——探讨学习者拥有的既有概念是如何通过个人头脑中封闭式活动（理解过程与知识结构），而发生变化的。第二点梳理的是聚焦社会境脉背景下理解过程的教学策略——探讨学习者是如何借助能动的交互作用而形成社会共识，创生并统整知识的。概念形成基于个人的经验，在大多场合，由于这种经验是在社会与文化中共享的，所以，人的认知不是封闭于个人之内，而是植根于社会文化价值的境脉。就是说，这两种境脉并非彼此孤立，而是相辅相成的关系。以往的研究往往是分两种境脉作出各自的论述，进行各自独立的学习环境的设计。如今直面的重要课题是，实证性地探讨"统整认知/社会境脉"这一理论假设。

在认知境脉与社会境脉背景下的理解过程承担着怎样的作用呢？可以归纳如下两点。[12]其一，"掌握"与"参与"。亦即在"认知境脉"背景下的学习被视为"掌握"。这里作出的假设是，明示的有意图的学习过程——提示学生的先行概念与学科特有的知识经过充分探讨的课程，促进先行概念的变化，使之掌握科学概念。另一方面，在"社会境脉"的背景下的学习被视为"参与"。这里作出的假设是，领悟赋予科学规范与价值体系以意义的元认知的过程——通过参与有意义的对话实践、体验循证过程中作为发言者与倾听者两种角色的作用。其二，真理值与概念纽带。在社会境脉中包括集体讨论在内的社会沟通活动中得以提供多样的不同视点，暴露分歧的信息，这种经验作为"概念纽带"而发挥作用，或者动摇"认知境脉"中个人主观的"真理值"（能在多大程度上相信其真理性），或者成为新的认识——既有知识体系的缺失与认知冲突的认识——产生的源泉，从中获得有效解决策略的信息源，促进个人的概念变化。这就是说，外部的"社会境脉"不是机械地迁移到内部的"认知境脉"，而是成为发挥学习者自身能动性再建构的交互作用的一种契机。

整合认知/社会境脉的教学策略——日本教育学者高垣(2009)从整合认知/社会境脉的视点出发,探讨了具体的实施方案。[13]在这里,针对各门学科及其单元的独特性、学习者的先行概念、发展阶段等因素的"认知境脉"背景下的教学策略,强调了"促进协同的探究活动"的脚手架的设定;同时考虑到同他者的互动、参与者的角色作用,拓展"社会境脉"背景下学习环境与整合的框架,来设计"整合认知/社会境脉的学习环境",并对这种学习环境中的理解过程进行详细的分析。个人认知变化是在社会的能动作用中浮现策略的,在理解深化的背景中两种境脉的相辅相成是不可或缺的。从整合认知/社会境脉的视点出发,探讨学习环境的实证研究——概念获得的必要条件、支援互惠的协同学习的脚手架,贴近学校的教学现场,便于真实地把握教学过程中的变化。从这个意义上说,为提升教学实践的质量提供了直接的启发。

因应"学习者逻辑",支援学习者自主学习的重要性——亦是教师采取教学策略的前提。首先,在前期阶段,教师需要把重心从"学科逻辑"转向"学习者逻辑"。所谓"学习者逻辑"指的是"生活逻辑"与"认知逻辑"。"生活逻辑"系指学生的"生活实态本身",而"认知逻辑"系指认识论的原理,即学生基于年龄与经验的差异而产生的不同的认知方式。其次,在后期阶段,教师需要着力于因应"学习者逻辑"中的"认知逻辑"。布鲁纳(J. Bruner, 1961)主张学科知识应当因应儿童的认知发展。无论对哪一个年龄阶段的儿童而言,教师都能有效地展开需要高阶思维的教学。如今揭示"认知逻辑"的研究积累了丰富的成果,诸如"信息处理理论""双重符号化理论""知性负荷理论""作业记忆理论",成为教学设计者普遍掌握的理论。

三、"学习境脉"的创造与元教学

(一)"学习境脉"的创造

1. "最优个别学习"与"协同学习"的一体化

创造"最优个别学习"的是谁——每一个学生都是独一无二的存在,透过儿童学习经历之类的大数据的运用,可以为因材施教的教学设计提供帮助。在这里,重要的是持续地寻求何谓"最优",是否有助于培育学生的主体性。每一个人都是在尝试错误和经验积累的基础上确立起自我而成长起来的。教师承担着基于儿童发展阶段提供"最优个别学习"的责任。儿童在认识自身的优势与潜能的过程中,通过教师适当的参与,动态地创造最优的状态。"最优个别学习"是表达"指导的个别化"与"学习的个性化"的概念。一方面,"指导的个别化"是指"因应多样儿童的课题的教学策略、谋求实现一定的目标"的侧面,另一方面,"学习的个性化"是指基于学生不同的兴趣爱好、实现一定幅度(水准)的目标的侧面。

"协同学习"的根基——"协同学习"要求学生能够同多样的他者合作,尊重他者,超越种种的社会变化,成为可持续发展的社会的创造者。对于儿童而言,协同的他者存在于学校内外。学力提升的关键在于每一个儿童的学校与班级集体的归属意识的强化与支持性风气的形成。"协同学习"的实现有利于作为社会缩影的课堂空间的转型。我们往往说,"课堂是儿童出错的地方",但站在儿童的立场看来,或许"课堂是不容许出错的地方"。唯恐出错(羞耻、笨蛋),躲避发言是理所当然的一种情绪。在学科的知识与技能的层面,存在"对"与"错"。关键在于,教师是否尊重这种儿童内心"全然不懂"的迷茫与困惑。我们需要进一步尊重每一个儿童的能倾、特性、爱好、思考与信条,有着怎样的差异,同每一种困惑与朴素的问题共鸣,乃至倾听每一个学生的喃喃自语。分享所有这些声音的课堂的创造,是实现"协同学习"的必由之路。在"协同"中必须有共同的目标。尊重拥有个性的他者、以平等的立场"协同活动",正是"协同"原本的意涵。通过"协同",在集体中便会形成纽带。

"最优个别学习"与"协同学习"的一体化——"最优个别学习"不是单打独斗,这就是在拥有对集体的归属意识的基础上的最优个别学习的状态。学校与课堂原本就是培育集体,"协同学习"应当是自然而然发生的。需要借助个别学习、小组学习、全班学习的循环往复,实现高效的学习建构与再建构。倘若把这两种学习的世界比喻成"登山",可用如下的模型图来表示(图4-1)。[14]

从"最优个别学习"的侧面看,所谓"学习"具有凭着学习者的意志、凭借自身的能力开辟道路的价值。"学习"(登山)是每一个人都可以办到的,尽管缺乏经验,也存在

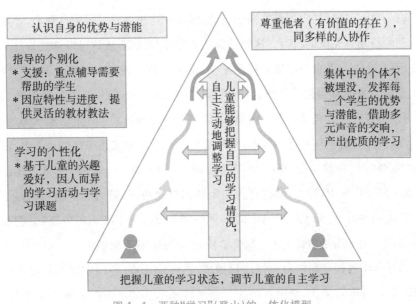

图4-1　两种"学习"(登山)的一体化模型

资料来源:桦山敏郎.学习境脉[M].东京:明治图书,2022:13.

些危险与挑战。然而,不依赖他人凭借自身的能力解决问题,是同认识自身的潜能联系在一起的。教师一方面立足于"指导的个别化"的视点,以"预料山的危险(困难)","预料学生能否保持登上山顶的体力(学力)"为前提;另一方面,重要的是立足于"学习的个性化"的视点,关注每一个学生是怎样"学习"(登山)的,亦即学生是怎样凭借自身"学习"(登山)的兴趣与爱好、既有经验的积累,实现登山的。不同的学生对作为目标的山的预备知识与事前学习的程度不同,其动机与兴趣也会产生差异。登山——让所有学生安全地登上山顶,是第一位的,但登上山顶的结果并不是目标。让每一个学生发现登山的意涵与价值,感受各自登上山顶的感受,可以说这就是"尊重个性"。需要关注"指导的个别化"与"学习的个性化"两个侧面。

从"协同学习"的侧面看,其功能是帮助学生凭借双足的力量"登上山顶"。当学习者同他者协同合作的时候,再重的脚步也是轻的。以自信有体力的儿童打头阵,其他的儿童紧紧跟上，这就是"团队登山"。课堂中的学习是"团队登山"，不是以"单独登山"为前提。登上目标的山顶是共同的行动，因而在这里要求一定的自制心，不能作出危险单独的行动与无谋的行为。这就是团队的纪律与规则，或许可以称之为约束的事项。在山顶上，学习者自身的知识体系渐丰，他者也有所成长。这就是通过"登山"所迸发出来的新的价值与意涵。概言之，"学习"（登山）——个人与团队奔向的共同高度，便得以形成。班级全员要登上山顶，必须有事前的准备。每一个儿童实态的把握、登山高度的设定、安全与心理的考虑，都是必要的。教师的实路探察也是不可或缺的。就是说，重要的是事前演习到达"学习"（登山）的目的地——山顶——的"过程"（路径）。既然是团队登山，那么，就得意识到团队的行动协同，着力于抑制与调整个别的行动。登上山顶时，在那里展现出来的是每一个儿童获得了能力的姿态，这就意味着目标的达成。山绝不是单体，而是各级学校组成的连绵不绝的山脉。每一个学校的"山头"由学年中各门学科的目标与内容构成；再仔细观察，各门学科又是由单元与题材的模块构成。学习的山，是由不同的"山头"构成的连绵不断的山脉，"山头"层层叠叠。为了攀登各级学校中各个学年、各门学科的单元与题材这一山顶，就得挑战各式各样的山脉（境脉）。登山的高度一般是由教师依据学校课程标准的框架设定的。不过应当留意的是，教师设置的登山高度倘若超越了儿童的接受能力，未必切合实际。唯有立足于学习者知识能够达到的学习目标，才能实现儿童的自主性学习，这可以谓之"主体性学习"。"主体性学习"超越教师主导的目标，重视儿童发挥自身的能量、得以持续学习的过程。"最优个别学习"同"自主学习"相关，"协同学习"同"对话学习"交织。这些要素的一体化与循环往复，导向"深度学习"的实现。

2. 创造"最优个别学习"与"协同学习"的境脉

"学习境脉"的创造——"学习者身处并活动于复杂的发展、认知、生理、社会和文化形态之中——所有学习者都是在文化所定义的境脉中，以文化所定义的方式成长和学习的"。[15]"学习"的行为是受种种的环境因素左右的。受所在国家与社区的风土、文化以及家庭经济的影响，也同遗传因素相关。在学校教育的框架中需要从课程标准的视点展开探讨，尤其是"班级"这一教室的空间所具有的影响力极其巨大，需要格外注意"隐性课程"的影响。儿童通过教师的语言沟通及表情、语调、态度、教师营造的课堂氛围等非语言沟通,会受到教师的教学、学校生活、学校制度等潜移默化的影响。儿童自然地从"隐性课程"中学到规范、价值、信念、知识等方面的信息。学习的结构复杂无比,学习的境脉奥妙无穷,所谓"学习境脉"的"境脉"原指文章中的上下文。在用"学习"的概念来把握境脉的场合,大体是指基于复杂的学习状况,维系其连续性与发展性。所谓"状况",指的是学习目的与学习伙伴、所处场域及其条件等,包括学校教育内容的连续性,校内外世界的连接。"学习境脉"的创造可以定义为"维系学习者的学习的意义,在教师的主导之下维系学习的连续性与发展性,从而形成学习者能力的拓展与学习者之间的共创"。[16]"学习境脉"要求在学校与社会之间、学校之间、学科之间、年级之间、领域之间、单元(题材)之间、课时的框架中,形成彼此之间的衔接。"学习境脉"不是一个静态的画面,可以把它视为师生共同活动的影片,加以可视化。尤其是在学习的起始阶段,从山的整体确认当下所处的位置,在此时此刻探讨所要展开的学习,探讨登山的策略;在学习的终结阶段反思登山的过程中获得的能力,同时展望此后的学习。把这些一连串的流程同学生一起分享,是同学习的可视化息息相关的。在这里,势必产生学习的拓展与共创。每一个学习者的学习量与质的增加、每一个学习者之间的相互影响,产生着新的意义。要创造学习境脉,就得俯瞰学习的全貌。

创造"学习境脉"的视点——课堂教学存在三种实相,或者可以谓之"三态"。[17]作为执教者的教师描述"该如何做""想如此展开"的教学的理想,可以谓之"应然态"。然而实际进行的教学是不可能完全与之相符的。在教师"想当然"的场合,不过是一种自我满足罢了。所谓"教学"是教师在料想不到的场面停滞、意外部分的膨胀、不可思议的链接,可以谓之"实然态"。进而从上课的学生的角度来看,存在"理解"(不理解)、"能够"(不能够)、"愉悦"(不愉悦)、"想进一步学"(不想再学)等差异,每一个学生的理解度、巩固度、参与度是不同的。作为学习活动的方式、记忆、意义,也是不同的。这可以谓之"使然态"。教学,原本不是"教师做了什么、教了什么",应当追问的是儿童"做了什么,学了什么"。"学习境脉"的创造就是旨在从作为学习者的儿童的角度出发,寻求真正实现学习者能力与素养的共同发展。为此,倡导创造"学习境脉"的七个视点,这就是:(1)个体之间问题的显性化与问题的高阶化。(2)"习得、运用、探究"的累积化,亦即"习得、运用、探究"是基本的学习过程,它们应当是螺旋式地反复上升的过程。(3)课题解决过程中步骤的细分化。所谓"步骤"不仅有"层次"的意味,也有"步伐""步调"的意味。把实现单元目标的学习过程中的学习活动视为一种层次、步伐、进一步加以细分化。(4)因应学习者的特性与进度,教材与学习活动的多轨化。(5)适度设定教学目标的水准(不过高,也不过低),针对学习困难儿童的个别教学最优化。(6)对话的主体是儿童,必须以建构积极的建设性对话的态度为基础,在学科与跨学科教学中寻求优质对话的日常化。(7)基于促进元认知的每一个学习者成长的自觉化。[18]

(二) 元教学:教师对教的活动的元认知

教学活动的变革取决于教师的认识论——教师对教学活动所秉持的认识论不仅表现在教育观、教学观、课程观上的差异,而且在教学实施过程中师生发挥怎样的作用这一"教师观"与"学生观"上,也大相径庭。所谓"认识论"是指每一个人围绕"知识"与"认知"所默然地秉持的信念。当教师形成"所谓'教'是有效地向学生传递普遍而客观的知识"这一认识论时(A),就会基于"有效地向学生传递基础知识的传递型教学是好的教学"的认识,而展开教学活动。于是,拥有这种认识论的教师培育的学生所掌握的是"知识储蓄型"的学习方式——所谓"学习"就是掌握将来需要的、重要的知识。相反,当教师形成"知识是随着所沉浸的情境条件与状况的变化而发生变化;是通过同他者的沟通这一社交活动而发现与建构因应境脉的知识与思维方式"这一认识论时(B),就会把教学视为"所谓'教'是师生通过协同活动而形成知识的过程,是教会学生思维方式、学习方式的过程"。学生能动地参与教学,着力于通过协同活动,形成多样的学习方式得以产生的情境。于是,拥有这种认识论的教师培育的学生所掌握的是"问题发现与解决型"的学习方式——所谓"学习"并不是碎片化知识的记忆,而是学会发现适于问题情境的解决方法,寻求多元的见解与思维方式的过程。学生在将来的日常生活中碰到的问题情境是同学校教学中学习的问题情境截然不同的:问题的原因不明;不具备所有的条件;不清楚能在多大程度上解决;存在多样的观点、思维方式与价值观。大多要求创造性地解决"混沌情境中的混沌知识"的多元思维,这是深度理解不可或缺的。从这个意义上说,学校应当教学的知识并不是学校境脉中限定的、封闭的知识,而是日常生活境脉中可迁移、可转换、有适应性、可灵活运用的知识,亦即超越情境与时代,必须是持续性、发展性的知识。基于这个标准,自然说明了不是基于 A,而是基于 B 的认识论的重要性。不过,在这里重要的是,求得两者的平衡的灵活性与高度的实践力。因为,不同的情境在两种现象发生时对于学生而言都是适用的。

何谓"元教学"——教师即便拥有对"教"的活动的"默会知识"(认识论),要在现场的教学场面不折不扣地践行这种认识论,是极其困难的。这是因为,实际的教学活动不仅是教师的认识论,加上该课时的教材内容,教师对教材的准备状态、学生的动机作用水准与理解水准,班级整体的氛围等因素,还需要教师监控不断发生变化的教师自身与学生的精神状态以及思维活动状态,从认知上监控自身因应教学的状况、具体地运用的知识与技能。可以说,教师元教学水准的差异,导致教学活动也会大不相同。这就是说,即便对教学的认识论相同,该教师的元教学水准不同,实际上教学活动的过程与深度也会大相径庭(受到认识论与元教学水准的交互作用所制约)。所谓"元教学"(Metateaching)是指该教师对"教"的认知活动的认知。[19] 这种元教学由教师的知识侧面与活动侧面组成。其一是"元教学知识"。作为"元教学知识"可以分为:关于教师的认知特征的知识;关于教材与课程的知识;关于情境与课题的知识;关于学习者的知识;关于教学策略的知识。这里所谓的"关于教学策略的知识"是指因应问题情境与矛盾,有效地展开教学的三种策略的知识。即"宣言性知识""步骤性知识""条件性知识"。其二是"元认教学活动"。在问题解决过程的监控中,日本学者丸野郡一(1985)倡导"沿时间顺序的三阶段模型"。亦即分"计划元教学活动的阶段""实施过程""评价过程"的三个阶段,具体地设计知识建构的教学实践。

如何在对话教学中体现"元教学"——所谓"对话"原本是在同人、事、物的相遇与关系之中生成的,是指向新的知识建构的协创过程,是通过他者的介入而产生的。而且这种过程涵盖了用如下的关键词表达的各种侧面的动力过程,这就是,与不同思考的相遇;互教互学;主体性、协同性;认知矛盾与冲突;混沌、迷惑;自我反思;探究(意义

与真实性的追求)。教师要经营这种动态的"对话教学",起码需要认识到如下的条件:

第一,转变教师的教学认识论。亦即"传递知识的隐喻"(传递重要的原理与概念,死记硬背)的认识论,转向"脚手架与说服的隐喻"(学生主体地思考、学会问题的发现与解决方式的过程)的认识论。

第二,洞察教学的活动是以"教材"为媒介的"教师"与"学生"三者之间关系的互动与拓展,着力于支撑对话的心理氛围。教师准备的教材与课题并不是所有的学生都拥有同样的体验与知识,对于事物的见解与思维方式是各不相同的。每一个学生的思考、知识与经验可以说超越教师的想象力,是千差万别的。不仅如此,对于教师布置的教材与课题,学生会因应"此时此地的瞬间自身的心理状态",从自身的视点与理解水准出发、产生不同的见解与思维方式。这就是说,异质的、多样的思考在一瞬间分散于课堂的各个角落。在这里,课堂对话承担着通过这种分散的异质的每一种思考的梳理、编织条理分明的思考的重要作用。倘若能在课堂里形成接受并尊重各自不同的思考的心理氛围,那么,就容易彼此倾听、相互链接,形成产出新知的课堂教学。每一种思考与见解不再是碎片化的,而是彼此链接成了一根主线,由此产生有高度与深度的、知性的地平线,作为新的综合化的知性,产出新的见解与思维方式。

第三,准备学生得以产生新的相遇、发现与惊异的丰富的教材,或者设计必然会产生对话的某种境脉与情境。为此就得在课前进行周密的教材分析。这种教材分析不单是从教师的视点,同时也考虑到从学生的视点展开双向分析,这是不可或缺的。就是说,教师在上课之前需要把握整个班级每一个学生独特的见解与思维方式的特征,诸如,班级的学生"对什么、在哪里、容易出现困惑""大概会在哪里会产生不同的见解与思维方式""或许谁会在哪里作出怎样的发言与思考"等等,在此基础上,反复展开假设的境脉中的对话,进行教材的解读。进而,"为了加深、引发学生的思考""产出对话",重要的是预先准备好一些有助于激发认知冲突的提问。

第四,教师在教学流程中需要"随机应变"——依据情境而灵活地改变责任心的发挥方式——的心理准备。在上课之前教师当然需要作细致入微的教材分析,针对班级学生的思维动向与特征来进行教学设计。但即便如此,"对话流不可预测"。学生是

"此时此地此瞬间"的能动的活动的存在,他们会随着同教材的相遇,"此时此地此心理的思维状态"、学生的见解与思维方式也会产生灵活而多样的变化。教师需要倾听课堂中学生偶发的、富于个性的发言内容与思维方式,倾心于情境与境脉中出现的思考与发现。

第五,教师需要倾听学生在教学流程中突然出现的困惑与疑问,并对其意涵与意义的重要度作出判断,决定是否纳入教学之中——这是敏锐性、灵活性、判断力与元认知的反思性思维所要求的。在这里,教师需要适当地控制同自身的情感状态之间的距离。在实践过程中教师往往遭遇到有别于自己所设想的场面与情境,容易引起教师自身的"焦虑""烦恼""发怒"之类的情感。读懂一瞬间的情绪反应反映了什么,单纯依靠读取者的主观判断是难以做到的。教师在跌宕起伏的实践过程中必须敏感地读懂"这种主观反应是由于什么而发生的,其意涵究竟是什么",作出灵活而适当的处置。

第六,教师需要以具身的、心灵感应的、共情的方式,洞察每一个瞬间偶然发生的"提问""困惑""混沌"的意涵与原因。针对每一个学生的心理状态,读懂其微妙动作变化的意涵。这就是说,在读懂整体的教学流程的同时,教师需要读懂学生活动的多重性、多声性,作出即兴的应对。

如何在"对话教学"中培育学生的"元认知"——无论是教师还是学生,在教学实施的过程中会遭遇到诸多重新琢磨与探讨自己思维过程的机会,因而是一个常常需要反思性(元认知)思维的过程。不过,在这个过程中能够在多大程度上培育学生的"元认知",可以说取决于教师对"元认知"重要性的认识,以及如何进行"元认知"教学,即取决于教师的教学实践:1. 培育怎样的"元认知";2. 在教学中怎样发挥"元认知"的作用。在任何的教学活动中最重要的是,以学生自身的思维过程为对象,发现问题所在,引领新的思考方向,如何设计对学生而言是有意义与价值的问题情境与学习境脉。这是因为,即便单纯地教会有助于"元认知"的知识,这种知识为什么有效、通过使用这种知识自己的思维会发生怎样的变化,如何提高成绩——只要脱离了能够体验的情境,就不会改变一个人长期习惯了的思维方式,不会培育真正意义上的"元认知"。同样,也像教师那样,对学生而言,唯有在学生懂得"何时""在哪里""为什么""怎样"使用或者在怎样的时机运用元认知的时候,才能在实际的行为中体验到最佳效果,感受到自我效能感。

第一,在"对话教学"中培育元认知。"对话教学"的过程以如下的关键词为代表——与不同思考的相遇;互教互学;主体性、协同性;认知冲突混沌、迷惘;自我反思、探究(寻求意义与真实性),才是产出新知识的创造的源泉,易于产生诸如"发现自己的知识与思维的狭隘性与思考的局限性""被他者思维方式的趣味性与精彩性而感动"的元认知。梅森(L. Mason, 2001)[20]使用"成熟的苹果掉落在地上,将会怎样",让小学4年级生展开小组讨论,探讨腐烂的过程与循环的概念的理解。要科学地解释腐烂的过程与循环的概念,就得掌握有关基于微生物(霉菌、酵母菌、细菌等)的分解作用的知识。学生在小组讨论中从他者的发言认识到微生物作用的重要性,结果显示学生不仅提升了对腐烂过程与循环概念的理解,而且"元认知"的反思性思维与发现——重新琢磨、探讨自己思维方式的错误或者他者思考有哪些问题——也发生了变化。不限于概念变化,学习者还发现自身思考的局限与问题的"元认知"思维也发生了变化。在这种背景下,积极地向他者说明自身的思考、对来自他者的说明则阐述其根据与理由之类的同他者之间的对话行为,也发挥着重要的作用。这种向他者说明自身思考的行为,将内在的思维过程可视化,并通过同他者进行交流,就可以展开基于不同视点的批判性探讨。唯其如此,才能让学习者自身在内部思考过程中难以发现的问题与错误在同他者的讨论中容易浮现出来,从新的视点出发反复地体验"元认知"。经历这种体验之后,这种"元认知"思维活动便得以内化。

第二,支援思维过程的可视化工具。学习者通过介入他者(教师或同学)的眼光(思维),有助于把自身的内在思维过程加以可视化,深化"元认知"的思维活动,从而促进"元认知"的发展。学习者利用"电脑辅助元认知策略的学习支援"[21]可将自身的默会思维过程加以可视化,客观地评价自己的"元认知"策略究竟有哪些问题,而且能够以适合自己的步调,通过修正活动,更好地掌握"元认知"策略。这种"元认知"的介入可分两种。其一是以特定的元认知策略支持学习活动的"元认知"工具。比如,在跨学科的教学过程中发挥"元认知"策略作用的"学生的提问生成策略"。其二是支持反思性对话的社会环境。比如,让学生自主决定学习目标、运用有效的、适当的策略达成目标、控制自身的学习过程,等等。

索耶(R. K. Sawyer,2014)明确地指出,"'学习'的概念随着时代的进步而发生着戏剧性的变化,当今信息技术的发展为学习的个性化提供了条件。就是说,学习者随时随地都可以展开学习。学习的内容应有尽有,可以各取所需地学习。不过,当下有许多新的技术是基于'被动学'的模式('授受主义'模型),按照单向的信息流进行设计的,而学习科学研究则是寻求社会性的'协同学习'。那么能否兼具'自主性'学习优势与'协同性'学习的优势呢?我们认为这两种潮流不是对立的,两者可以相辅相成。学习环境应当促进知识与意义的共同建构、彼此分享意义的生成,而加以设计。同时,学习环境应当促进每一个人的自我调整与持续性学习。而要实现这一点,没有唯一的、普适的方法,唯有顺应直面的情境实施个性化的教学设计"。[22]

注1

帕斯勒(H. Pashler,2007)等人的研究证实,把认知心理学研究所揭示的认知过程的知识运用于学校现场,可最大限度地提升学习的效率。具体地说,如下六种教学策略(学习方法)是行之有效的。这就是:1. 检索练习——从记忆中提取信息,比之反复诵读教科书更有效。这是学生进行的一种自测,不是记忆,而是确认所记忆的知识的一种策略。2. 分散练习——不是考试前的灌输式学习,而是以一定的时间间隔进行分散学习的方法。这种方法比之无时间间隔的复习,更可提升信息的长期保持率。另外四种策略,可作为支撑"分散学习"与"检索练习"的方法来利用。它们是:3. 切换——不是持续地进行一种主题与同样种类的问题,而是切换主题与问题的种类来进行学习的策略(比如,数学与物理)。通过切换,得以充分理解各种知识与解决方法的差异。4. 精致化——这就是提出(或解答)"怎么样""为什么"之类的提问的策略。5. 具体举例——具象化有助于学生理解抽象性的主题。6. 双重符号化——所谓"双重符号化"是指组合"语言"与"图像"的策略。令人吃惊的是,根据欧美国家的调查(2016),这六种教学策略在教师教育课程、教师研修与日常的课堂教学中,并未得到广泛的应用。在学校教育现场往往不是基于认知心理学研究的"科学证据",而是凭借一线教师各自的直觉与经验来展开教学实践的居多。然而,认知心理学的研究表明,教师基于经验的"直觉"是教学工作的大敌。这是因为,基于个人经验的"直觉"往往是对"学习"的一种错误预测,因而选择错误的教学方法,进而形成偏见。事实上,在当今学校教育界,一线教师注重自身的"直觉"甚于"科学的专业知识"者居多。"听凭'直觉'的摆布,无论对教师还是学生而言,都不能说是好的策略"(Y. Weinstein.等.认知心理学家推崇的最佳教学策略(方法)[M].冈崎善弘,译.东京:东京书籍股份公司,2022:145,57)。

参考文献

[1][15] 科拉·巴格利·马雷特,等.人是如何学习的Ⅱ:学习者、境脉与文化[M].裴新宁,王美,郑太年,主译.上海:华东师范大学出版社,2021:3,2.

[2][4][5][6] 濑尾美纪子.教育心理学[M].东京:科学社,2021:1,93,99-103,5-6.

[3] 钟启泉.课堂研究[M].上海:华东师范大学出版社,2016:40.

[7][10][11][12][13][19][20][21] 高垣マユミ.授业设计的最前线:链接理论与实践的知性过程[M].京都:北大路书房,2010:4,9-12,19,14,56,65-70,70-71.

[8] Y. Weinstein, M. Sumeracki. , O. Caviglioli.认知心理学家推荐的最佳学习法[M].冈崎善弘,译.东京:东京书籍股份公司,2022:197.

[9] 奈须正裕,江间史明,等.基于核心素养的教学创造[M].东京:图书文化股份公司,2015:61.

[14][16][17][18] 桦山敏郎.学习境脉[M].东京:明治图书出版公司,2022:13,48,50,60.

[22] R. K. Sawyer.学习科学指南:促进有效学习的实践/协同学习(第二版第2卷)[M].大岛纯,等,译.京都:北大路书房,2016:161-162.

第二编

教学策略的挑战性课题

问题的提出往往比问题的解决更重要,因为问题解决也许是一个数学上的或是实验室的技能而已,而提出新的问题、引出新的可能性、从新的角度思考旧的问题,就得有创造性的想象力,并且彰显出科学的真正进步的特征。

——爱因斯坦(A. Einstein)

第五章 提问，唤醒学生沉睡的思维
——汉密尔顿(C. Hamilton)的"提问攻略"

"提问"是艺术，也是科学。从创造性地编织个别、小组、班级的学习来看，可以说是"艺术"；从学生展开实验，以新的深度思考、据以确认自我变化的反思步骤来看，也可以说是"科学"。晚近涌现了诸多围绕"提问"的研究[1]，汉密尔顿(C. Hamilton，2019)聚焦教学实践中的"提问"所展开的研究，为一线教师提供了有效的提问策略、实施案例及其背后的理论依据，极大地丰富了教学策略研究的宝库。

一、质疑与提问

（一）提问：对班级全员参与学习的一种期待

正如水彩画中运用"三原色"（红，绿，蓝）可以调配出所有的颜色一样，被视为教师教学实践"三原色"的"提问/讲解/指点（指示与确认）"，可以演绎出五彩斑斓的课堂世界。学校的教学活动是一件极其复杂的行为。教师的"教"与学生的"学"并非单纯的事实分类与得出标准答案那么简单。美国作家托马斯·贝尔格(Thomas Berger)说："提问是艺术与技术，是一切知识的源头活水。"[2]"质疑"与"提问"是同学生的成长联系在一起的，完美的"提问"是一种深度思考事物、发现其本质与意义的极其复杂的行为。在学校日常的课堂教学中，教师对学生是抱着怎样的意图提问的呢？是否关注所采用的话语及其语气？如何选择提问的时机？该有怎样的提问步骤？如何鼓励学生兴味盎然地直面提问？教师是否激励学生积极地提问，而非局限于回答教师的提问？当学生潜心学习之际，其原因是什么，是出于"成长心态"还是出于"僵固心态"而学习的？课堂的信息源究竟是什么、是谁、为什么？——所有这些问题，不仅牵涉到教师的提问方式，而且也会影响到学生的回答。教师应当指名学生回答，还是应当等待学生回答？——对此问题简直是众说纷纭，莫衷一是。赞成指名回答的人所持的理由是，可以让突然被教师指名的学生感到惊异与刺激。反对的人则担心，被指名之后不知道该如何回答的学生会受到伤害。

　　试看课堂中举手场合的一般情形：其一，一名学生举手时，教师立即指名该生回答。其二，几名学生举手时，教师经权衡之后，指名大概能够正确回答的学生。其三，全员一起举手时，全班骚动。在第一种情形下，教师往往会光顾那些像明星般高高地举起手来的学生，其结果是少数学生霸占了同教师对话的机会。倘若那些看起来热心于学习、一直积极参与的勤奋学生却默不作声，大多教师会感到一种罪恶感。未被教师选中时，他们往往会长吁短叹或者嗤之以鼻。只要是教师不具备有意识地选择回答者，或者不能从整个班级中选择发言者，那么在 28 个学生的班级中会出现"八人的小团队"与"二十人的旁观者"。当然，也可以作出别的选择，比如，选择不举手的学生。这是旨在提升该生的学习需求的一种思维方式。不过，需要教师选择学生参与的适当时机。对学生而言，"举手"这一行为是表示"想发表看法"的意思；反之，"不举手"是表示"我不想学，别找麻烦"。再一个问题恐怕是默不作声的"沉默"时间。这个时候学生处于完全听而不闻的状态。在学生不作反应的场合，可考虑如下的应对方法：1. 教师期待回答，随意点名学生作答。2. 为打破沉默，教师反复追问"谁能回答？没人回答？"3. 教师自己作出回答（最糟糕的一种）。当学生没有反应的场合，提问或是太难或是不明确。此时教师需要考虑怎样才能使他们理解提问的内容而进入自动矫正的状态，指名"最好的学生"——这是教师自身存在的问题。

　　教师需要认识到，唯有当"提问"处于不仅针对一名学生，而且针对所有学生的时候，才有价值。教师想要最有效率、最有效果地评价整个班级的理解度，就得寻求有别于传统的提问方法，教师突袭指名学生回答的威胁性方法是难以展开教学的。要使所有的学生拥有"教学就是学会思考的时间"的心态。因此，教师在教学设计之际，就得准备好向学生提出富于逻辑性的问题，为所有学生创造"被选择"的机会，让他们准备好富有"尊严"的活动。在饱含期待与选择的情境下，就能向班级全员传递"期待你参与成功之旅"的信息，没有一个例外、谁都不能掉队的信息。

　　当对话伊始、作出暗示、确认理解之际，就得设想班级全员举手，避免只有寥寥数人举手的状态,这可以尝试如下的方法。1. 采取各种各样的讨论方式。时而让学生自由讨论、自由发言;时而等待他们的发言,教会学生回应教师提问的方法,等等。经历多次,学生就能明白教师期待什么。2. 设置闲谈时间。在闲谈时间里畅所欲言,讨论得以持续。教师可以发现学生最常出现的思考,探寻学生为什么会发生错误,并做备忘录。基于此,就能明确应对的方法,提出下一节课的课题。3. 招募志愿者。在教学中需要有志愿者,比如,率先发言、做示范性操演、分发资料等。4. 确保发言的时间。针对整个班级提问,不是要求一名学生回答。对整个班级的提问可采取角色转换,即各自的结对学习者(A 与 B)之间进行"问者"与"答者"的角色转换。5. 在对整个班级提问之前,迂回曲折地改变提问方,给学生思考时带来安心感。学习伊始的提问会使得整个课堂为之一变。比如,可用诸如"你有什么发现吗?""对此你是怎么理解的?"之类的提问方式,来开启讨论。这些提问是元认知的提问,是引导学生围绕自身思考进行的深度思考,借助"谁能使我们的思考变得更清晰?"的提问,而不是"谁不明白?"之类的提问。当学生的对话能自然而然地延伸,尔后学生就可以自由拓展了。不是让学生止步于举手,而是促进他们为对话作出贡献,进而在"有责任的对话"中迂回,管控学生对话的流程。

　　教师应当探索学生积极参与的最适时机。在设定班级全员举手的教学实践之际,或许会出现来自学生的抵制。在指名某某学生回答的场合,是难有最佳策略的。对不专心听讲的学生提出"某生说的,你是怎么想的?"的问题,往往会事与愿违。其目的原本在于使之专心听讲,却不免带来副作用,因为这是在同他的"不明白"的格斗。明明知道这名学生不能回答却让他回答,这种方式不仅有损于师生之间的信赖关系,也会破坏业已建构的人际关系。在这里,教师需要直面如下的课题[3]——

　　课题一,听取几名学生的反应。在按序听取每个学生的回答之前,提供思考的时间,以及同结对伙伴练习回答的时间,进而获取完整的回答。倘若几名学生同时希望回答某个问题的时候,让他们"排队等候"。所谓"排队等候"是在头一名学生在全班同学发表回答之前,由教师事先决定学生发言的顺序。这样可以节省前后衔接的空隙。

课题二,教师即便知道他们都乐于回答,也会碰到他们回答不了的局面。别忘记,学生未必回答得了。这时,教师对提出的问题不是指望他们作出正确的答案,目的是让他们动脑筋。就是说,并不苛求学生一定能够作出回答,而是对所有学生展示一个姿态——期待他们获得理解、展开新的学习。

课题三,有的学生羞于在全班同学面前发言。这种学生的问题不是学习本身,而是受人际关系与情感因素的影响。在这种场合,教师不应采用手把手指导、单纯地肯定学生回答的方法,而是必须调整学生之间存在的相互作用关系。对这种类型的学生,不能突袭式地指名回答,这样会使他吃惊。适当的办法是让他寻找结对同学的协助。在积极地鼓励害羞学生的回答与发言之际,重要的是不改变提问的内容,不是师生一对一的交锋,而是借由结对讨论或同别的结对联合,共同讨论答案,然后推举一个学生作为代表进行发言。经过多次重复的经验,就会让学生感觉到,班级的交流是安全的,慢慢地就会乐于在班级的场面展开交流。这种方法有助于维护羞于发言的学生的自尊心。随着在班级发言的时间逐渐增加,学生慢慢地会乐于在大庭广众之前发言。此外,也可以运用书面语言或视频的方式,不过这种方式不可能养成学生口头发表的能力。羞于发言的学生未必需要在理解教学内容方面的帮助,构成障碍的是在大庭广众之前发言的恐怖心理。唯有在对症下药、作出有效的应对时,才能发挥效力,增强他们的自信,敢于发表自己的见解。

(二) 不轻言"不明白"

德韦克(C. S. Dweck)说,"你是自己心智的管理者。运用正确的方法,就可以使得自己的心智成长"。[4]教师讲解教学内容,向学生提问、让他们思考,这是教师承担的责任。当然,教学设计需要高瞻远瞩,求得学生拥有自主的思维能力。当学生说"不明白"的场合,本质上是一种"不至于出差错的安全的选择"。教师面对这种"不明白"的时候,重要的是,教师应当洞察学生轻言"不明白"的理由——是学生害羞? 是没有自信? 是不感兴趣? 是没听清提问或者不理解提问? 是不明白回答的方式? 是难于理解特定的部分? ——要消除课堂里的"不明白",就得改变学生的学习方式。让学生不轻言"不明白"、选择自暴自弃的道路。可以尝试如下的方法让学生对学习负起责任。

1. 掌握自主思考的"指挥棒"——让学习者掌握真正的"指挥棒"或者说"思维之棒"。在发言的场合,当学生等待适于自己的特定机会的来临、有助于伙伴思考过程的时候,就是这样一个情景。

2. 学生持续地掌握"指挥棒"的应对策略——倘若学生说"不明白",可使用如下的提问来梳理学生的思考,绝不能降低提问的难度,代替学生作答。可以持续地使用准备好的旨在杜绝"不明白"的提问:如果你知道答案的话,那是什么呢? 难以思考的回答是什么? 你所考虑到的,究竟是什么? 请告知你想到的内容,让我们听听你头脑中的声音。请告知你想清楚的部分,以及还在思考中的部分。你感到纠结的部分在哪里?

3. 洞察学生的自主思考——当学生的思考与发言缺乏自信的场合,学生说"不明白",是想从不能确信的状态中逃脱出来。倘是处于犹豫不决的状态,不是要求作出"确认"或"修正",而是鼓励他们作出如下形态的灵活的思考:现在我想的是……凭我当下知道的一点信息……或许会有变化,但我现在想的是……还在思考之中,就这一点而言……完全没有确信,揣摩着说,等等。所有这些,都是学生在没有百分百确信的情况下使用的发言方式。

4. 瞄准合格分,而不是 100 分——任何一个课堂都会有完美主义者。这种学生由于不允许自己有点滴的闪失而绞尽脑汁,即便自己的回答有 95% 的自信,往往也会说"不明白"。这种学生是凭借数值来表达自己思考的确凿性。在此,教师应当作出的反应是传递这样的信息,即"没有确信是正常的",绝不轻言"不明白"。

5. 认可作为回答的提问——与其要求作出回答,不若让学生对提问提出质疑,促进问题的分享。有效的提问有助于他们明确自身拥有的知识,展开深度思维,激励他们自身沸腾起来的自然的好奇心。透过用自己的话语来表达有关主题的提问,对话才得以开始,才能引导课堂的氛围朝着好的方向转化,而不是鸦雀无声或者课堂冷漠。

6. 认可努力,而不是学生的回答——学生总想作出正确的回答,想得到表扬,避免风险。这是由于许多学生把对回答的称赞作为自身的目标。就是说,他们从自己是"聪明"还是"不聪明"这一"僵固心态"出发,把"正解"与"错解"本身当作是对自身的评价了。于是,这种学生在获得了称赞之后,倘若一旦作出了某种"错解"的场合,便会陷入否定性的自我评价,原先的称赞效果只能起到一时性的作用。倘若教师不是对回答本身、而是前瞻性地称赞学生的学习姿态,尽管学生知道了"正解"或处于理解的阶段,称赞的效果会依然长久持续。努力、锲而不舍、创造性思维、问题解决以及反思的学习心态,是有助于学生正确地看待对提问的回答的。

表5-1的左栏是教师不恰当的表扬方法,右栏是教师秉持初衷、应对学生作出的适切的说法。借此,让学生形成直面挑战性问题时所要求的"坚韧"。[5]

表5-1 聚焦思维过程的反馈方法

对学生及其回答的不当的表扬方法	聚焦思维过程的表扬方法
对,这是正确的。	说明你仔细地阅读了。
你绝顶聪明。	今天,你做了一番出色的头脑体操。
理解很到位,了不起,加油!	这是一道难题。只要努力,难题就不难了。
真是出类拔萃的答案。	以往的努力得到了回报,可别停歇哦!
不,这是错的。	从中该学到什么呢?
这并非是我所要求的。	我能理解你的想法。你明白该怎么做才能得到结论。
嗨,这么简单的题目也做不出来?	你可以作出更好的思考,你现在知道该怎么做了吧。

资料来源:C. Hamilton. 提问攻略:唤醒学生沉睡的思维[M]. 水崎亚矢,大桥康一,吉田新一郎,译. 东京:新评论出版公司,2021:47.

让学生懂得,确实是"不明白"也没关系,教师可以为他们制定获得知识的计划。创造宽容错误的学习空间,问题便解决了一半。能够自我评价自己"知道"与"不知道"的,是重要的技能。学习并不是一件轻而易举的事,有效的方法是"学生结对展开对话",缓解学生的焦虑,同时也给予教师巡查课堂的时间,激励学生。教师的责任是耐心地教会他们应当思考些什么。学生要达到深度理解并不容易。单纯地告知正确答案,只会导致学生不会思考,结局是轻言"不明白"。从脑科学的角度说,单纯地采取静听的姿态,不可能激活脑神经细胞、脑神经元。不产生新的神经元的教学,就会三番五次地轻言"不明白",有碍于新的学习。

(三) 着力于反思性质疑

杜威(J. Dewey)说,"'经验'是人同外界的交互作用",而"学习"指的是"借助经验的反思,产生知识、技能、信念的变化"。人们不是从经验中学习,而是从反思经验中学习。[6]在学校教育中"课时分配"是管理上的一个难点,需要充分考虑。不过,教学的设计无论多么周密,是不可能照本宣科的。许多教师往往会采取灵活的策略——"时间宽裕的话,追加一些""时间不够的话,省略一些"。在教学设计中,"总结"的环节几乎是不会省略的,但在实际的教学中往往频繁地被省略。

在未意识到学习活动"模块"的场合,学生是难以把经验同学习结合起来的。教师为了提高这种经验与学习的链接,一定会在次节课的伊始,进行上节课的"复习":"大家想想看。昨天学了什么"。但是,这种做法存在两个问题。一是,不是聚焦"学到了什么",而是"做了什么"。二是,发现上节课做了什么,却丧失了在下节课基于上节课掌握的知识来展开学习的机会。这就是说,当教学的"铺垫"(导入)是复习上节课的场合,不能活用先行知识。"复习"不过是一种单一的反思机会,以回忆上节课所学的知识。今日的"铺垫"与昨日的"总结"合二为一,或许让人感到似乎是一种有效的一石二鸟,但"铺垫"与"总结"的目的是各不相同的。"总结"是旨在引起学生注意所学知识的一种行为,并非唤起记忆。倘是从旨在便于将来运用知识而梳理记忆的目的出发,那么,记忆会更有效率。在每节课中,学生围绕学到了什么展开思考,极其重要。学生通过反思,可以容易地想到今天学到了什么、它意味着什么,对明天会有什么影响。倘若不能有意识地梳理每一天,就会感到茫然无绪或没有准备。导入先行知识(铺垫)和处理知识(总结)并不是一码事,各自在教学过程中承担着重要的作用。

这里的挑战性课题是区分学习的模块。所谓"区分学习的模块"是指有目的地总结有意义的学习。在教学设计中设定的"总结"与实际运作的教学中的"总结"往往是有落差的。倘若在一节课中区分了学习的模块，"总结"也就便于进行。"区分学习的模块"便于学生在总结中再度聚焦学习目标，也便于让学生围绕达成学习目标的进步状态，诉说见解。比如，可以设置如下选项：你认为今天达成了学习目标的哪些部分？要实现学习目标该练习什么、思考什么？要实现学习目标，需要怎样的帮助？这个学习目标的难度是适中还是太难？为什么？——所有对这些问题的回答，可以一一记录下来，便于进行"反思"。当学生拥有了"今日事今日毕"的意识，体悟到成功的喜悦的时候，在日积月累之中也就自然而然地变成了"习惯"。

二、教师的提问设计

（一）创设平等对话的格局

我们拥有的知识是"提问"的结果。事实上，"提问"是人类拥有的最重要的知性工具。然而，对于人类而言，这个最重要的知性工具并没有在学校的课堂上教给学生。以教师为中心的单向对话（灌输）造成许多学生"不是为理解而听，而是为应答而听"。所有的学生要成为能说会道的沟通者，就得掌握"协作"的技能。否则，"对话"无异于拷问。在以教师为中心的对话状态中，学生之间的见解交流几乎是不可能的，学生的对话技能不可能提升，这绝不是理想的对话。在学生的思维过程与学习得到支撑的教学中，倘若有了所使用的语汇、相关经验以及参考资料，他们就可以在彼此之间进行丰盈的对话，发挥出色的能力。那么，教师应当怎样来创造平等对话的格局呢？

1. 打破一问一答式的对话格局——(1)运用背景与先行知识。当人能够活用自己拥有的背景知识的时候，就能对问题展开思考、作出回答。没有经验与知识就不可能出现真正的对话。(2)促进能动地听取。(3)强调从不同视点出发、发现价值的重要性。(4)锻炼明确地传递见解的语言能力。(5)抓住适当的机遇，并作出应对。

2. 区分"盲从的听众"与"能动的听众"——"盲从的听众"是指"安分守己的倾听者","能动的听众"则是采取激励对方的话语,提出明确的质疑,基于说话者的话语、编织故事。形成对话的 ABC 三个关键词是[7]:(1)"赞同"(Agree)——我同意。为什么?因为……(2)"追加"(Build)——赞同你的看法,我再补充一点……(3)"异议"(Challenge)——我对你的……思考,有不同的看法。

3. 传递社交技能的目标——没有学习目标的教学计划是不存在的,在教学中需要让学生掌握达成特定的社交技能的目标。强调"听说技能"是理所当然的,也必须教会包括协作在内的"社交技能"。要达成社交技能的目标,需注意如下几点[8]:(1)学生的发言时间均匀化。(2)畅所欲言。(3)分享别人的见解。(4)展开生产性对话/避免过度的个人解说。(5)检查班级全员的理解度。(6)当意见不一致的时候,决定判断的方式。(7)通过提问,琢磨思考与见解。(8)倡导开放式提问。(9)提供自己思考背后的证据。(10)在对话中运用教学中采用的语汇。

(二)凝练聚焦核心问题的提问

在课堂提问中一个突出的问题是,教师的提问过于繁琐。有研究表明,绝大部分教师在一节课中一般作出 10—20 次的提问,但令人不可置信的是,无论哪一个年级、哪一门学科,居然有许多教师作出 50—100 次(甚至 124 次)的提问。[9]这种极大的落差告诉我们一个事实:教师对提问缺乏深度的思考。可以想象,这么多的提问是不可能在课前准备好的,是在教学的"流程"中不经思考并反复提出的。不过。在"流程"中进行提问时,特别是在划一的"同步教学"的方式之下,会产生诸多问题:1. 缺乏针对性的提问。2. 不给学生机会,教师连续地改变提问的内容。3. 由于未能充分说明招致混乱的提问。4. 局限于枝节问题的提问。5. 教师自问自答的提问。显然,许多教师没有意识到提问次数过多的事实,以至于没有发现提问对学生的思维过程会产生怎样的影响。设想一下,在每一天有 500 个以上错杂交织的提问状态下,教师在教学中发生的大量提问中分不清哪些对学生是重要的。从教师的角度说,一定会认为所有的提问都是重要的。不过,当教师不给特定的提问以价值的场合,学生就会以为所有的提问都是重要的。这当然是错误的认识。某些提问或许同教学密切相关,但也有不那么相关甚至是无关的问题。当教师丧失了教学的目标,学生在无意识之中却把它们置于优先的地位,就会同应有的教学目标之间产生巨大的落差。因此,为了避免教师(以及学生)被提问的数量压垮,或者被提问牵着鼻子走,就得在教学设计中认真地思考应有怎样的提问。

应对这个问题的策略是,"聚焦核心问题"——教师在课前预先思考若干关键问题,这些问题是在掌握了学生学习状态的数据、明确了学习目标之后作出的。在教学中以这些问题为核心,多次地、多角度地重新加以审视。"聚焦核心问题"相当于意味着"修复坏唱片"。[10]可以说,那种"因为在教学中有太多变化的要素,所以在课前计划好所有的提问是不可能的"的说法,显然是不合理的。更合理的是,决定必须计划怎样的提问,然后在教学中频繁地使用作出"修复坏唱片"般的提问。教师必须在教学中反反复复地琢磨,怎样的提问在学习目标的达成中是必要的,判断能够评价学生学习的提问。这里有若干目的:一是师生不游离于学习目标,这不是反对学生的"好奇心",教师当然应当尊重学生的"好奇心",但这种"好奇心"不能远离学习目标。否则,就无异于丧失了教学本身。"修复坏唱片"是同学习目标的强化联系在一起的。"修复坏唱片"意味着,不仅可以让学生有回想学习目标的机会,而且也可以让教师从远离学习目标的状态下返回到起点。

(三) 设计有助于学生深度思考的提问

学校的教育目标并不是培育依赖性强的学习者。倘若教师在教学中越俎代庖,学生便会过分依赖教师。教师的义务是放手"课堂的主导权"——"把自主思考的指挥棒交还给学生",不断创设学生得以体验学习的喜悦的环境,使他们进入自主学习的状态。我们不要忘记一个事实:"真正优秀的学生是无须教师的教授的。""我所观察到的最高境界的教学,是学生自身成为小老师。实现这种理想教学的唯一方法是教师隐匿(淡化)自己的存在。学生一旦拥有了学习的热忱,他们就能够帮助别的学生。"[11]为此,就得设计"学生中心"的教学流程。

　　传统的教学计划以学科知识为中心而制定,课堂提问也是围绕学科内容展开的。不过,学科知识其实只是教学内容的一半。几乎所有的提问都以知识内容为中心出题,显然是失衡的。单纯的围于学科知识的提问并不充分,围绕"元认知"的提问才能促进学生"思考自身的思考过程"。当提问仅仅聚焦于学科知识的场合,学生几乎不可能改变思考。"你是基于思考来回答的吗?"——这种提问,学生就能把知识内容同自己的思考紧密联系起来。对此的挑战非常简单,就是采用适当类型的提问,教会学生思考。这就要求教师必须准备好有助于学生"深度思维"的提问,借以达到事半功倍的作用。学生一旦开动了脑筋,便容易把学科知识同自身的思维过程链接起来。让学生浸润于这些提问的好处是,预先准备好了的有效的提问能够在种种的学习情境中使用,有助于促进学生的思维过程。由于这些提问同所有学科知识的目标相通,并不限于特定的学科知识;由于这些提问没有特定的主题,而成为指向学生自身思维过程的契机。若干种类的提问根据需要可以单独使用,但大多教师偏好使用一种或者两种的提问类型。倘若使用各式各样的提问,学生就能从不同的视点出发进行思维。进行有效的各式各样的提问有助于拓展学生思维过程的幅度,展开新的挑战。可以从种种不同的角度作出提问的分类(表5-2,表5-3)。整体地把控不同类型的提问,有助于引导学习者的探究活动走向深度学习。[12][13]

表5-2　三种不同类型的提问

主观评价中心/客观评价中心的提问
通过评价或分析信息(数据)、证明或主张什么时,作出的提问。
＊要制作好的(……),需要具备什么?
＊要取得(……)的成功,需要哪些必要条件?
＊要从事(……),最佳方法是什么?
＊(……)会影响(……)吗?
＊(……)有哪些优缺点?
＊如果有(……)的话,会导致什么结果?
＊(……)存在若干不同之处?
＊(……)对(……)产生了怎样的影响?

续　表

哲理性/论争性(旨在确认知识)的提问

围绕复杂问题搜罗事实、展开思考时,作出的提问。

＊可以说(……)是真正重要的吗? 为什么?

＊如果没有(……),结果会怎样?

＊(……)有可能对(……)产生影响吗?

＊(……)与(……),有哪些差别?

＊在(……)与(……)之间,有怎样的关系?

任务中心/角色中心(表达具体行为)的提问

在解决问题与矛盾或在终结课题时,作出的提问。

＊作为(……)角色的我,要实现理想的成果就得做些什么?

＊如果我要实现(……),下一步的行动是什么? (……)是必须做的吗?

＊从事(……)会带来怎样的结果? 这同导致(……)的结局有关联吗?

资料来源:B. Kallick, A. Zmuda. 课堂的主角是学生:"个别化学习"与"思维习惯[M]". 中井悠加,等,译. 东京:新评论出版公司,2023:97.

(四) 倾听"学生的思维过程"这一音乐

美国作曲家乔治·格什温(George Gershwin)说:"正因为有杂音,我才能听出美妙的音乐。"[14]教师不仅要关注正确答案,也要关注学生正确的思维方式,倾听"学生的思维过程"这一音乐。

许多教师以为,学生作出了"正解"就表明他们理解了教学的内容,这是一种错觉。进行旨在确认是否思考并理解了的提问,才能判断学生是否理解了。逻辑性思维与推论有可能在种种的场合运用。当教师的标准是以学生的回答来判断是否掌握了教学内容的场合,所存在的一个问题是,不能运用于别的情境。一般说来,我们往往会以为,倘若对某个提问作出了一次正解,就永远能够作出正解。因此,当学生在第二天不能重复同样的答案(思考)时会感到吃惊。教师听到学生作出了"正解"就以为学生是基于健全的思维过程而作出的回答。——然而这种看法实际上并没有任何的验证。有的是基于推测作出回答的,有的是基于记忆作出回答的,还有的实际上是教师越俎代庖作出回答的。在这里,重要的是教师对"错答"的反应。一心求得学生"正解"的教师,当听到学生的"错答"时,或许会说"这不是我要的回答"。教师要让学生进行深度学习,就得明确围绕教学内容所产生的错误思考,给予学生转向正确方向的机会。然而,只求"正解"规避"错答"的应对方式,使学生丧失了这种机会。这种教师的一言一行给学生传递的信息是,求得"正解"优先,而不是学习。许多教师往往以为,某个学生知道了"正解"就等于全班学生都懂得了,在这种场合,教师以为原本不懂的学生会从别的同学的回答中学会理解。但事实上,作出了回答的学生仅仅是知道某一问题的限定答案而已,并没有进行新的学习。更糟糕的是,教师只认可"正解",就会强化学生的"僵固心态"。

其实,解决这个问题的对策非常简单,那就是不再一味地满足于"正解"。采取的对策是——"倾听学生的思维过程这一音乐"。当学生精彩地作出了"正解"时,也许会在教师的脑海里响起教堂唱诗班合唱的歌声,反之,当学生陆陆续续地作出了"错答"时,在经验丰富的教师的脑海中也许会响起警报的声音。教师需要倾听学生作出回答之前的声音:学生是经历怎样的思维过程作出回答的,倾听其背后的某种音乐。与此同时,让学生思考"我是怎样作出这种回答的?""我的思路讲得通吗?""是否存在我设想之外的例外?""我确信这个回答,还是存在疑问?"等等。试举一个理科教学的例子[15]——

在"物质的状态"(气体、液体、固体)的教学中,A生说,"液体分子比固体分子运动得快",以此正解说明他理解了所学的教学内容。倘若是一味求得正解的教师,一定会想:"好,正解!"或许会满足于将液体与固体分子进行对比而得出的粗略回答。然而,熟练教师与其说关注回答本身,不如说关注"学生是怎样导出这个回答的"。因此,熟练教师在这种回答之后会追加提问,看看他的反应如何。

A生　液体分子比固体分子运动得快。

老师　举个例子说说?

A生　人是固体。我一旦喝了大量的液体,走起路来就变得快了。

　　在这个时点上可以发现,学生的回答离正确答案相去甚远,在教师的脑海中自然会响起警报声。学生需要知道"分子间的距离决定了怎样的物质状态,同人体的物理性运动无关"。教师在教学之前就得让学生反思自身的思考过程,因而需要作出有助于呈现学生回答的思考过程的提问。唯有这样,才能明白学生在哪些部分是真正理解了,还存在哪些混乱。A 生是在物质的状态同物理性运动链接的时候产生困惑的。倘若是卓越的教师,一定会针对 A 生的这种推测持续地提问,把他的思考过程当作音乐一般来倾听。

生　液体中的分子由于比身体的其他部分运动得快,就可能使腿跑得快。因此,在田径比赛之前,我能理解老师对我说的"补充水分"的话。

师　刚才你说了人是固体呢,饮料是液体。能否说明一下,跑得快同分子的运动究竟是怎样一种关系?

生　水分子同身体中的分子一旦混杂在一起,腿上运动慢的分子的运动,就变得快了。

师　混杂在一起?

生　是啊,不错。

师　为了走得快,分子混杂起来,那会是怎样一种情形?

生　嗯,让我再稍微想想。我的思路或许出了差错。

师　(稍等了片刻)想想看,是基于怎样的"科学依据"使自己的思考发生了差错的?

生　如果体内的分子开始快速运动的话,不是跑得快,而是变成液体了。

师　就是说,会变得怎样了?

生　如果分子的运动变快的话,无论在任何情况下都会运动得快。不过,我想,实际上不是那样的。现在我想的是……

　　学生的回答,在教师的头脑中响起了警报声。教师发现学生的信息处理过分简单化了。同时教师知道,在昨天的教学中教授的固体、液体、气体的基本知识,被混杂在一起、胡乱运用了。在这里,老师不是直截了当地指明学生思维方式的错误,而是代之以作出一系列的提问,旨在引导学生自身基于所掌握的知识朝着正确的方向去思考。A生作出了自己的推论,但并未经过深度思考便匆匆作答了。教师倘若围绕"追踪正确的思考与回答的思维过程"这一乐曲进行练习,就会产生"把学生回答的根据当作耳边回响的音乐那样倾听"的感受;学生则不仅能够作出正确的回答,而且能够对自身的思考进行反思、活用所掌握的知识。

当学生从表层认识进入深度理解的时候,在教师的耳朵里就可以听到学生思维过程的音乐。要提升这种音乐的分量,教师须得不过分关注他们的答案,而是倾听他们思维的过程。当教师对学生的解答作出反应之际,需要注意自身的一言一行。

三、提供挑战的安全环境

(一) 不是教师灌输思考,而是让学生扎实地思考

要使得学生成为一个优秀的人,教师就不应当大包大揽——赐予现成知识、代替学生思考,而是教会儿童自身解决问题。许多教师为了学生而跨进教育的世界。然而,令人啼笑皆非的是,这种良好愿望却走向了反面——往往妨碍了学生的成功。教师的教学视野过分狭窄,以为自己作出提问、学生完成课题,便是成功,却迷失了长远的、原初的目的——"学习"。过分地帮助学生,却剥夺了学生"主体性学习"的机会。因此,教师不应当简单地给予答案,而是必须采取暗示与介入的方法。这种挑战有别于提问,可以界定为"支援"。

关于这一点,可举家庭教育中"女儿找鞋"的一个例子[16]——"妈妈,我的运动鞋放在哪里?"——女儿急于寻找。母亲闭着眼睛,想起了放置运动鞋的地方,却不明说,只是给出了一连串的提示,让她回想过去摆放鞋子的地方:"在门厅的哪个角落? 在你自己的房间里? 在桌子底下? 再查查杂物间?"——女儿按照母亲的提示来回折腾。最后,她高兴地叫起来:"我找到了。"不过,这位母亲并不满足于女儿最终找到了鞋子。

这位母亲懂得,倘若女儿依然丢三落四,每当她寻找东西的时候,还会事事依赖他人。倘若教会她能够学会反思、养成"物归原处"的习惯,就不会产生诸如此类的问题。在学校的课堂教学中,类似的例子不胜枚举。单靠教师过分的帮助,会让学生以为自己已经学会了。面对口渴的学生,教师与其准备好水让他喝,不如让学生自己去探寻水源,哪怕是"口干舌燥,难以忍耐"。教师必须给学生提供的"支援",那就是教会学生为寻找水源而必需的制作地图的方法。教师不是给予水,而是教会他们自己去探寻水源的方法。那么,所谓"支援"是怎么一回事? 就是当学生必要的时候,循循善诱地支撑他们该怎么沿着能够超越困难的路径往前走。"支援"的步骤如下——

提问:提问的时候针对学习目标与学习内容,让学生明确知道了什么,不知道什么。

追问:通过追问,在学生的头脑中开始探寻回答提问所必需的信息。追问也是刺激学生客观地思考认知与记忆等认知性思维、学生自身的思维过程的元认知思维过程。

暗示:旨在把学生的思维过程引向正确的轨道而给予视觉的、语言的、具身的暗示。在大多的场合,暗示是在学生的周边能够被发现的、有助于聚焦问题答案的选项。

矫正:所谓"矫正"是指反复进行从一开始就展开的学习,重新借助模型来呈现。通过多种方法来反复加以说明。不过,学生"主体性学习"的感觉,单靠教师的矫正仍然会是薄弱的。

再举语文阅读教学的一例。[17]教师想让学生运用学到的知识、判断作者的写作目的,而提供的"支援"步骤如下——

提问:作者写这篇文章的目的是什么?

追问:作者是抱着怎样的目的来写这篇文章的?

暗示:在第二段的第一行中,作者说明了写这篇文章的目的。仔细读读,那是什么呢?

矫正:从"在我们的生活中……是不可或缺的"这一句开始,可以知道,作者并没有写到提供信息与引发兴趣的目的。那么作者的目的究竟是什么呢?

切忌过度"支援"。教师过度支援的一个原因是,提供支撑的时机过早。由于别的学生也能提供支援,教师没有必要作出追问与暗示。不过,在学生自身能提供这些支撑之前,需要教师作出暂时的支援。下面介绍的一个情节是,教师围绕劳伦斯(学生)的回答,反反复复地进行追问,借以判断每一个"追问"的效果所处的情境。[18]

老师(提问)　作者写这篇文章的目的是什么?

劳伦斯　　　为的是说明录像游戏与阅读的事。

老师(追问)　(针对学生的回答,换一种说法再问)为什么说,作者的这篇文章是为说明录像游戏与阅读而写的呢?

劳伦斯　　　因为作者是教师。

老师(追问)　如果说作者是教师的话,那么作者写这篇文章的理由是什么?

劳伦斯　　　嗯,究竟是什么理由呢?

老师(追问)　作者写这篇文章的理由是?

劳伦斯　　　我想,是为了提供信息,或是为了说理,或是引发兴趣。

老师(追问)　你是说,作者的写作目的是"提供信息""说理""让读者产生兴趣",究竟是哪一个?

劳伦斯　　　主张儿童应当同玩录像游戏一样,重视阅读。

老师(追问)　在写作的三个目的之中,究竟是哪一个呢?

劳伦斯　　　"说理"。

老师(追问)　这样说来,作者写这篇文章的目的是?

劳伦斯　　　作者是为说服儿童要重视阅读而写这篇文章的,所以是"说理"。

这种对话设计使得学生能够经历"理解"的经验,提供了反复学习的机会。学生积累的这种经验是难以忘却的。"好的提问"存在于人与人的关系之中。可以说,能够顺乎"其人其境"而作出适当的回答者,谓之"学养"。这就是"知识"与"学养"的区别。学校教育需要培养的,就是这种"好的提问""好的回答",这就是"学养"。[19]把教学中介入的"追问"制作成清单,有助于教师准备有效的提问,以便让学生能够思考自己的思维过程。倘若有意识地增加追问的频度,就能为促进学生的思维作出适当的支援,但不宜滥用。表5-4是课堂教学中常用的"追问"清单。[20]

表5-4　课堂教学中常用的"追问"清单

现在知道了什么?
使用怎样的方法?
提问的意义是什么?
学到了什么?
这个问题该怎样解答?
这种说法符合逻辑吗?
能够理解(说得通)吗?
必须理解的是什么?
大体可从哪里切入?
由此,想到了什么?
该怎么办,才能帮助自己?
从协同学习中学到了什么?
怎样才能记住?
可以从哪里获得更多的信息?
需要怎样的信息?

资料来源:C. Hamilton. 提问攻略:唤醒学生沉睡的思维[M]. 水崎亚矢,大桥康一,吉田新一郎,译. 东京:新评论出版公司,2021:249.

当教师考虑作出怎样的"支援"的时候,需要区分"追问"与"暗示"有着微妙的差别。一是,怎样的信息有助于问题的解决——这种"追问"有助于学生自身的思维过程的思考。学生围绕问题与信息进行思考,来判断是否可能得到有助于问题解决的信息。学生一旦使用了"追问",就无须教师的"支援"了。就是说,学生不依赖于教师、自身能够一步一步地作出追问。二是,留言板上的例子表示了什么——这种"暗示",使学生从留言板上写的例子得到启发。教师知道,留言板上的例子是同学生直面的问题相似的,起到了"暗示"的作用。其中,包含了语言暗示、视觉暗示、具身暗示。

(二) 从"教师提问"转向"学生自己提问"

"提问"是学习的火种,也是学习的号角与鼓点。核磁共振仪发明者、1944年诺贝尔物理学奖得主拉比(I. I. Rabi, 1898—1988)说过这样一段话——"我原本没有什么宏图大志,母亲却要我成为一名科学家。居住在纽约布鲁克林犹太社区的许多犹太人母亲往往会问孩子'今天学到了什么?'然而,我的母亲却与众不同。她总是询问'今天你提出了什么好的问题?'这是一个同别的母亲的巨大差别,她让我成了一名科学家。"[21]这个事例说明了学生自主提问的重要性。然而,在教学中学生提问的数量与频度远比教师提问的次数少,而且学生的提问大多是旨在解释教学内容的提问,没有旨在深度思维的提问,诸如往往会作出的提问是——"你是怎么想的?"这种漠然的提问,几乎感受不到提问者的意图,得到的回答只能是缺乏具体性的"还可以"之类。所以,让学生提问既不能过分抽象,也不能过分琐细。作为教师避免大包大揽的一个策略是:让学生操纵方向盘。如果把提问的状态比喻为驾车,那么,学生坐在驾驶席上,操纵方向盘,可以说是一种握有驾驶主导权的状态。此前讨论的是"教师应当进行优质的提问"这一主题。然而,在全是由教师提问的课堂教学中是不可能有学生的"学习主体性"的。就是说,重要的是从"教师的提问"转向"学生自身的提问"。这种转向也意味着术语的转换。不是教师作出"提问",而是让学生学会提问。

"开放式"教学范式的最大特质就在于,不限于师生之间一问一答式的提问,学生之间也彼此作出提问。提问不仅是传递知识的利器,也是促进思考、交流思考的利器。日本学者野口芳宏(2011)列举了如下课堂提问的功能[22]:

1. 注视—发现功能——关注不问便不易察觉、从而获得发现的提问。例:"老师,这一点是清楚的，不知大家是怎么看的？"

2. 修正—订正功能——通过尝试错误，修正、订正主观的成见，发展学力的提问。例："A 的解答与 B 的解答，哪一个是正解呢？"

3. 深化—扩充功能——超越表层理解，带来更深邃、更高视点的提问。例："小 A 在哭泣，为什么呢？"

4. 入手—获取功能——使之想知道未知的东西，从而体验获取知识的喜悦的提问。例："这个问题的回答只有一个吧？"

5. 提升—熟练功能——提示若干种解答，从而发现更佳答案的提问。例："这两个答案，哪一个更能满足给出的条件呢？"

6. 应用—活用功能——寻求发表的场所与机会，在现实生活中发挥学以致用的提问。例："这节课中学到的知识与技能，在哪些情境中可以应用呢？"

在作出上述提问之际，重要的是琢磨如何在理解提问的内容与功能的基础上，因应学习的阶段与教学的进展，作出适当的提问。

教会学生认识"封闭性提问"与"开放性提问"的差异，并学会将其相互转换——教师首先介绍两种提问的定义——"封闭性提问"是用简短的语句就能回答的提问，而"开放性提问"是需要解释的提问。然后，让学生讨论两种提问的利弊。学生大体会作出如下的回答——"封闭性提问"的优点是，能快捷作答；能提供明快的信息；能得出不含糊的答案。而缺点是不能提供充分的信息；时断时续；难以拓展；不能学到真正想学的东西；想知道更多的信息，却只能提供一个简短的答案。至于"开放性提问"的优点是，能得到大量的信息；知道大量的事情；获得更完整的解释；提供更丰富的信息；能听到别人是怎样思考的；或许还能听到有助于自己理解的解释。而缺点是信息泛滥；或许只是适于局限场所的答案，或许不能达到必要的信息；或许全然听不懂；或许答案理解不了，分不清真假；或许导致混乱，或许答案啰嗦。这个时候，教师可以归纳学生的发言，比如，理解两种提问的价值，以及运用两种提问的方法。比如，从提问的语句来说，包含"为什么""怎么样"的提问是开放性提问，"是什么""谁""何时"在两种提问中均有,不包含上述"5W1H"的提问是"封闭性提问"。认识的变化(懂得差异)与行动的变化(懂得转换两种提问)会带来学生情感的变化。学生通过转换两种提问而获得了自信,他们发现自身能够解决问题的方法。[23]

教会学生学凝练"提问焦点"——亦即掌握凝练提问的五个阶段。1. 明确目的——凝练"提问焦点"是旨在实现教学的目标(唤起兴趣爱好;引发新的思考;提升对教材的理解度;梳理学生业已理解的信息)。2. 尽可能激发各式各样的想法,这是选择有效的"提问焦点"的关键,重要的是言简意赅。3. 梳理优缺点——从优缺点的角度梳理"提问焦点",重要的是基于如下四个评价标准,即①焦点明晰;②不是质问;③刺激与诱发新的思考;④教师不表达自身的好恶与偏见(为的是避免学生一味满足于揣摩教师的见解)。4. 对照上述评价标准,选择最优的"提问焦点"。5. 在正式确认"提问焦点"之前,学生事先设想所选择的提问焦点是否有效,会产生怎样的思考。[24]

像数学家那样思考

美国一位私立高中数学教师向学生提出各式各样典型的数学应用题,旨在引导学生学会抓住"提问焦点",能像数学家那样提问与思考。比如,他出了这样一道趣题:农夫的老伴运送鸡蛋去商场,不料马车侧翻在路上的坑中,鸡蛋全被打碎了。于是,她去保险公司代理店办理(理赔)手续,对方询问"鸡蛋总共破碎了多少"? 回答是"不清楚"。不过,记得分别装入每盒2个、3个、4个、5个、6个的各式盒中,往往剩下1个。唯有每盒装入7个,没有剩余。那么,"破碎的鸡蛋究竟是多少呢? 有一个以上的正解吗?"

学生们展开了种种解法的思考。一位同学问道:"倘是6个一盒装,能否用6除尽"? 另一位学生说,不同个数的盒子使得问题变得复杂起来。再一位同学想知道"7个一盒装的,破碎了多少"? 一位同学则思考了更大胆的提问——"记得有什么'整除定理'的吧?"这位同学只记得数字可用特定的数字来除尽,但忘记了定理的内容。她从班级同学的提问中认识到发现定理的重要性,确信只要懂得了这类应用题的运算定理,便容易解答了。

此类数学趣题的探讨源于中国 1500 多年前的数学名著《孙子算经》的"剩余定理"——"今有物不知其数，三三数之剩二，五五数之剩三，七七数之剩二，问物几何。"——的思维方式。此类问题的数学教学极大地深化并拓宽了学生的理解，使他们成为灵活的思考者、出色的问题解决者。[25]

提升学生提问技能的方法——教师仅仅布置课题，让学生问出好问题是不够的。倘若不是有意识地、具体地掌握提问的方式，学生很难实现真正的有意义学习。不妨采用如下两种提升提问技能的方法。[26]

一是"建构提问"。重视优质的提问，有意识地教会学生改进提问的方法。在这个过程中促进学生在实际提问之前，客观地判断、分析自身的提问。让学生提出更有质量的提问将会成为尔后学习的帮手。"建构提问"的步骤如下：1. 准备"提问的焦点"——所谓"提问的焦点"是构成提问契机的引文、声明、图像、数学问题、书籍的封面，等等。2. 明确提问的规则——规则一，多多益善。规则二，提问不止。亦即"讨论—判断—回答提问"，循环往复。规则三，所有的提问原原本本地记录下来。规则四，把肯定句转换成疑问句。3. 引出提问的焦点，思考提问。由记录员分发用纸，在规定时间(起初宜设定 5 分钟)内，学生准备 15—35 个提问。4. 凝练提问。规定时间到了，给学生布置带有"开放式"提问与"封闭式"提问的课题，开始两种提问方式的讨论与设问练习。5. 重要的是，学生应当认识到此后该怎样运用提问。通过提问，与其说是探究与提供信息的准备，不如说是便于展开讨论。学生能用语言来表达判断提问优劣的标准，明确提问的优先序列是制作优质提问所不可或缺的。6. 围绕下一步展开讨论。学生选择出最佳的提问之后，围绕怎样使用这些提问再展开讨论，编制教学计划。如下的学习回答有助于学生的自主性提问：进行实验、提示探究方向、介绍课题、提升对学习单元的关注、界定完成项目的关键性提问、为邀请观摩者与召开班会作准备、制定讨论与辩论的计划、作出预测、解析复杂的图像。7. 反思。通过上述的步骤学到了什么，如何进行"反思"，让学生关注编制提问的步骤。"反思"的提问如下：(1)优先的三个提问出现之后，你发现了什么？(2)提问给自己的学习带来了怎样的作用？(3)通过建构提问,懂得了什么?(4)在建构提问的过程中,你感到吃惊的是什么?(5)通过建构提问,能够展开怎样的有别于以往的学习?

二是"互教互学"。比如,在阅读理解活动中学生各自扮演不同的角色,作为"协同学习"的一环展开互教互学,有助于阅读理解。这就是:1."提要者"角色(暂停课文的阅读、确认理解度,复述阅读过的内容)。2."提问者"角色(围绕课文的细节与疑问,作出提问)。3."明确者"角色(当读者迷乱之际,在不明白的部分写上眉批,以便有助于理解意义)。4."预测者"角色(利用有关内容与课文结构的知识背景,预测作者接下来会说些什么)。"提问"往往令人联想到教师角色的作用。改变教学的范式,让学生替代教师,进行有效的提问意味着学习过程中发挥探究作用的转换。不是把提问视为"求得正解的回答",而是让学生通过提问,体验到提问是如何有助于理解的。

(三)创造学习的安全地带,为学生提供敢于挑战的环境

1. 创造学习的安全地带——美国的教育专业作家、演讲家科恩(A. Kohn)说:"儿童一旦感受到安全,就会敢于冒险、敢于提问、敢于失败;就能学会信赖、分享情感、共同成长。"[27]在学校的教学中学生不敢探险是走向自主学习的最大障碍。在这里,构筑"关系""信赖""安全感"是一个前提条件,但需要花费时日才能构筑起来。况且这些要素非常脆弱,有时会在不知不觉之间灰飞烟灭。更为重要的是,我们怎样才能正视这一点。

儿童校外的生活也会影响到校内的生活。有心胸开阔、充满自信、勤奋学习的学生;有我行我素、无所事事、无事生非的学生;有消极悲观、自暴自弃、劣迹斑斑的学生,等等。学生的心理状态存在个体差异,所以教师难以逐一提供适宜的环境。教师自身也许相信能够为学生提供安心学习的环境。但问题在于,学生自身能够感到安全才是重要的。缺乏关系性、信赖与安全感,会影响到别的一切挑战。教师应当认识到,这些挑战可以调动学生的情感与情绪,然而教师不可能发号指令让学生感到愉悦。教师需要采用提问与其他种种的教学策略,构筑学生得以愉悦地学习的"安全地带"。所有的教师都希望学生在学习中敢于挑战、能为他们提供生产性高的学习环境。然而倘若不

能提供安全地带，学生在课堂教学中是不敢冒险的。前面频繁地使用了"提问""回答""学习"之类的术语，不过，在思考学习环境的文化的场合，必须优先思考"情感""信念""信赖"及"关系性"的术语。教师应当关注学生在课堂中的情感。"倘若教师的话语方式让学生感到自己被视为愚蠢或者被中伤，那么对教师提问的回答与教学是没有任何意义的。"[28]

课堂，不是求得标准答案的场所，而是所有的思考被检视、展开协同学习的场所。创造积极的背景氛围，没有万能的方法，但可以采取一系列的步骤：

步骤一，为创造班级的良好氛围而编制重要问题一览表。教师言行的一贯性是构筑信赖的重要因素。在课堂教学中倘若在学生之间建立信赖感，学生就能安心地向学习中的困难发起挑战。要形成这样的氛围，教师就得拥有信念、建立起师生之间的信赖关系。首先，作为教师需要向学生说明自己所任的班级应当是怎样的。其次，教师通过自问自答，明确所谓"安全地带"是怎么一回事；我所理想的班级应当是怎样的；在我的班级里学生会有怎样的感受；借助班级教学模型显示每一节课应有怎样的特征；当学生可能面临情感威胁的时候，教师应当主动出击，而不是被动应付。

步骤二，实施问卷调查。征求学生意见，进行创建班级的优先事项的排位。这种问卷包括了更广视野的提问，诸如，应当怎样改进课堂教学之类。

步骤三，分享班级的规范。所谓"规范"是班级的运营方式与师生之间的交往方式，有别于"规则"。"规则"来自周边的期待，依据教师与学习的行为标准与习惯而制定；而"规范"是借助班级的沟通而形成、在成员的共识之上设定的。就是说，"规范"是通过全员而确立、要求全员遵守的。

步骤四，定期召开班会。这是围绕班级存在的问题，学生交流见解、教师听取意见的机会。积极的且富于生产性的讨论有助于班级问题的解决与班级环境的优化。

步骤五，关注学生的情感。情感之壁——诸如恐怖、担忧、耻辱的心理状态，往往会抑制学生思维的逻辑与理性。当学生情绪激动的时候，教师总想尽快地解决问题，往往会采取行动，让学生缓和情绪。教师对激动的学生说，"没什么大不了的"，或者更直接地说"沉着下来"。然而这种理性的反应只能加剧事态的恶化。在这种场合，逻辑与情绪是不协调的,与其说是"水与油"的关系,不如说是"汽油与火"的关系。要缓和情绪,就必须让这种情绪合理化,不是仓促否定,而是代之以倾听、逻辑性应对、顺应其情绪的方法,加以疏导。

步骤六,自觉地构筑并维护信赖。几乎在所有的场合,学生是依据既有的人际关系来对教师作出反应的。在心理安全的环境中倘是经历了多次肯定的学生,或许会喷涌出挑战性学习的欲望。不过,对于受到言语中伤、批评等否定的学生而言,要解除戒备的心理是需要费时费力的。作为教师的行动,倘若态度、反应、性格能够一以贯之,就能成为获得学生信赖的一种助力。概言之,"信赖""坚韧""适切""即时"四个要素,是构筑可信赖的师生关系的重要因素。

2. 提问研修的三个要素——"提问"是同学生的成长联系在一起的。提问牵涉到诸多因素。在课堂教学中,你对学生是抱着怎样的意图进行提问的? 你关注自己所使用的话语(特别是动词)吗? 讲究提问的时机、提问的步骤吗? 运用哪种类型的提问? 学生对你的提问,有多大程度的吸引力? 学生自身能够潜心思考如何进行提问吗? 所有这些都是教师提问研修的重大主题。这种研修可分三个部分。[29]

第一,简洁的预案说明。主讲教师说明教学内容、回答有关教学方式的提问。通过来自成员的提问,围绕决定教学内容与进展的方略、决策的意图以及进入教学之前未知的要素,展开深度探讨,思考如下的提问:1.学生分享自己结论的目的是什么? 2.教学的重点在哪里? 3.模块的范围怎样设置? 4.该如何终结教学? 5.教学结束之后,显示每一个学生达成了今日这节课的教学目标的证据何在? 6.准备了哪一类型的提问? 7.如何帮助跟不上教学进度的学生? 8.使用怎样的标准来判定下一步的教学计划? 9.当你听取学生的对话之际,你想到了什么? 10.在学生"协同学习"的场合,你的作用是什么? 需要深度思考所有这些提问,揭示教学的意图所在。通过听取主讲教师对这些提问的回答,有助于教研组收集全体听课教师的持续学习与成长,以及支持主讲教师的数据。上课之前的研讨会是教研组不可或缺的,借以揭示主讲教师的教学目的,并且围绕教学中提问的方式进行思考。听课教师不仅反思自身的教学,而且一起思考主讲教师决策之前的过程,这种思考过程有助于改进教学。在主讲教师说明教学内容与教学方法是如何决定的时候，往往就像聆听音乐那样心驰神往。不过，和这种心境同样重要的是，能够围绕"为什么放弃了别的决策"，作出解读。

第二，观察。在主讲教师上课的时候，教研组的其他成员负责收集教学的种种数据。从教学过程中师生不同行为产生的时机到"协同学习"的流程，所有的数据收集都是可能的。当然，也需要收集教师提问技巧的数据。诸如，提问量有多少？提问是开放式的吗？提问的水准如何？学生回答提问花了多少时间？教研组的成员发挥着收集有助于印证主讲教师所期待的内容的数据。

第三，反思。课后，教研组全员反思教学，准备给予主讲教师反馈。说明哪些是好的，哪些应当改进，然后提出具体的要求。教研组的其他成员分享各自收集的数据，提供"发光"（Glow）与"生长"（Grow）的机会。所谓"发光"是关注教学过程中成功部分的观察结果。而"生长"是针对教师尔后的成长提出方案。"生长"未必意味着改进，也存在用别的方法达成同样的成果的场合。教师的工具箱中添加的工具越多，就越是有助于别的教学情境的准备。从教学研究的全局来看，在教学的"计划""策略""发现"与"反思"的领域，可以发现各自的范式。倘若教师洞察学生的立场，那么，便有助于梳理每天作出的大量决策，因应不同水准的目标，在适当的时机实行适当的教学策略。

哈佛大学加德纳（H. Gardner）教授说："叩问谁都不曾提出的问题、引出改变宇宙的理解方式的答案的，是那些伟大的科学家们。爱因斯坦（A. Einstein）的才华，就在于对时间与空间的整体性所作出的持续的提问。"[30] 发现新的提问策略是需要费心费力的，还存在失败的风险。但是，倘若教师采取"这也不行、那也不好"的态度，或是不去刨根问底，发现问题的所在与解决策略，就会剥夺儿童成长的机会。对于一线教师而言，重要的是掌握新的知识并付诸实施、勇于反思并改进教学的"学习态势"。唯有这样的教师，才能支援自立的学习者。汉密尔顿（C. Hamilton）的提问研究，正是这样一份教师不可多得的精神食粮。

参考文献

[1] 钟启泉.解码教育[M].上海:华东师范大学出版社,2020:156-164.

[2][3][4][5][7][8][9][10][11][13][14][15][16][17][18][20][21][26][27][28]
   [29] C. Hamilton.提问攻略:唤醒学生沉睡的思维[M].水崎亚矢,大桥康一,吉田新一
   郎,译.东京:新评论出版公司,2021:1,23-27,35,47,100,101-102,118,121,176,150,
   205,210-212,234-235,242,242-244,249,263,266-270,289,290,3-5.

[6] 松尾睦.从经验中学习:专家成长的过程[M].东京:同文馆出版股份公司,2006:10.

[12] B. Kallick,A. Zmuda.课堂的主角是学生:"个别化学习"与"思维习惯"[M].中井悠加,等,
   译.东京:新评论出版公司,2023:97.

[19] 茂木健一郎.获取最佳效果的提问力[M].东京:河出书房新社,2016:88.

[22] 武田明典,村濑公胤.教育方法论,ICT 活用[M].东京:北树出版股份公司,2002:123.

[23][24][25][30] D. Rothstein, L. Santana.跨出一小步,前进一大步:学会提问[M].吉田新
   一郎,译.东京:新评论出版公司,2021:137-147,68-69,194-195,29.

第六章　对话，锤炼高阶思维的实践
——兹维尔斯(J. Zwiers)的"课堂对话"

众多学者从不同的角度展开了"对话学习"的研究。诸如，从教育哲学的角度阐述"对话是意义与关系的生成""对话是一种文化形态"；[1]从教学心理学的角度阐述"对话"的意义在于旨在同自己及多样化的他者与现象进行交流、产生差异、共同创造新的智慧与价值，以及在问题解决过程中构建良好的创造性关系，等等。进而揭示"课堂对话"的结构、形式与特质。[2]兹维尔斯(J. Zwiers，2011，2019)则从"学术对话"(Academic Conversations)的高度，通过学校现场生成的"对话学习"的大量案例分析，探寻线上线下得以实施的促进学生对话技能的有效策略。

一、课堂与课堂对话

（一）俯瞰"课堂"之"场"

"在严格控制压力、温度、容量、湿度之类的可变因素之下，有机体会自然地生长。"——这是生物学家发表的言说，却也是一句考察学校课堂教学时发人深省的话语。[3]在谈及课堂时往往会有人感到惊异："上课时有来回踱步的学生、大声嚷嚷的学生，为什么？"对此，或许可以反问一句："为什么会有那么多的学生在上课时来回踱步或者大声嚷嚷？"假如让一群从未去过学校的儿童走进配置好课桌椅、教科书、感兴趣的学习仪器和教材的教室，儿童会自由自在地活动，或许还会把书本和仪器带出教室，当作游戏的玩具。这种情形难以说是开始了自觉的、协同的、持续的"学习"，然而儿童尽显了本性，正是在这种本性中隐含着法则的契机。当然，学校与课堂不是实验室。在那里，有境脉、情境的框架；有人为的影响作用。当儿童跨进校门的那一刻起，作为学校这一系统及其要素——学生、教师、事物就已存在，并在某种秩序之下进行一定范式的行动了。教师布置好了教室、编制了班级规则，控制着班级的儿童，亦可视为有秩序的、稳定的班级。儿童们无拘无束、自由自在地沟通对教师而言,是一种威胁性的问题。但另一方面,教师又期待儿童能够主动地进行学习与游戏,师生之间、生生之间能够活跃地沟通。——教师面临的问题多半是这种课堂的沟通状态中隐含的自相矛盾的课题。下面,就来探讨一下课堂中所展开的沟通的具体意涵,在此基础上以处于课堂变化漩涡之中的现场教师为中心,考察"课堂"这一个"场",为教师的课堂转型实践提供一些视点。

1. 处在"课堂"之中的人——在这里,不应把"课堂"视为仅限于有墙壁、有门窗的以物理性空间为特征的班级组织。在有意识、有组织地展开教育的场合,通常存在着某种物理性、制度性的"区隔",至少有从事教学(主要是教师)的人,并且配备了教学设计中支援教学活动的种种人工物。在课堂中通常是由一名教师带领四十几名学生,在课堂里展开具体的沟通交流。不过,倘若仅从这一点看,是不可能充分理解在这个场里进行活动的"意义"的。比如,即便是"教师提问、几个学生举手回答,教师指名某生回答,某生于是回答"这种活动,也并非是"此时此地"课堂中的几个人之间的活动所能形成的。其实,整个课堂反映了多层次的社会文化境脉,以及直至现今的历史经纬。课堂实践的状态不仅反映了过往的来历,而且往往是借助成人的设想,吸纳了将来的方式。这种环境是指引、促进在此地进行教学实践的方向,同时又成为切断"别的实践状态"的制约性条件。从具体的个人看,课堂是以每一个学生的认知、情感、意志在"此时此地"主动地、能动地生成的。从更大的视野来看,可以发现每一个人即便在自身不经意之间,也是受到环境、情境的影响与制约的同时,在被动地进行着自我调节的行为。

2. 生态学研究——发展心理学家布朗芬布伦纳(U. Bronfenbrenner, 1996)倡导的生态学研究,为多元地考察课堂教学提供了有用的视点。比如,试以成长中的小学五年级的 A 生为例。A 生直接参与或直接、间接地同他人交互作用的场(由人、事、物所构成的场),谓之"微系统"。具体地说,班级就是一个"微系统"。进而在进行班级活动的场合,小组可以视为"更微观的系统"。不过,A 生直接参与、进行活动的场(系统)不仅是班级。在学校里,还存在课外活动这类无论在成员上、还是制度上有别于课堂的场。在校外,家庭也是系统之一。课外补习班、节假日参与的社区的传统技艺伙伴也是如此。就是说,A生多重地参与复数的"微系统",往往穿梭于其间。包括这些不同的"微系统"在内,在把握"微系统"之间关系的上位系统的场合,称之为"中系统"。另外,也存在A生并未直接参与、但同A生相关的人与事参与的场合。比如,家长的职业与工作的单位会对A生的生活与学习产生某种影响。A生的老师,不仅是该班的班主任,也是学校教师群体的一员。A生通过老师的关系,也会受到同老师相关的"微系统"直至"中系统"的影响。就接触的事物而言,A生使用的教科书是由哪家出版社编辑出版的,直接性的影响是出版社,在这里存在包含编者、各种资料、教育部(局)、多媒体的系统,也包含同学生本人并没有直接参与的间接性的场。——从这种相位把握的系统称之为"外系统",进而这个"外系统"也包括在内的更大的、拥有文化的、制度的、意识形态的共同基础的系统,谓之"大系统"。国家与地方自治体相当于广泛的谓之"文化圈"的相位。当然,这种微观—宏观的层面终究是相对性的,不是固定的区分。随着聚焦点的变化,见解也会跟着变化。如前所述,把课堂作为一种"微系统"来概括,但课堂也不是千篇一律的"场",其中糅合着大小不同的团队,而且作为其构成要素的"人"本身,亦可视为由形形色色的构成要素形成的、系统复杂地交织在一起的"大系统"。概言之,"系统"是由多种多样的子系统相互交织、彼此包容而成的套盒结构。

3. 场与系统——把人们周边的环境、情境视为同心圆的多层系统的见解,就像树根那样,往往只是注意到被锯开之后所见到的结构。然而实际上,"系统"还存在时间变化这一重要的要素,比如,就拿一间教室来说,随着9月新学期伊始,教室的环境逐渐得到整顿,班级的规则与习俗、人际关系的建构(或破坏)、偶发性事件的发生,所有这些交织在一起,而形成包括课堂氛围在内的"课堂文化"。不过,这并不是说,9月份是从零开始的。作为课堂成员的儿童之间的相互关系是在以往的年月里一点一滴地积累起来的,加上班级经营的风格,该校在社区中长期形成的传统(校风)、校长的作风与运营方针,以及受兄弟学校的教师与班级的影响,等等,在此期间一定是经历了细微的调整与变化的。再有,倘从更大的视点来看,这些学校文化与教师个人的教育观、班级经营的模式,是在整个国家的教育文化的历史变迁、现行的教育制度与思潮,以及国家的政治、经济、科学技术发展的背景下形成的。

　　学生、教师等班级成员使得这种多层的、复合的、流动的系统得以激活。换言之，有着多样的历史、社会文化背景的个人在教室这一"场"里相知相遇、协同探究、多声交响。教师若要包罗万象地描述出形成一间课堂的各种要素及其关系（包括背景境脉），是极具挑战性的。也就是说，倘若教师不能正确地认识课堂中的所有境脉，并非不能进行教育实践；即便是有了认识，也不过是能够采取适当的沟通而已。因此重要的是，哪怕是不能洞察一切，教师与儿童、儿童与儿童任何一个小小的交互行为，也都是浸润在多层的文化境脉之中、反映了其间的关系的结构与来历的。关键就在于教师是否拥有了"情境往往是变动不居的"这样一种认识。因此，教师需要秉持的姿态是：尽可能地在教育实践的瞬间以及实践之后，通过反思，以灵动的视点，在多层的时空轴中去把握"此时此地"的课堂，去尝试重建由此产生的意义。

　　此前的"场"与"系统"的术语，几乎可以互换。这是怎么一回事呢？这里撇开关于系统理论的解释，所谓"系统"一般指的是"不同要素相互有机关联的组织体"。要素形成某种结构性的布局关系。在系统内的要素之间，以某种特定的范式产生交互作用，从而产出整个系统的某种结果，再同其他的系统（环境）之间产生交互作用。一方面，各个要素的运作受系统的结构与机制的制约；另一方面，包括规则之外的"不稳定"要素之间的运作（交互作用）的产出结果又反哺于系统，形成（或变革）系统自身的结构与运作样式。[4]作为一个组织体在某种程度上保持稳定的运作，同时也会发生动力性的变化。在这里，系统拓展的广度谓之"场"。"场"未必是特定的物理空间。即便是同样的教室这一空间里，在上课时间与课余时间，"场"是不同的。教育是人们分享场与事物、并以此为媒介，传递某种意义、创生某种意义、促进人们变化的社会系统，而牵涉系统的"人""事""物"等的总体，在这里谓之"情境"或"境脉"。从本质上说，一线教师在课堂中的所作所为不是单发的行为，而是发现问题、尝试错误、观察变化、修正（再定义）问题、再尝试错误这一连串连续的调节过程。所以说，一线教师往往用"课堂是活的生命体"来表达"即便是同样内容的课，每一次也都是不同的"。

（二）课堂对话

"教育的关键与其说是传递知识，不如说是提问。"[5]知识社会中的教师必须深刻认识对话与对话行为的价值，从儿童的实际出发展开有效率、有效果、有魅力的教学实践，培育每一个儿童的"对话力"。

课堂对话的研究——近年来，作为探究课堂中能动的沟通过程及其意涵的研究领域，盛行"课堂对话"的研究。在这里所谓的"对话"主要是指口头语言，涵盖身体动作、视线、表情、沉默、节律之类的要素，也包含向谁言谈、打断了谁的话语之类的人际关系，话语的生成情境、境脉，需进行整合分析。通过课堂对话这一切入点观察教学实践的目的就在于：一是揭示在课堂教学中借助"此时此地"生成的语言交互作用而形成的教学的状态；二是显示超越具体的班级与课堂教学，在学校教育境脉中对话的构成，借以揭示师生的社会关系、学校与班级特有的秩序与独特的文化存在。就是说，从更微观与更宏观的方向展开研究，以阐明课堂对话中"制度""社区文化""个人行为"这三个维度。这里所谓的"制度"不限于显性的规则，是指广泛的学校中共同的约束。"制度"当然相当于更宏观的维度，"社区文化"与"个人行为"则相当于更微观的维度。这不是个别的存在，而是课堂中进行的一项集约化教学。比如，作为"学校与课堂特有的文化"，希曼(H. Heman, 1979)举出"I—R—E"的师生、生生对话的存在。I(Initiative)—R(Response)—E(Evaluation)分别对应的是"教师的始发（一般是提问与指令）—学生的应答—教师的评价"这一连续，课堂中教师的"提问"不同于日常生活中的质问，在大多的场合，提问者事先准备好了答案，从而对学生的回答作出评价。原本这种场合的评价不是单纯地作出对错与否的评定，而是包括了反反复复让儿童回答，促进其再思考、给予指点、改变问法，等等，可以说这种对话范式是学校教育中具有一定效力的工具（或者说一种课堂资源）。不过，这种刻板的对话范式只能导致创意课堂的丧失。

课堂对话的恩惠——"大量的提问有助于浮现更大量的思考，拓展学习的视野。"[6]所谓"对话"不是单纯的信息传递，而是同他者通力协作、彼此交响的共同创造的活动。就是说，这种对话的目的是通过同他者与智慧的交汇，创生新的知见与结论，并在这个过程中建构创造性人际关系。兹维尔斯说："对话是船，是锚，是目的地。"[7]

"课堂对话"是学生深度理解教学内容、提高思维能力与语言能力的有效策略。可以说,它拥有超越单纯的学习工具的价值。在适应社会发展并为未来作准备的过程中,就必须有娴熟的对话能力,学会建构人际关系,借以提升共情力与社会性。"课堂对话"使得参与者的思维方式发生变化——通过对话,对某种事物的思考或强化或弱化,或明晰或选择,或者产生新的观念。对于学生而言,参与对话可以获得种种的收获:理解教学内容,提升语言能力,增进社会情感,促进自信与自觉,特别是促进"公平性"。这里所谓的"公平性"是指通过因应每一个学生的策略、而有意识地提供相应的素材与经验,借以最大限度地引出学生学习的潜能。在不同的社会背景、语言熟练程度以及能力水准的学生之间的对话,是同"公平性"的促进息息相关的。作为教师,在对话的"前、中、后"能够并且应当作出支援,但"对话"这一活动本身与参与对话活动的学生本身,几乎都能够解决。借助对话交流,可以缩短学生之间的距离。学生在同别人交流的时候,需要从认知、语言方面努力理解对方说了些什么、有怎样的感悟。这种作用使得班级"全员"获得进步。

三种高阶思维能力

在欧美各国,自从布卢姆(B. Bloom,1956)倡导六个认知层级(六种思维能力)以来,学术界一般将其区分为"低阶思维能力"与"高阶思维能力"。"低阶思维能力"指的是记忆力与理解力;"高阶思维能力"指的是思维力、分析力、应用力、整合力、评价力。试想象一下,当你的学生展现出如下的面貌——自由地产出新颖的观念;分析文章;解释调查结果;把学到的东西内化为自身的东西;解释自己知道的知识并自如地运用——的时候,意味着什么呢?意味着你需要借助课堂对话、让学生掌握如下三种思维能力:

发散性思维——在心中敞开新的可能性,亦即产出多样的观念、选择项与可能性。就是说,当学生遇到困惑的时候;当调查的课题的观念未能浮现出来的时候;当难以拓展解决的思路的时候,这是不可或缺的技能。然而遗憾的是,学生在读的时间越长,越是不擅于运用发散性思维。

132

收敛性思维——观念的统整、分析与解释,亦即瞄准答案与结论而进行的信息与观念的分析与统整的能力。这是学生在展开思考、进行说明、解释、归纳、比较之际必须运用的一种知性活动。真正的创造力意味着不断地进行"发散性思维"与"收敛性思维"的一体化状态。有高度创造力的人能自如地运用这两种思维方式,出色地梳理观念。

元认知思维——关于自己思考的反思。"发散性思维"与"收敛性思维"的结合极其有效,但我们还必须加上另一种思维,即学习者对自己学到的东西与思维过程进行反思性思考的能力,亦即"元认知"。

"课堂对话"是磨砺学生多种思维能力的重要策略。美国学术研究促进会主张,学校教育应当苦心孤诣地训练学生学会这三种高阶思维能力。[8]

(三) 提升对话效果的思维方式与技能

兹维尔斯主张,在课堂教学中应关注有助于提升对话效果的思维方式与重要技能。这就是倾听技能、焦点化对话方式、批判性·创造性思维方式、学习内容的活用、头脑中的并行作业、非语言线索的活用。[9]

倾听技能——"君子和而不同"。要尊重他者、从差异中学习,就得有"倾听技能"。所谓"倾听技能"是指,努力地理解别人所说的内容,把握对话的整体,领会言外之意,记录冒出的思考,以及解读对方的语调和肢体语言。倾听的行为需要全神贯注。特别是在双人对话的时候,需要倾心听取。通过培育倾听的习惯,形成思考的能力将会愈来愈高。倘若有的学生不是同伙伴形成思考,而是漫不经心地听听而已,那么,这种对话不如说是一种没有学习生成的杂谈罢了。因此,教师需要借助模型向学生显示,让他们懂得如何明确思考,探索支撑思考的根据与理由,以及掌握同评价依据相关的听取方式。

焦点化对话方式——所谓"焦点化对话方式"是指,运用语言及其他传递手段,向伙伴传递重要信息的方法。为此,就得以充分的音量与清晰的发音来发言,以便在同样的平台上能够展开对话,通过运用分享的信息来进行对话才是有效的。借助动作与表情、特定语汇与语句的强调,以及图像的运用来支撑的居多,但另一方面,并不要求文法与语句的完整性。以适当的量来展开对话,对于焦点化的对话方式尤为重要。不过,在分享提问与回答之际,大多学生实际上只是只言片语地发言,即便是明白应当积极表达一些,但由于对课题不感兴趣而缄默不语。大部分学生并没有认识到要明确地传递,就需要积极的表达。教师与同学的一个作用就是,以适量话语的姿态,相互影响。倘若对方说"动物园对动物而言是不友好的"之后,在课时尚未结束之际,话语若戛然而止,听者会静静地等待着说话者接着说下去。倘若说话者仍然缄默不语,听取者便可从如下三者中选择一种方式展开提问:1.提出明晰思考与明晰语句的提问("不友好"是怎么一回事?)。2.提出要求支撑思考的理由与根据的提问(动物园对动物不友好的事例有哪些?)。3.提供说话者在自己的话语中关于引发思考的契机的提问(关于动物不运动,你是怎么想的?)。

批判性·创造性的思维技能——在我们周边的世界和日常生活的场所里,事实上学生已经在运用创造性思维解决直面的问题了。比如,比较绘画的优劣、评价电视节目的趣味性、说服家长带自己去哪里游玩、解释朋友言行举止的意涵,等等。这些能力应当在学科教学中得到应用与拓展。因此,教师必须设定能够运用思维能力的环境,提供示范性的模型、作出实际运作的支撑。根据兹威尔斯(J. Zwiers, 2019)的提案,作为基础学科的语文阅读教学中所运用的思维能力,应当涵盖如下八种[10]:(1)分析——分析作品的要素与架构。(2)比较——发现出场人物与故事中的事件、作品的共同点。(3)把握因果关系——推论事件与出场人物变化的因果关系。(4)共情——理解出场人物与作者。(5)综合——辨析文学作品与文学样式,提炼重要的观念。(6)解释——解释文章的结构、主题、隐喻。(7)评价——评价文章的品质与作者的匠心。(8)传递——清晰地向他者传递自己的思考与观点。

教学内容的活用——我们可从上述案例中发现,对话在理解教学内容方面是有效的。所以,为了同他人协作,就得知道这种方法和在各门学科学习中的方法。同时,也必须充分理解事实与概念、掌握学科特有的技能。这就需要让学生主动活用知识内容与技能。在对话中运用的内容应当尽可能是正确无误、真实的。关于有效对话的一句格言是:"人们不应故意说错。"在对话学习中学生必须持续地坚守如下几点:参照课本和课文;摆脱先入为主与偏见;批判性地进行思考;寻求真实。

头脑中齐头并进的作业——正如建筑大厦需要大量的建筑工人一样,在对话学习中需要众多的头脑同时运转。[11]比如,1.要展开对话,就得倾听并处理对方究竟说了些什么。2.思考对方带来了怎样的新观念,同时思考这些观念有哪些价值。3.听取并判断对方话语的明确性,同时需要探讨怎样才能进一步明确对方的话语。4.在听取对方话语的同时,也思考其中隐含的事实、相关内容与根据。5.剔除无关的与不恰当的思考,然后确定自己发言时该用怎样的方法使话语更加明确。时而为确认理解,也可以思考一下如何将对方所说的话进行转述;时而批判性地看待对方的观点并提出异议。重要的是,旨在形成深度思考而作出这些发言。倘若没有这种目的,那么,班级学习的时间与对话的活力就会白白地浪费。

非语言性线索的活用——面对面沟通的大部分是非语言性的线索。学生需要适当地运用非语言性线索,诸如对视、做手势之类是同对方进行有效交谈的时候所用的。在学生的对话中提示这些线索的模型极其重要,教师需要在学生的实际对话中,提供同他者的非语言性线索进行练习的机会。

（四）凝练有助于课堂对话的设问

在展开对话学习之际往往需要寻求更好的设问方法。正如众多教师熟知的,照搬教科书中提示的设问范例难以起到"启发性"的作用,或许可以先提供一些朦胧的观念,但实际起作用的启示性设问,应由教师花一番工夫来设定。这是因为唯有直接接触学生的教师才能理解当下学生的实态——他们知道了什么、需要知道什么、有什么兴趣、需要有怎样的对话技能。下面举述有效对话的提问所必备的三个特征,可因应情境采用改进的策略。

赋予设问有魅力的目标——基于教学与单元的目标,形成多元思维的设问。比如"用几分钟时间围绕课文讨论一下"之类的设问,是不可能让学生热衷于讨论的。唯有当学生感到同他者讨论的必要性时,才能产生面向对话的语力、有效地展开讨论。这就是说,必须通过对话,重建思考并作出选择,设定形成思考的某种目标。可以考虑运用以下的动词——赞成、建构、明晰、议论、决策、并列、排序、慎思、解决、评价、链接、比较、选择、强化、编织、检讨、变式。[12]

分享信息设定设问,产生讨论的必然性——通常对话是课题解决过程的一个部分。与其个人单枪匹马地独干,不如通过同他者一起思考解决课题。这就是说,设定有助于同拥有多元的知识、思维方式与技能的学生分享的设问。

设定有助于学生交流的含有明确期待与指示的设问——帮助学生获取比单纯的设问更持久、更丰富的启发性。在学生形成思考的过程中涵盖了诸多的信息,包括拥有怎样的技能、最终如何来总结所需的信息。以下是将欠妥的设问凝练成有效的提问的一例[13]——

欠妥的设问:"通过对话,请谈谈从故事中浮现出来的主题。"

有效的设问:"读者从本书的主角身上可以学到什么;我们怎样才能做一个更有为的人;利用故事的一部分,印证自己的见解。"

对话是多种多样的。在大多场合是不完善、尚待梳理的,不可能刻板地进行,需要有意义地建构与生成。下定义、做填充题、单纯地记忆事实与文法的学习,远比通过对话形成思考简单,然而"对话学习"却是形成学生的学力所不可或缺的,它是培育学生高阶思维的三种思维能力——发散性思维、收敛性思维、元认知思维——所必需的。[14]在人们之间借助对话,赋予价值,培育如何学习、如何生存的见解。当学生通过同他者的对话展开学习、链接决策的价值的时候,学习得以拓展。不过,教师为此就得付出更大的努力。

(四)排除不利于课堂对话的恶习

梅尔(D. Meier)说,"优质的教学就是让学生知道设问的方式,然后群策群力开始回答真正想知道的问题"[15]。"设问"对学生自身而言是一种挑战。教师引导学生讨论设问的规则,知道该采取怎样的行动、不该采取怎样的行动。[16]

强词夺理——指导学生揭穿那些利用狡辩,蒙蔽人们在违背逻辑的、信息不足的状况下作出判断的手法。这些手法会导致产生误解的统计应用,轻信权威的诉说、世俗偏见、巧舌如簧、诉诸情感的言说、夸张的比喻与类比,以及从毫无关联的要素中引出因果关系,等等。

逻辑混乱——指导学生发现为包装见解而使用欠缺的理由。编织错误的理由包括如下的表现:1.错误的比喻。采用似是而非、张冠李戴的事例,比如把人脑同高性能电脑进行比较,但两者之间存在着巨大的差异。2.错误的因果关系。诸如"婴儿的头发比牙齿先长出来,所以,头发的生长是牙齿的发育所必须的"——毫无根据地把结果同某种原因链接起来。3.错误的逻辑。由于不能证明是不当的,所以是正确的。比如"由于没有不当行为的根据,所以纯粹是偶然的",等等。4.诉诸情感。使用诉诸情感的言说,让人看起来主张是有根据的。比如"倘若是深谋远虑的诸位,一定会赞成那些使用塑料袋的人是懒于保护濒临灭绝的海洋生物的观点"。5.弄虚作假。不能支撑思考的证明,却大量引用文章中的片言只语,显示所谓大量的根据。

偏听偏信——引导学生认识到"兼听则明,偏信则暗"。偏见随处皆有,通常所谓"偏见"往往出现在这样的场合,即只考虑特定的要素、偏好引用特定的见解、让人信以为真。拥有见解的人往往排除自己不赞同的根据与理由,偏听偏信。尽管如此,"偏见"与"意见"并非一回事。展开对话是发现对方与自身偏颇的一个契机。倘若有了通过客观地探讨课题,求真务实,重视以客观方法来展开思考的班级文化,学生就能破除偏见,展开有效的对话。

二、课堂对话的技能

充实的课堂对话要求运用种种认知的、语言的、非语言的技能。兹威尔斯(J. Zwiers,2019)超越学科的边界与具体的知识内容,界定了课堂对话的五种核心技能。

这就是：形成思考的技能；构筑平台思考的技能；清晰思考的技能；利用根据支撑思考的技能；评量证据与赋予理由的技能。[17]

（一）形成思考的技能

形成一种或多种思考，是同各种技能的养成息息相关的。学生要在对话中协同思考，就得展开一系列的行为——倾听对方的话语、观察手势等非语言线索，评价根据（证据）、发现含糊之处，从而明晰话语、提供依据、接纳对方的发言。"对话是创造性作业的空间"，是知性的火花飞溅的空间，它给每一个学习者带来学习的喜悦与满足。正是这种情感，成为驱使每一个人锲而不舍、寻求明晰的思考的原动力。学习并不是碎片化知识的死记硬背，必须改变传统的心态。课堂对话是练习，可以称之为"我形成思考的心态"的重要机会，指向这种心态的第一步是"形成思考"，亦即界定"思考什么"。要形成思考就得运用三种核心的对话技能。这就是[18]：(1)形成腹稿思考的技能。(2)明确传递思考时使用的语句。(3)运用根据、事例、说明，来支撑思考。试以美国小学五年级的历史教学为例。美国《独立宣言》的主要起草人、时任美国总统的杰斐逊（T. Jefferson）于1804年命自己的私人秘书、美国陆军上尉刘易斯（M. Lewis）与陆军少尉克拉克（W. Clark），率领一支探险队从密苏里州的圣路易斯出发，开始了从密西西比河到太平洋的西北探险之旅（1804—1806年）。根据这一历史事实，学生围绕"刘易斯与克拉克率领的探险队，是一支好的团队吗？"展开了对话[19]，从中可以窥见他们在课堂对话中思考的样貌——

A 我认为是一支好的团队。

B 怎么说？

A 因为，克拉克熟悉自然知识，又会造船。刘易斯是医生，还有——

B 而且，大凡有关植物的事情，克拉克什么都知道。

A 这有什么用场呢？

B 有时也会碰到植物被吃光的时候，那样的话，即便有毒的东西也得吃。或许他们还研究了如何把有毒的植物制成药方吧?

　　B 这个,是刘易斯?

　　A 是,是——

　　B 还有别的吗?

　　A 刘易斯也该看得懂地图吧!

　　B 他们带有地图?

　　A 不是全部的行程,大概是——

　　B 开头的部分。

　　A 恐怕,刘易斯懂得绘制地图的方法。

　　B 是啊,我也赞同他们是一支好的团队。

　　从这段对话中可以清楚地确认,学生通过协作,形成了关于"刘易斯与克拉克率领的探险队是一支好的团队"的新观念(在对话之前,原本是一无所知的),这就是对话的力量,对话的魅力。但这种对话也会有无序的状态,有时会脱轨,在对话中未必会按照伙伴(或者教师)预设的方向进行。因此重要的是,如何引导学生通过协作,形成有价值的思考,体悟对话的价值。

　　(二) 寻觅有价值对话的技能

　　选择并提出内容凝练、有价值的思考能力越高,以及支撑明晰思考的技能越高,对话学习的效果就越大。这些思考可以从参考课程标准和教学参考书、单元教学的关键问题、教科书章节的标题、学生的兴趣爱好,以及教师自身的经验中引发出来。下面列举的是学生对话中形成思考的例子:需要将两种情形加以图表化;在处理历史性的第一手史料的场合,切忌先入观与偏见;大凡生命都离不开水;地理会影响到文化;"分数""小数"与"百分比"相似,用法不同;驱使欧洲探险家的,是他们的贪婪。思考有各种类型,并不全是"见解"。——这些思考需要进一步地说明与明晰化,需要依赖于根据与解释的支撑,特别是在凝练有价值的思考中需要具备如下的特质[20]:

1. 多面性。学生拥有各式各样的"资料"(思考、根据、定义、见解、价值观)有助于对话中彼此形成思考和使用。在这里包含了主要术语的不同界定、显示理据的多样碎片,以及评价依据的种种判断标准。即便是各自持有同样的根据,表述与评价的方法,支撑思考的方法也是不同的。就是说,倘若两个学生说的是同样的主题,但他们的思考,无论是内容还是措辞,是各不相同的。

2. 持续性。思考是需要花费时间来培育的。就是说,通过进一步的对话、阅读、考察等机会,思考有可能得以进化与拓展。思考是变化的、延展的。

3. 关联性。最初的思考是同提出的话题与对话的目的密切相关而设定的,教师需要进行指导,选择最适于学生对话的、有助于凝练价值的思考的话题。

要开始对话,首先必须提出至少一个构筑平台的思考。单凭传递简单的事实(比如,华盛顿是美国第一任总统)是不可能"协进"的。倘若是抽象度高的、复杂的、包含了见解的思考,便有种种"协进"的可能性(比如,杰斐逊弹劾华盛顿)。倘若有以这种思考为起点而形成的过程,就能使用清晰思考的技能与支撑思维的技能,成为相互思考、相互学习的绝好机会。谁都知道,学生随时都可能出现出色的思考,但也会出现大量碎片化,难成体系的思考。因此,作为平台而提出的各种思考需要学生借助协作,学会识别是否有价值,并具有作出适当选择的能力。在讨论的场合,学生必须提出两个以上竞合的思考,然后进行权衡。理想的状态是有序地权衡一个个的思考,在权衡过程中亦可增添或剔除浮现出的事项。

(三) 清晰思考的技能

"清晰思考"的技能是极其重要的对话技能。所谓"清晰"是指"分享意义、全员站在同样一个平台上"。[21]为此,重要的是引出必要信息的提问,诸如"这对于我们意味着什么?""如何界定自由""再说一遍",等等。由此可以界定思考的技能的下位要素——定义语句与表达的"质问""详述""整合""转述""琢磨"之类的技能。比如,通过"详述",伙伴便于理解思考的整体面貌与局部细节;通过"转述",从伙伴的话语中可以明晰值得关注的部分乃至想要思考的内容;而通过"整合",梳理此前对话中关键性的思考与话语，起到明晰化的作用。在课堂对话中运用提问是至关重要的，教师需要指导学生不作无缘思考的提问。

　　课堂教学的时间，正是把每一个学生头脑中的思考编织成纵横交错的网络的时刻。一位学生向教师说："我从未想过生存的问题""石油是靠太阳而形成的"。在学校教育的现场，对诸如此类的问题往往是忽略的。听者一方只是听取简短的说明而已，并不认为需要咀嚼，这是有碍于充实对话的严重问题。在处于要么"赞成"、要么"反对"的对话阶段里，"对话"凋谢了。不过，这不是学生的过错。在规定好了课时与考试时间的学校里，教师只能"赶进度"，尽可能进行"缩短思考的时间，展开最小限度回答"的"指导"。链接思考、强化思考、形成思考的活动余地，便消失殆尽。总之，让学生单纯地积累碎片化知识是简单的，而在考试中也重在多项选择式的问题。

　　具体地说，所谓"清晰化"指的是，围绕建设性的对话所需的事项，同伙伴协作明确其意涵。作为教师需要为学生提供在对话中促进"清晰化"的脚手架。诸如——1. 提问："为什么""怎么样""什么意涵"，等等。2. 定义所用的话语："所谓真实的含义究竟是什么""如何界定'爱国者'"。3. 详述基本的思考：进一步说说你……思考的理由。4. 不是让对方重复发言，而是归纳转述、反馈给对方："就是说，某种产品的供应增加，需求就减少？"这种转述的目的在于——好好地记住听取的内容；把对方所说的内容用你自己的话语来表达；确认听取的内容是否就是对方所想传递的；梳理对方言说的要点；有助于沿着提出的问题进行对话与思考。5. 运用类推、戏剧化、可视化，赋予"清晰化"多种多样的形式。

　　"思考"这一术语需要作广泛的解读：观念、概念、论题、主张、假设、过程、范式、结论、解决策略、解释、回答，等等。学生(首先是教师)必须认识到，"思考"不同于暗记，它会随着时间的推移而发生变化与进化。"思考"可以塑造、补充、裁决，穿越学校的围墙，持续地存在与生长。"思考"可以由更小的思考构成，也可以构成更大的思考的一部分。这种思考可以(在大多场合必须)借助种种的方法传递给多样的人。沉浸于形成思考的学生会体验到犹如"先有鸡还是先有蛋"的境况。无论是哪一个人，倘若没有形成思考的经验，就不会发现"思考"本身和形成思考过程的价值。不过，倘若认识到

"思考"本身和形成思考过程的价值,就能够形成更多的思考。然而,在以暗记与选择题为中心的应试教育中几乎不会使头脑产生旨在形成思考的作用。因此,需要在学校教育中引进更多的活动,丰富教学的内容,发现关联、引出更多的发言,从而变革学习的观念。学生得以理解形成思考的意义的学习设计是根本的、刺激性的挑战。我们必须更加重视学生形成思考的习惯,并且培育这种习惯得以养成的技能。

(四)利用根据支撑思考的技能

支撑思考的技能意味着运用事例、根据、理由进行论证,提升思考的说服力。可以说,这是日常社会生活中展开有效对话极其重要的技能。比如,课文中的事例、调查结果、研究结论、数据统计、个人说明,等等。在理科课中要求运用实验数据来支撑结论的描述;在历史课中必须要求运用一手资料,支撑有关历史事件的因果关系的见解;在数学课中要支撑主张与所发现的范式的概括,重要的是运用数学思维方式;而在语文课思考阅读的小说题材之际,必须以出场人物言行举止的叙述为根据,来支撑思考。尽管如此,有的学生运用了根据,但并不能作出有说服力的表达。究其原因,没有很好地琢磨所用的根据,不过是作出了"大概如此"的选择罢了。在这种学生看来,所谓"根据"即答案,只是填空而已。在这里,需要培养学生尽可能作出色思考的心态。

学生要运用根据,就得掌握归纳性思维与演绎性思维。在归纳性思维中首先是确定根据,然后以此根据形成思考。就是说,观察事件、对话、象征、数据,发现旨在形成和支撑思考的范式。另一方面,在阅读小说、学习数学与历史的范式、参与某种课题研究之际,会常常运用演绎性思维,从形成思考与主张出发,探寻支撑的根据。这在解说纪实与讨论中常常运用。学生首先必须明确核心的思考、命题与主张,然后阅读一篇或多篇文章,探索与评价作者提供的根据。在对话学习中主要运用如下四种根据,这些根据在归纳性思维与演绎性思维中也能运用。[22]

1. 从课文中——在诸如课程标准中,往往重视让学生在教科书的课文中发现根据,然而学生是否理解、为什么必须运用来自课文中的根据,得到的回答却是"必须这样做"。需要让学生理解,学会从课文中利用根据的方法,对持续地养成良好思维习惯起着重要的作用。

2. 从别的文献与资料中——多样的思考不限于一本书与一篇课文,需要促进学生从往年阅读的书籍、从家里阅读的书籍、从别的途径读到的书籍中,去寻找根据。也可利用网页、电视节目、电影、艺术作品等多样的文献与资料。在利用这些信息源的场合,不要忘记"批判性思维"的指导。

3. 从现实世界中——需要指导学生直面现实世界发生的问题。教师应当帮助学生把课堂同现实世界链接起来,从日常生活中探究事例、展开拓展性学习。

4. 从自身的生活经验中——学生(成人也是同样)分享从自身的生活经验所得到的根据与事例是容易的,也有以此理由展开对话的场合。重要的是,学会判断从自身的生活经验中获得的根据是否真实有效。一般而言,起初的练习可按照上述 1 到 4 的顺序进行,也可以跳过 1 到 3,直接从 4 开始。建议最初利用课文中的根据,倘若重视课文中的根据,就可以让学生拓展到别的课文与书籍。学生要形成思考,就得重视从课文中获得根据,从现实世界中获得根据。

(五) 评量证据与赋予理由的技能

这里所谓"评量"是指赋予证据以多样的价值。[23]"评量"亦可借助直觉作出判断,但有时单凭直觉也会造成错误的判断。因此,客观地运用比较的标准来赋予证据以价值是稳妥的。标准是在判断某种价值与逻辑性的时候运用的,在跟不同的人沟通的场合,必须分享运用怎样的标准来进行思考。比如围绕砍伐热带雨林的树木的是非曲直进行评量之际,牵涉的标准是短时与长时的经济效益、水土流失、动物生息域的减少、药物成分的丧失,以及相关的伦理之类的标准。判断标准有的可以作出明白易懂的定量化,诸如所费时间、此品种比彼品种更稀缺、大同小异的品质。不过在学校教育(日常生活中亦然)的场合,要求作出具体的价值判断的种种问题、证据、理由,来展开讨论。比如要求评量哥伦布(C. Colombo, 1451?—1506 年)等历史人物的贡献,对世界各地的人们与特定的集团而言,他的行为拥有怎样的价值。他开启了殖民地化、美洲大陆与欧洲之间的贸易。不过,奴隶制也是随着他发现美洲大陆而产生的。有几十万人的原住民,在他到达之后招致灭绝。那么,他究竟是贡献者还是祸害者? 设置"哥伦布节"是否妥当? ——要回答这些问题,就得评量凭借各自的理由而产生的巨大差异的思考。从多样的证据可以引出标准(立场、环境、制度、家庭环境、个人经验、文化,等等)。可以想象,每一个人都具有不同的能力倾向。在讨论中作为评量而使用的标准应当是合理的、参与者能够理解的、获得认同的可能性高的标准。

学生应当理解世界上评价的多样性。他们能理解多样的人群、多样的情境中所用的评量的标准。比如好的工作人员的标准不仅是准时上班,不迟到不早退,而且必须具备专业性,能同他者交流、是生产性的。不同领域的人,评量标准不一样。把常用的标准用问题的形式来表述,诸如,成本需要多少? 如何权衡长期利益与短时损耗? 不同的选项将会产生怎样的影响? 在健康方面有哪些利弊得失? 对环境而言,有哪些利弊得失? 如何思考伦理、道德、公正、尊重人权? 需要花费多少时间? 对人类的生存会产生怎样的利弊得失? 该信息有多大的信用度? 人们的价值观不同,评量方式自然不同,这些差异构成了评量的难度。不过,可以借助讨论加以充实。学生需要围绕某种侧面的证据的价值与重要性作出探讨,直至获得赞同。在几乎所有的场合,完全一致是不可能的。但正是在这种尝试中可以发现深度的思考、证据、说明、交换见解、学会语言的运用。

在讨论的情境中面对多元的思考,进行评估与比较,从而选择哪一个是最有力的技能,是学生学习不可或缺的。课堂讨论不能满足于场面的热闹(当然,热衷于活动的学习是不可或缺的)。学生必须在给出的情境中学会客观地、合理地决定哪些判断与立场是最优的。在一些典型的讨论——诸如"在学校里学生应当使用手机吗?"之类——的课堂讨论中,会产生这种选择。在诸如"应当参加酒会呢,还是应当复习数学考试?"之类的选项中也是同样的情形。在学习与生活中要求作出讨论与选择的情境中首先应当形成围绕课题的两个侧面的思考,在此基础上作出哪些是更重要、更有根据的选择。在教学中要作出评价与比较根据,就得学会利用判断与标准的方法。所谓"标准"是可能赋予证据以价值的项目与范畴(分类),其中有一些是容易评量的,诸如健康风险、两种不同项目的金钱风险、不同研究的统计数据;但也有一些是不清晰的、在学生之间会产生判断差异的标准，比如，伦理观与先入观、心理效果、短期利益或长期利益之类。当然，课题所包含的各式各样的价值观与情感会对标准的使用产生巨大影响。

试举一例。14世纪中叶欧洲爆发的"黑死病"造成了巨大的灾难，但也促进了人类对自身的认知，推进了科学技术的发展，对文艺复兴产生重要影响。下面，就是美国两位七年级生基于这段历史事实，围绕"黑死病大瘟疫的爆发，从整体看对欧洲的发展是利还是弊？"的问题，作出思考与判断——形成利与弊的两种思考并作出评论——的情景。[24]

A 那么，先从利的方面来看吧。

B 文艺复兴。

A 什么理由？

B 我以为，当时产生了大量的艺术与科学。想想那些栩栩如生的绘画，举世闻名。

A 是啊，尽是惊世名画。这些瑰宝，是从农奴制消灭之后才出现的。

B 怎么说？

A 所谓"农奴"是奴隶般的贫困的体力劳动者。他们没日没夜地为农场主耕种，却过着饥寒交迫的生活——我是这么认为的。

B 这么说来，农奴制的消灭是一件好事呢，他们能够从事有偿劳动了。

A 唔。弊的方面呢？

B 那就是——死了数不清的人。

A 惨不忍睹。书上写着呢，因而涌现出了一大批不信仰上帝的人。

B 什么？

在传统的课堂里进行比较、评价的言说几乎是没有的。这两位学生对于欧洲大瘟疫作出了中肯的评价。在诸多对话中这种面貌之所以绝迹，有的是由于在形成思考的中途被课时切断，有的则是未能集中精力持续地展开直至评价的对话。在本案例的对话中学生并没有明确地说出标准来。即便如此,亦可看出他们是把"死者数"的标准视为比"奴隶减少"与"文艺复兴"更为重要的标准。另外,他们并不是从申述自己的见解开始对话的。一旦见解出现之后再开始对话,就会执着于维护或固守自己的见解,在大多讨论的场合会沦为一味求胜的境地。相反,在形成正反两种不同的思考出发来开始对话的场合,能够扎实地理解正反两个侧面,最终有可能获得客观的判断。可以说,这是促进思考形成的最重要的技能。

三、课堂对话的文化

(一) 耕耘对话的心态

在对话中拥有不同"视野"的教师与儿童通过对话形成自我、建构共同学习的"场"。[25]教师在对话教学中需要关注"间"。其一,关注人际之"间"。在这里重要的是"对话的境界",学习者不再局限于固定框架的对话中,他们得以灵动地思考、接纳他者的见解与感受,保障变革思考的自由,以"跨界的眼光",形成相互渗透的对话关系。其二是关注时间之"间"。在同他者的对话中会产生多样的状态,诸如共情、赞同、反驳、批判、质疑、混沌等,而从真切的共情、赞同、反驳、批判、质疑、混沌中引出自己的见解与感悟的"时间"也是必要的。就是说,需要有孕育深度思考力的"时间"。[26]

形成多元思维正是最重要的学习——所谓"学习",意味着无论教师还是学生都需要具备参与多元的学习活动(阅读、写作、思考、交谈、倾听、协商、对话),形成有意义思考的心态。[27]当然,这种醉心于形成思考的心态在诸多场合意味着传统的封闭式灌输教学的颠覆。学生在开放的场所里、在重视各自话语的场所里、在倡导学生形成思考的场所里,会形成"嘈嘈切切错杂弹,大珠小珠落玉盘"的境界,形成有意义的持续的学习。——这种心态是众多成功的课堂的根基,不乏对话的课题。尽管如此,这种心态的培育却是最为艰难的。在如今社会文化的情境中充斥着社交媒体、电视、手机、录像游戏等崇尚快捷而肤浅的思考。学校教育也是同样。在碎片化的、广而浅的课程中,是不存在以促进思维的形成为轴心的学习环境。咀嚼碎片化的课文、解答选择式的试题,囿于教科书中的标准答案来思考,是谈不上真正的深度理解的。比如,教师提问"这个短篇小说的主题是什么?"几乎所有学生脱口而出的答案都大同小异。伙伴仅仅是作出如下的反应:或许附和说"是的,我是那么想的,不错";或许说"我反对,我认为爱才是主题"。然而,倘若学生深信"自己能够形成深度学习",学习就会达到新的水准。他们不再停留于最低限度的听说,教师可以在种种情境中引导学生展开对话、倾听、阅读、书写;可以在课堂讨论中设问"想想看,能否进一步凝练?""学到了什么?""你是怎么想的?""有怎样的想法",等等,借以促进这种类型的思考,培育深度学习的心态。

从不同的角度(立场)进行思量再作出选择——在大多的场合,学生围绕某个问题作出不同角度的思考之前,容易产生自说自话的倾向,具有强烈的胜负欲。作为课堂教学的一个要点是,在讨论中养成"凝练"思维的习惯。就是说,即便是心底里有抵触,也要尽可能明确地同伙伴分享,凝练最初的思考,这样才能形成充分思考的过程,确立客观的判断基础。同时,也必须从胜负欲的困局中解脱出来。为了养成这种心态,教师应当通过"思维及其构成要素是否尽可能明确?""是否有比这种思考更具说服力的根据、事例、理由",来激励学生养成自己思考的习惯。

尊重他人、重视他人的思考,从中得到学习——众多的学生以为"学习"就是专心听讲、背诵课文,重视的是碎片化知识与技能的掌握。教师需要培育新的心态,即从课堂对话中学到更多的知识,这种学习包含了社交技能、人际关系、语言、思维技能的训练。就是说,与其专注于反复练习,纠正学生的语汇不当或语法错误,不如注重他人使用的语言,亦即重视不同于自己的思维路径。一些语词的错误更容易在对话中自然地得到纠正,这种心态是在尊重他人、重视结果的基础上产生的,是同彼此安心地交流各自的思考联系在一起的。在课堂中大胆地分享各自的想法,特别是平时不太发言的学生,教师的引导尤为重要,让他们感到受重视、受尊重,就会减少对分享的胆怯心理,他们出色的思维就能在整个班级的学习中发挥光彩。为了培育这种心态,提示"思考受重视的"好的"对话模型"与"思考不受重视"的坏的"对话模型"是有效的。

在沟通实践中,学习者的自我会受到伤害。被视为真理、正义、价值的东西,在沟通中会受到批判而持续地发生变化。在这里,马斯切莱恩(J. Masschelein, 1996)强调了对话教学中首要的问题是"沟通的自我可伤性"。这种"可伤性"未必是丧失援助的状态,亦即不应当视为必须加以保护的状态。为了通过沟通形成自我,即便是违背自己的意愿,也得接纳不同甚至反对的见解,在此期间自己会经受磨难的经验。只要是参与沟通,经历磨难的学习这一受苦的经验是不可避免的。因为这样可以从自己以外的基于多样视点的思考方式与见解中得到学习;也可以认识到自身的局限性。这样的个性是在同他者的关系中形成起来的,在这里包括了丧失与变革此前的自我的过程。在沟通中倾听他者声音的自己,并不是单纯的出于自我保护的需求,而是旨在求得"更好地生存"的伦理。[28]

对话是我(我们)"外化"学习成果、"内化"为自己(我们自身)知识的绝好机会——这种心态意味着聚焦学习的"主体性",亦即学生能够控制自身学习什么、怎样学习的状态与感受。教师可启发学生自我省思:"我在倾听别人解释教材内容的时候,是否感受到成了真正的'学习者'""我在发表自己的见解时,是否拥有自信""是否喜欢一边倾听别人的话,一边产生思考""在发表自己见解的时候,自己能否用最有效的方法来表达自己的思考""我喜欢在思考中增添自己的信息与个人的要素,使对话得以顺利地展开"。要培育这种心态,重要的是运用学生自己的背景知识与创造性,同他人一起形成思考,并且认识到思考即便彼此不同,也不是问题。当教师对学生满怀成功的期待的时候,这种期待一定会成为现实。我,属于这个学习的场域——学生最重要的需求之一就是属于某个环境与团队的归属感。借助对话获得的一个成果,正是同别的同学的日常沟通,他们在课堂内外能够感受到作为班级一员、学校一员的温情与脉动。

(二) 课堂对话的文化与实践

恶劣的土壤长不成参天的大树,松软的地盘建不成高楼大厦。在不支持、不养育、不重视沟通的文化中,不会发生借助对话的深度学习。课堂对话的文化涵盖了价值观、思维方式、心态,亦即团队中协作共事的"习惯"。培育这种文化最有效的方法是在日常的教学中编织对话的活动。基于课堂文化的研究,可以归纳如下若干重要因素。

第一,从"师生关系"到"学习伙伴关系"。师生之间的协作关系是深度学习的原动力。[29]当教师从单纯的知识传递转变为学习过程的促进者的时候,师生关系变成了协作关系,师生分担课题的选择与设定的责任。在日常教学的情境中容许采取诸多的学习形态,因应每一个学生的需求施教,包括教学方针、教材教法、活动组织,需要考虑到学生的兴趣爱好,以及学生的生活背景。教师的责任是——

教师,应当关注每一个学生,面对班级全员组织活动,直至他们能够自主学习。

教师,应当讲明课堂与学校的规则,同学生一起讨论。

教师,应当津津有味地倾听学生的体验。

教师,应当体悟学生的情感。

教师,应当提出开放性的设问,形成学生敢于挑战的氛围。

教师,应当提供新鲜的信息,帮助学生解决问题。

教师,应当教会学生反思自身的学习。

第二,从"班级组织"到"素养共同体"。这里所谓的"共同体"是超越了机械分割的班级组织,成为一起分享学校内外课程资源的伙伴。学生在课堂内外都可以获得成长,在共同体中,学生每当知道了什么,都会受到影响、感到惊异,甚至明白学生的头脑里是怎样建构与再建构知识的。学生理解多种多样的素养与各门学科领域的基础知识与基本技能,在问题解决与决策之中运用这些知识与技能,获得成长。好的班级、好的学校,就是在共同体要素的基础之上形成的。进而,"素养"被界定为在社会的、文化的境脉中承担着建构意义的思维与沟通的关键过程,这里面包括阅读、阐释、统整、评价,以及有效地传递思考、经验、观念的能力。这些要素构成了优质学校教学的核心。[30]

第三,切磋有效对话的方法,强化对话技能的学习。一是,讨论有效对话的方法。围绕"怎样才能在学校内外展开有成效的对话",从某种意义上说,是"关于对话的对话"。在认识对话的重要性的同时,讨论课堂中的"对话力"。通过比较"好的对话模型"与"差的对话模型",从明晰、支持、偏见、凝练、价值形成的视点出发,分析为什么会有好坏的差别。二是,强化对话学习的活动。当学生的学习活动倡导如下举措的时候,对话学习会变得更丰富、更有效。诸如,1. 选择对话的话题。2. 明晰思考、其重要性与价值、隐含的思路。3. 基于根据、事例与自己的想象,支持思考。4. 评价根据的确凿性。5. 在同他人的对话中,运用学科特有的思维方式。6. 围绕显示学习成果的文章及其他的成果,展开对话。7. 交流读后感。8. 形成持之以恒的思考习惯。[31]

"课堂对话"深化理解的机制

课堂对话深化思维的机制——诸多先行研究证实,在学习境脉中学生之间的交互作用有助于促进学业成果。那么,为什么通过同他者的对话能够深化人的思维呢? 这是因为,在人际交往的场合,必须把自己头脑中思考的东西用话语加以外显,这就是个体内思维的外化。借助这种语言化的作业,自己原本朦朦胧胧的思考便拥有了语言这一轮廓的形式。不过,教学伊始未必能够明确地语言化。在这里起到重要作用的是,来自他者的提问与见解的反馈。在彼此作出应答的对话的循环往复之中,自己的思考逐渐得以深化。

深化思维的三种对话过程——基于课堂对话的思维深化的过程,有不同的种类。韦伯(N. M. Webb, 2009)从如下三个视点作出了说明。其一是皮亚杰(J. Piaget, 1932)"认知冲突"(Cognitive Conflict)的视点。在自己的思考同他者的思考之间感受到的,从而展开矫正自己的思考、为消弭两种对立的见解而寻求追加信息、引出新的思考的过程。其二是霍根(K. Hogan, 2000)"认知精致化"(Cognitive Elaboration)的视点。认识彼此的提案,通过明晰、修正、追加、建构、链接,协同地建构班级成员原本未掌握的知识与问题解决策略。其三是维果茨基(L. S. Vygotsky, 1978)"最近发展区"(Zone of Proximal Development,ZPD)的视点。能力低者借助熟练者的支援(脚手架),掌握新的知识与技能,能够完成原本一个人不能完成的课题。尔后,布鲁纳(J. S. Bruner, 1976)把这种"最近发展区"的支援称之为"脚手架"(scaffolding)。这些概念是因应发展的适当支援所不可或缺的。[32]

（三）校内体制的建构与支撑

要变革对话的心态、践行对话活动,就得举全校之力,形成合作体制。在只有少数教师认识到对话价值的场合,是寸步难行的。走向"对话中心的教学"是重要的一步,但也是一个不稳定的作业,"对话学习"的成功与否取决于教师。以教研组为中心,观察对话、进行录像、收集通过对话学习形成的学生作文及其他学习成果,以此为依据,在教师研修会上分享。对话学习带来的重要成果是社交技能、友情、共情、自信、情商、作为学习者的自觉与主体性的培育。教师通过学习的成功事例与失败教训,琢磨有助于满足学生对话需求的知识与技能。

对课堂转型产生巨大影响的是教学与评价的设计。传统的教学设计重视的是知识的传递,同别人协作处理知识、进行创造性活动的机会极少。其结果是,重视教师的讲解、无言的练习以及聚焦纸笔测验的活动。借助如下的设问,或许有助于课程与教学设计的转型[33]——1. 这门课程,有助于掌握知识技能、形成思考能力吗? 2. 在活跃学生的活动与评价（形成性评价）中,有助于对话吗? 3. 在这门课程中,对话的机会丰富吗? 花一些工夫,能够产生有效的对话吗? 4. 这门课程的关键问题适于对话吗?

从"教师传递中心的教学"转向"儿童中心的对话学习"是一个巨大的挑战。靠简单的步骤、现成的课程文本是不可能成就的。要穿越走向本真的学习的崎岖道路,需要费时费力,需要忍耐与意志。不过,当我们看到学生的面貌焕然一新——投入学习活动、建构良好的人际关系、使用明确的持续的方法学习教学内容、在同别人的链接中认识生存的价值——的时候,便可以理解为这种努力与挑战拥有充分的价值。

四、一个案例:以辩论(对话型论证)方式展开的探究作业

（一）"综合探究"的多样性

从"灌输教学"转向"对话教学",尤其在高中教育阶段"说易做难"。关键在于探究

活动的制度设计与作业设计。所谓"探究学习"一般被界定为："发现自己的问题；借助调查、观察、实验揭示事实；基于事实进行逻辑性、批判性思维与判断；表达引出的结论或是解决问题的学习活动。"[34] 日本文部科学省强调，在中小学课程中设置"综合探究时间"，明确探究性学习是一种为学生自身设定课题，收集、梳理、发现、归纳、表达信息的循环往复的学习活动"，[35] 以多种多样的方式实施。尽管学术界与教育行政界的界定有所差别，但设想"问题解决""批判性思维""沟通"之类各个要素统整的学习，却是共同的。日本文部科学省公布的《高中学习指导要领》(2018 年)规定，在古典探究、世界史探究、数理探究等各门学科中新设有"探究"的科目，并把"综合学习时间"改称为"综合探究时间"，凸显了"探究学习"作为现行高中教育之支柱的重要性。同时设有同"综合探究时间"一样能展开"综合探究"的科目——数理探究基础、数理探究及以职业教育为主的专业学科——课题研究等。"综合探究"旨在通过驱使探究的见解与思维方式，进行跨学科的学习，从而展开学习者自身的思维，形成发现并解决课题的素养与能力。另外，"综合探究"具有如下特征：其一，不拘泥于特定的学科与科目的内容，是一种跨学科、综合性的、依存于现实社会生活中复杂境脉的探究。其二，是综合地驱动多元学科与科目的见解与思维方式展开的探究。其三，面对解决路径并不清晰的课题，不存在唯一的标准答案的课题，重视的是"最适解"与"可信解"的发现。[36]

(二) 辩论(对话型论证)模型

辩论模型——所谓"辩论模型"(对话型论证)，是学习并运用"对话型论证"的工具。亦即针对某个问题，同他者进行对话，基于根据提出主张，从而引出结论的活动。可用图 6-1 来描述这种"辩论模型"。[37]

各个要素具有如下的意涵：

问题：关于某对象与状况的问题意识及其背景。由此设定的问题(课题)。

主张：对问题的特定的思考。受"事实•数据"与"论据"的支持。借助反驳对立的见解而得以强化。

事实—数据：支持"主张"的具体材料。

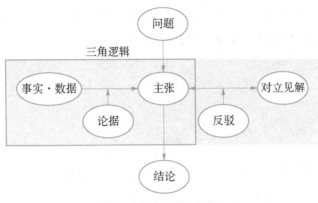

图 6-1　辩论模型(模板)

论据:构成"事实·数据"与"主张"之根基的理由。

对立见解:在对设定的问题上同自己相对立(至少是不同)的见解。即便是对立的见解,也有支持其见解事实—数据、论据。

反驳:针对对立的见解,旨在拥护自己"主张"的反论。

结论:统整"主张"所得出的结论。获得所设定的问题的回答。

从图 6-1可见,模型的纵轴是"问题—主张—结论"。横轴由三个部分组成,即左侧是"事实·数据"与"论据—主张",右侧是"对立见解—反驳—主张"。纵轴相当于"对某问题,形成主张,导出结论的活动",横轴左侧相当于"基于根据、形成主张",横轴右侧相当于"同他者对话,形成主张"。

"对话型论证"是从设定"问题"开始的。"问题"过大的时候可分成若干小问题,对各个小问题自然有各自的"主张"。要使得"主张"合理化,首先得把握"事实—数据",形成某种概念与理论的"论据"并进行解释,再同"主张"联系起来。另一方面,由于大凡问题都会存在不同的见解或"对立见解",因此也得发现在哪里同自己的"主张"有所差异和对立,以及发现自己主张的薄弱环节,并作出"反驳"。通过形成合理化的主张,就能达到对当初问题的回答——"结论"。在这个模型中关键在于理解"三角逻辑"——横轴左侧部分谓之"三角逻辑"。区分"主张""事实·数据""论据·理由",意识到这三点的思维方式就是"三角逻辑"。在这里,既有把事实、数据与证据、理由两者视为"根据"的,也有仅仅把事实、数据视为"根据"的(图6-2)。[38]

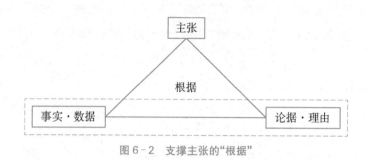

图6-2 支撑主张的"根据"

"对话型论证"模型的运用——在推进探究方面,可以像地图那样成为能够运用的有效工具。

第一,设定问题。为了推进对话型论证,重要的是设定"问题"。倘若意识到"三种论题",就可设定更明确的"问题"。这里所谓的"论题"意味着"议论的主题"。"论题"分三种,即"事实论题""价值论题""政策论题"。重要的是意识到基于哪一种"论题"来设定"问题"。这里的"事实论题"是指以事实的有无与真伪作为议论的对象(比如,中国最大的四个岛屿分别是台湾岛、海南岛、崇明岛和舟山岛)的论题;"价值论题"是指以价值判断(善、美、重要性等)作为议论对象的论题(比如,作为全球气候变暖的对策,重要的是利用原子能发电);"政策论题"是指行动与政策的是非(是否应当采取某种行动、实施某种政策)作为议论对象的论题(比如,是否应当废除重点校政策)。设定"问题"(课题、问题)尤其重要。所谓"问题"是围绕某对象与状况的问题意识及其背景,包括由此设定的课题与问题,而"课题"是指疑问、应当解决的、想知道的问题领域与具体事例。

第二,思考主张。在"问题"的阶段,一旦确立了具体的问题,其一是"树立假设"。所谓"假设"是对问题暂且的回答,而"主张"则是问题的确切回答。其二是"从假设到主张"。从假设中借助"根据"("事实·数据"与"论据·理由")与通过反驳对立的主张,而得以合理化,便成为"主张"。

第三,收集种种的根据。从"主张"的根据中,"事实·数据"也许是显而易见的,但在现代,某种事实也许难以确认。因为"事实·数据"并不仅仅是语词与数值。过去有"百闻不如一见"的说法,但在现代仅仅看到映像未必是真实的。现代被称为"后真实"时代,所谓"后真实"指的是,与其说诉诸真实与事实,不如说是诉诸情感的信息发挥着强烈的作用这样一种思潮。在"后真实"的时代里,"事实"的判断本身变得愈益困难了。在辩论模型中"论据—理由"是比较难以理解的要素。这是因为"论据—理由"存在多种类型,相当复杂。终究需要把握不同类型的"论据—理由"的差异。(注1)

第四,反驳对立的或相异的主张。正如自己的"主张"那样,对立的、异样的"主张"也有其逻辑。在反驳多方的主张之前,首先需要探明对方的逻辑。在这里,重要的是兼顾事物多样的侧面,倾听同自己对立的不同见解。反驳需要基于"事实—数据""论据—理由"。反驳的目的不是打倒对方,不是强词夺理,而是在于获得不同的视点、视野,借以引出更有深度与广度的结论。

第五,引出结论。"主张"是对"问题"的回答,"结论"是对"课题"的回答。在从"主张"到"结论"的过程中,探讨自己的"主张"与对方的不同"主张",并作出"反驳"。不过,这里所谓的"反驳"不是贬低对方,而是在反驳中发现自己缺乏的视点与视野。在这种场合,应当汲取并整合自己主张与对方主张的合理部分。引出结论。由于问题类型不同,"结论"的形式有若干差异。在"事实论题"的场合,"X 是 A";在"价值论题"的场合,"A 更好(重要)";在"政策论题"的场合,"应当实施 A"。"政策论题"的场合,"结论"涵盖了"建议"。在探究学习中使用辩论模型,其"结论"一般采用"结论—建议"的方式。

(三) 探究作业

日本实施的"综合探究"大体可以分为三类,一是国际理解、信息、环境、福利、健康等应对现代各种问题的跨学科课题;二是因应社区与学校特色的课题;三是围绕职业与学习者自身未来的课题。学习者可以自行选择,自主组织,展开探究活动。[39] 以"辩论模型"作为模板设计的探究作业,适于所有学科的或跨学科的学习。这种探究职业旨在让学生学会应当怎样设定"课题",可以引出怎样的"结论",并通过多元途径来展开探究。这里试举探究作业设计之一例。[40]下面是关于"转基因作物"的练习题：

阅读下面的文字，然后回答三个问题。

转基因作物

所谓"转基因"，是从生物的细胞提取基因，并将其转到植物的细胞基因中，使其拥有新的属性。利用基因重组技术可以期待有效地使作物拥有生产者与消费者所求的属性。这些就被称为"转基因作物"。

围绕转基因作物存在不同的看法。推广派立场者主张，"转基因作物无论对生产者还是消费者都有极大好处，应当推广；而慎重派立场者主张，"转基因食物是否安全？还是慎重对待为妥"。

太郎对转基因作物持慎重派意见。慎重派的根据是如下图6-3中的曲线。在这里，耐药性大豆、耐药性棉是转基因作物。而一旦确定强耐药性，即便喷射特定的农药也不会枯萎。

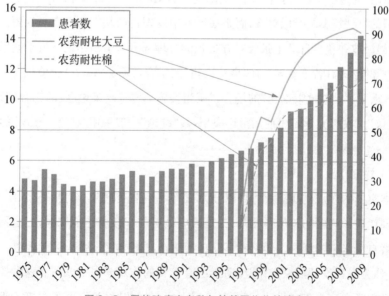

图6-3 甲状腺癌患者数与转基因作物的演变

问题一，太郎以图 6-3 中的哪一部分作物根据，请写入左侧的三角逻辑。

问题二，花子持推广转基因作物的立场，指出从该曲线推出的局限性。花子根据的是图 6-3 中的哪一点？请写入右侧的三角逻辑。

问题三，对问题二的花子的主张，作出反驳。

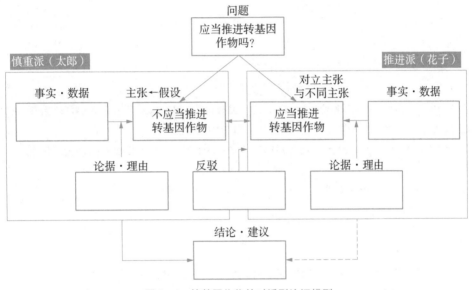

图 6-4　转基因作物的对话型论证模型

这个练习题的重点在于，着眼于甲状腺癌患者数与转基因作物的曲线的部分。这个问题表明，如何解读这个部分，借助持怎样的"论据·理由"，会引出截然不同的主张。就是说，是着眼于曲线的整体倾向，还是着眼于具备的特征，主张会完全不同。这跟解读达·芬奇的绘画会出现不同的主张相类似。换言之，即便是同样一条曲线，从中读取"事实·数据"，以及赋予怎样的"论据·理由"的差异，会产生出对立的或不同的主张。

"探究"是学习的本质，所有学科的或跨学科的教学实践只要是着力于探究活动的设计，就一定会引导学生沉醉于未知世界的探险，迸发出异彩纷呈的知性的火花。

注 1

其实,"论据"有若干类型,试举若干有代表性的例子。

其一是基于"因果关系"。在论据中使用因果关系。比如,

事实—数据:在日本福岛核电站的附近(约 150 千米)发生了各种畸形变异的病症(先天性异常)。

论据:一旦受核辐射,动植物就会发生畸形。

主张:这种畸形是由于受核电站事故的核辐射所造成的。

论据"一旦受核辐射,动植物就会发生畸形"是"受核辐射"(原因),"动植物就会发生畸形"(结果)的关系。这就是从产生"结果"的(事实·数据),来推论出"原因"的(主张)的方式。

其二是基于"类推"。所谓"类推"是基于两种对象的类似性,引出某种主张,成为一种论证的形式。

事实·数据:A 具有性质 P。

论据:A 与 B 相似。

主张:B 也具有性质 P。

A 与 B 类似的性质多,倘若同当下的问题有关联性,那么,基于类推的论证就更有意义。

其三是基于"规范"。所谓"规范"往往是以这样的句式来表达的,诸如"好/坏""可/不可""应当/不应当"。在价值论题、政策论题中,规范往往构成了论据。在这种场合的论证,可归纳为如下的论证形式:

事实·数据:行为 a 是行为 A 的一种。

论据:应当(不应当)采取行为。

主张:应当(不应当)采取行为 a。

或者,

事实·数据:行为 b 带来结果 X。

论据:结果 X 好。

主张:可采取行为 b。

比如,在新冠疫情前期,出现如下的论证:

事实·数据:减少人与人之间的接触,经济活动停滞,但能减少风险。

论据:预防感染比经济活动重要。

主张:减少人与人之间的接触为好。

其四是基于"权威"。我们往往会根据权威专家的见解,来使得自己的主张合理化。这种类型的论证谓之"诉诸权威的论证"。

事实·数据:X 主张 P。

论据:X 是防疫方面值得信赖的专家。

主张:所以 P 是正确的。 **于是,**

事实·数据:A 教授主张,人际接触减少八成,即可控制疫情的蔓延。

论据:A 教授是预防感染方面值得信赖的专家。

主张:至少八成是正确的。

在逻辑学中,这种"诉诸权威的论证"被视为谬误。专家不是全知全能的,谁也不可能仰赖于某个领域的专家。在社交媒体各路专家甚至针锋相对。孰优孰劣,难以判断。在这里,重要的是"兼听则明,偏信则暗",在众说纷纭中锤炼甄别的眼光。

(松下佳代,前田秀树,田中孝平.以辩论方式展开的探究作业[M].东京:劲草书房,2022:32 - 35.)

参考文献

[1] 钟启泉.解码教育[M].上海:华东师范大学出版社,2020:120 - 131.

[2][26] 钟启泉.教学心理十讲[M].上海:华东师范大学出版社,2020:58 - 80,61 - 62.

[3][4][25][28] 杉尾宏.教育沟通论:从"关系"重新审思教育[M].京都:北大路书房,2011:
    146,152 - 153,94,98.

[5][6][8] D. Rothstein, L. Santana.跨出一小步,前进一大步:学会提问[M].吉田新一郎,
    译.东京:新评论出版公司,2021:1,105,32 - 37.

[7][9][10][11][12][13][14][16][17][18][19][20][21][22][23][24][27][31][33] J.

Zwiers.培植课堂对话:为谁而教[M].北川雅浩,龙田彻,吉田新一郎,译.东京:新评论出版公司,2019:3,28-39,32,36-37,40-41,43,32-33,117-120,12,15-16,16-17,74-76,19,90-91,107,24-25,238,256-261,278.

[29][30] D. Booth.我也想说:激活学生"声音"的教学创造[M].饭村宁次,吉田新一郎,译.东京:新评论出版公司,2021:75-76,77-79.

[32] 中谷素之,中山留美子,町岳.教育心理学:从日常插曲到教学实践[M].东京:有斐阁,2022:142-145.

[34] 藤泽伸介."探究"教育心理学的世界[M].东京:新曜社,2017:68.

[35] 日本文部科学省.高中学习指导要领解说:综合探究时间编[Z].2018:8.

[36] 吉田卓司,等.何谓综合学习/探究课时的实践研究[M].东京:溪水社,2021:3-10.

[37] 松下佳代.基于对话论证的学习的设计:期待在学校中掌握的一种能力[M].东京:劲草书房,2021:5-7.

[38][39][40] 松下佳代,前添秀树,田中孝平.以辩论(对话型论证)方式展开的探究作业[M].东京:劲草书房,2022:6,3,44-45.

第七章　挫折与抗挫教育
——以"挫折临界点"为中心

　　每一个学生在成长过程中总会碰到或多或少的"挫折"。在学校的现场,教师面对学生由于"挫折"而产生的精力涣散、了无生趣、需求不满、怠惰、焦虑乃至失败的现象,往往束手无策。"挫折临界点"(Quit Point)的研究为我们提供了新的思维方式与解决策略。卓越的教师不会随意地给学生贴上"勤奋"与"懒惰"或"成功"与"失败"的标签,而是洞察每一个学生的个性特征,帮助他们超越各式各样的困惑与挫折,最终确立"成长的心态"。

一、"失败""无聊"与"不悦"的效用

(一)宽容失败

　　传统的学校教育崇尚"胡萝卜＋大棒"的奴化式教学策略,是同新时代培育创造性人才格格不入的。从某种意义上说,"失败"是走向成功的捷径。每当发现某种错误,就会热衷于探究其什么是真实,"失败"是学习的重要组成部分。创造、变革、创新——所有这一切,不经历失败是不可能的。这是因为,透过"失败"可以从新的角度认识更细微的状况。未必人人知晓,像创造性的天才爱因斯坦(A. Einstein)和达尔文(C. R. Darwin)这样的人物,实际上显示了惊人的失败率。创造性的天才们其实并没有任何证据可以证明他们自己比其他人有更高的成功率,[1]他们的一个显著特征就是屡败屡试、百折不挠。以棒球为例,那些被誉为天才的运动员也是高频地练习接发球的动作,不断锻炼运动技巧。毫无疑问,拥有成长心态的学习者会表现出强烈地期待失败的倾向。在他们看来,一次又一次地尝试失败的机会,有助于提升从失败中学习的可能性。

　　失败、预料失败,是赋予儿童以学习主动权的重要因素。当你在课时表中纳入预料的失败的时候,失败就同你自身的学习成果联系在一起了。这里所谓的"主动权"是

指，赋予学生"学习什么""如何探究""何时学习"之类作出选择的权限。唯有在这种场合，学生不仅感到非常满足，而且内发动机的程度也得以提高。一位数学教师说[2]——

我相信过失与错误是一切探究过程的组成部分。对于把数学作为一种范式来教学的我，每当发现了一种范式，接下来的一步就是尝试，而尝试就必然地会带来更多的困惑。但这不是失败，而是探究过程的一个组成部分。尤其是在数学教学中往往灌输这样一种思想——正确的答案只有一个（而且，求得正确答案的方法也只有一个）。这是危险的思维方式。即便要说服那些声称自己对数学感兴趣的学生，也得花费漫长的时日。学生们倘若能够接受探究的思维方式，教师就能聚焦数学思维、作出更好的尝试与提问。"错误"也便成了指引学生走向更精准的方向的路标。

不畏惧错误的学生能够承受自己思考的过失，对事物抱有疑问，拥有一颗好奇心，处于积极尝试的状态。对教师而言，"错误"是透视学生思维过程的一扇窗户。教师倘能及时觉察学生并抑制其急于求成的冲动，就可以促进学习的过程。搭建内发动机的"脚手架"，不仅是让学生经验失败，而且必须把失败纳入学习的过程之中。资深教师善于觉察学生的错误，并会鼓励那些尽管作出了努力、但学业成就低的学生。

斯坦福大学教授萨顿（B. Sutton, 2009）说，"借由错误的发生，才能开启深度学习之窗。我会扪心自问：'我是每次重复同样的错误，还是在同样的圈套中打转？'——不是检验什么坏事，而是必须检验有效的方法"。[3]那种传统的教学方法——花费大量的时间与精力，一心求得正解，一味博取老师的欢心，必须断然抛弃。当然，培育学习者的最终目标是让学习者健全地成长，使他们能够发现所学的内容，提出质疑，求得透彻的理解，并在不同的情境中能够运用。在当今这个不断变化不可预测的时代，需要学习并体验有效应对的方法。由于这是"脆弱性"的反面，用"哲学杂文家"塔勒布（N. N. Taleb, 2012）的话来说，叫作"反脆弱性"。[4]拥有这种"反脆弱性"的人，能够从失意中获得超越"复原力"的利益。"不明白该怎么办"的活动的结果是催生成长与成功。所以，不是回避错误，而是拥抱错误。萨顿认为，过度系统化、结构化的学校课程与教学方法使得儿童的"反脆弱性"弱性化。由于受到这种影响，课堂里学到的知识是难以在课堂之外发挥作用的。

在学校教育生活中，那些"两耳不闻窗外事，一心只读教科书"的学生，往往走向了"成长"的反面：逐渐地远离了原本"拥有好奇心与想象力的存在"这一自然的状态。在塔勒布看来，这种代价就是，受现行教育制度的束缚，学校培育了一代又一代"忠于陈规旧习"的人。适应这种制度与规则的学习者倾向于囫囵吞枣地接受无须任何思考的课程。他们就像能够举起大型杠铃的举重选手，却不能举起自然界的一块石头。尽管在预设好的学科考试中能够取得高分，却不能遵从自身好奇心的学习者存在的一种倾向是，当直面现实的复杂情境时，他们是脆弱不堪的。由于从未受过处理棘手问题的训练，就只能像计算机那样动作，而且比计算机的速度更慢、成效更劣。我们必须引领儿童走向真正的思考——它是在无目的的时间里和尝试错误之中产生的，是在课堂里的偶然性中产生的。儿童要学习就势必会经历错误、混沌、冒险、不确定性、自我发现，以及内发动机的作用。

（二）"无聊"与"不悦"的效用

"无聊"（Boredom）是谁都经验过的，但要正确地下定义却并非易事。伊斯特伍德（J. Eastwood，2014）作出的界定是，"所谓'无聊'是指，期待的结果未能得到、需求处于不满足的状态。即不能集中精力、无精打采、情绪焦躁、心不在焉之类的不悦状态"[5]学生在教学中感到无聊的理由是：当下的学习无意义；活动过分抽象、难以理解，而且翻来覆去；受当下环境的束缚；学生自身无主导权。[6]传统的灌输式教学让学生无聊，失去学习的热忱，乃至学力低落，是必然的，因为人类大脑的本能并不倾向于这种学习。

然而，正如"失败"在引起好奇心时起到的重要作用一样，"无聊"也能发挥重要的作用。如果说，"失败"是必不可少的"发明之母"，那么，"无聊"就是"创造之父"。[7]这是一种在茫茫太空中出现不可预期的现象的表达。德国哲学家海德格尔（M.

Heidegger)曾经提出"无聊通向变革与创造"的见解。他说,"无聊"使我们从钟表的时间框架中摆脱出来,代之以进入"视线"这一同可视化链接的整个时间。提起同时间的关系,我们往往具有分秒必争的倾向。我们唯恐人生的一切(包括沉默与休闲)瞬间无所事事,没有用实体的事物填充,于是我们花费精力,神经质地消磨时间。我们习惯于凡事都快速地实现多种功能的社会。"速度、简单化、无休止的活动、一时的满足、短平快的娱乐读物……所有这些,似乎对没有任何预设的诸多瞬间,不容些微的宽容"——这,就是我们的文化。[8]

学生往往无聊。——这是坏的信息,但也是好的信息。因为我们的教师可以为消解学生的无聊而有所作为。传统的课堂教学追求知识传授的"效率性",但这种"效率性"的思维方式显然是错误的。对学生而言,"只说一次"并不等同于"教"。当然,学生的"学"也不是同样的。美国一位心理学教授在教学中要求学生对学习的"效率性"下定义,许多学生的界定是:"有效的学习是付出的学习时间尽量少。"但这个定义并没有显示学习是否成立,所以是错误的。总之,所谓"效率性"纠结于"输入"与"输出"的比例多少,亦即纠结于"以同样的时间学到更多的东西"还是"同样分量的知识以更少的时间学到"而已。一线教师需要采用新的"探究型学习"的方式,使"无聊"的上课变得有趣。我们的课堂必须放慢节奏。我们的学生受困于这样"急于求成"的紧箍咒是产业社会的一种特质,是同高效率的教育模式密不可分的。然而这是错误的。不妨想象一下近乎禅的精神的课堂。英国的一位教育研究者发现,对无休止的活动的文化期待只会磨灭儿童的想象力。不是让儿童通过活动、娱乐、上课、观赏绘画,去消磨一切的时间,而是让他们有全神贯注地观察的时间。为了围绕自身的思考,要认识同自身息息相关的世界,就得有静谧的、鸦雀无声的时间,"无聊"也就可能成为极具创意状态的时间与空间,促进内部刺激的发展。"无聊"并非无所作为,即便仅仅是抱有不悦感、呆呆地坐着,也会对环境有所探究,有助于舒展内心世界,获得对问题的新的见解。

与无聊抗争、超越无聊,同战胜一切困难与艰难的学习发挥着同样的功效。在英格兰的萨马希尔学校以伴随着个人发展的种种目标——无聊、疲惫、愤怒、失望、失败等,让学生习得各式各样的经验。这种教学的关键在于,诱发无聊与焦虑,从而超越无聊与焦虑。关于萨马希尔学校的教学丰富的有效性的研究表明,在无聊与动机之间尽管极其复杂,却存在着可以统整的关系。"无聊"往往被视为"变化的密码"。[9]同样,关于动机作用的研究也表明,鼓励学生参与乍看是无聊的活动,他们的兴趣会随着深度思考、幻想,以及替代物的想象而熊熊燃烧。心理学家指出,"'无聊'绝非毫无价值,无聊的状态是无拘无束、自由自在的心境所带来的机会。甚至可以说,无聊将会煽动创造力"。[10]同样,在神经科学家格林费尔德(S. Greenfield, 2013)看来,"无聊"是同讲故事、画画、在图书馆度过几小时联系在一起的。儿童故事创作的研究也表明,具有想象力的儿童不是基于自己的直接体验进行故事创作活动的,而是积累体验,并为此投入大量的时间。

从教学范式的角度看,采用诸如"项目学习"有助于学生成为问题解决的主人公;从具体的教学方法的角度看,倡导"讲故事"不失为一种策略。贝内特(T. Bennett, 2014)说,[11]高中教师对"讲故事"往往会有抵触情绪,以为故事只适于小学生与初中生,也费时间。然而,故事不分男女老幼莫不喜闻乐见。故事中有人物、有事件、有冲突、有悬念、有意涵,短小精悍,引人入胜。在他看来,学生通过听故事,开始明白真理,习得文化。故事的内容内化为学生自身的东西。这种经验不是他人的事情,而是作为自身的东西加以汲取的。学生事实上是在倾听你所讲述的内容与隐含的目的,兴味盎然地加以接受。就是说,故事有助于揭示学习的目的与意义,在课堂里"讲故事"意味着让学生把故事情节当作自己的问题来思考。贝内特列举了"讲故事"比单纯的罗列事实更惹人喜爱的理由是[12]——

故事,让讲述者与聆听者分享。

故事,激活想象力与直觉认知。

故事,提供可视化的处世准则。

故事,比罗列事实更便于记忆。

故事,娓娓动听而又回味无穷。

故事,引发倾听者的连锁反应。

故事，为分享者昭示人生真谛。

最重要的一点恐怕是，一旦让电视节目等数字媒介充斥儿童的休闲时间，就如同剥夺了"观察""反思""同化"之类的内向活动的机会。我们也许在剥夺儿童发明、发展自身娱乐的机会，这就无异于在本质上剥夺了创造性与想象力的构成要素。设计"无聊"的课题有助于儿童萌发好奇心之芽，他们会自发性地开始"装饰"课题，使之变得更为有趣。举例来说，为使5年级学生更有趣地学习，让大家对所布置的课题能有意识地增加书面文字的分量——"如果你写上了一句话，我就写出更多的话，让课题变得更加有趣"。再比如，为使7年级学生参与理科的项目学习——学习照料乌龟所必需的理科知识，在教学伊始的一段时间里，他们制作玩耍，制作乌龟爬行的斜坡，举办乌龟赛跑会，使整个学习变得津津有味。[13]

"聊天"(Talk)活动的重要性

诸多的研究关注语言与思维的关系、语言获得的各种理论、说话的特征，以及语词的种种用法。语言能力的发展不是同学习毫无关系、而是一体化的。聊天活动本身尽管不是一门学科，却是所有学科教学的前提条件。它可以收到"理解新的概念、作为主体的学习者同他者的沟通、多样的见解的形成、对他者的宽容"等的效果。当我们展开新的思考、求得新的理解的时候，意味着通过同谁的对话、从思维与情感两个侧面，建构意义。倘若把知识置换成语词，那么，就能展开这种知识的反思，基于这种知识展开行动，转化知识也就有了可能。

"聊天"活动作为学习的一种手段，不妨纳入学校的教学计划。存在着以多样的目的进行协商性、协同性、分析性对话的机会：计划、推测、预期、倾听、统整、图示、叙事、排序、自言自语、采访、质问、信息辨析、说服、报告、描述、录音、编制方案、寻找根据、批判、评价、发表、回忆、期待与预测、比较替代方案、因果关系与相关关系、对发生的现象作出怎么样与为什么的解读、假设性的说明与认识、基于想象的世界图像、行动的妥当性、情感的反思，等等。所有这些，都是自己或他人作出的言说。教师期待学生通过听说、相互对话、彼此质问、发表调查,反思自身的学习与成长,挑战新的观念,变革各自的认识与视点。

在充满"聊天"活动的课堂里,学生会沉迷于通过协商、对话、讨论,展现一派生机:拓展新的视野、探究生活的感悟、分享各自的思考、发现偏见、提出问题、重审答案、提供说明、交流信息,等等。从而给予每一个人相互倾听的机会,把握复杂的问题。通过设计"聊天活动及其分享、反思"的设计,就能有效地培育学生自立的行动与参与的感悟。[14]

二、挫折:成长的烦恼

(一)"挫折临界点"研究的缘起

教师通常会用学生的成败来评价自己,但这件事原本并不那么简单。这是因为,学生是基于各自的才能与兴趣、以不同的速度与方法,来进行学习的。无论教师如何钻研教学并付诸实施,但终究看不到一些学生有丝毫的进步。那么,如何来提升学生的学习动机呢? 翻开教育学书籍提供的策略也难以获得满足感。于是,章伯伦和马特吉(A. Chamberlin, S. Matejic, 2018)开始了"挫折"研究的漫漫长路,他们在《挫折临界点:以颠覆性的策略消弭"冷漠"与"厌学"》一书中道出了挫折研究的心路历程[15]——

许多教师真诚而又耐心地期待所有的学生都能够获得成功,但这是远远不够的。因为,醉心于设计教案的教师开始产生了疑问——问题不在于教师的教学方法,而在于学生方面。他们为什么不努力学习呢? 我们花了大约一整年的时间来寻找这个问题的答案。我们想到,在课堂中引进信息技术可以提升学生的学习积极性,于是把研究的重点置于"如何让更多的学生热心于学习"上,开始使用谷歌的"Chrome Book"。我们希望通过利用信息技术,不仅可以创建一个激励班级全员展开学习的课堂,而且能够培育"21世纪型能力"(批判性思维、创造性、沟通能力、协作能力、信息素养)。我们还考虑到,可以提供最新的、有助于提升学习动机的教学,而不是传统的磨灭学生学习积极性的教学方法。比如,我们期待学生从互联网上可以获得比教科书的知识内容丰富得多的信息,从而提升他们的学习积极性。通过信息技术的运用,每一个学生都能专注于课堂并充满活力地学习。

我们设想,以师生一对一地进行"个别化教学"来替代划一的"同步教学"会碰到诸多问题。当然,我们充分认识到,一旦利用了信息技术会面临诸多细枝末节的烦恼。但我们确信,可以提供增加"协同学习"的机会、提升学习积极性之类的更好的教学方式,所有这些课题与烦恼,都将迎刃而解。我们一再告诫学生,通过改变教学方式,将使学习变得更加快乐。让习惯于被动式学习的学生安心,并激励那些对数字化教学表现出兴趣的学生。于是,学生忘记铅笔或者丢失打印件而中断教学的场面消失了。对那些厌烦于教师反复讲解的学生而言,这样的教学方式是新颖的。我们相信,一切都会朝着正确的方向发展。然而,很快就明白,同我们的预期相反,利用"Chrome Book"把教学方式单纯地切换为数字化教学是难以带来巨大的变化的。只要课堂的面貌不变,学习效果是难以提升的。

令人困惑不解的是,我们直面的学困生数量并无变化。教学方式改变之后,优秀生的学习积极性确实提升了,但学困生的成绩毫无起色。这个事实给我们的课堂教学带来戏剧性的冲击是,结局居然同传统的教学方法一模一样。我们对学困生的面貌感到失望,决心进一步改革。我们创建的数字教室可以提供更好的教学内容,可以提升个别辅导的质量。但终究缺了些什么,诸如,我们需要从学生的背后"推他一把"。许多人建议说,"学生需要有潜心学习的动机""课堂教学应当更富魅力,让学生兴味盎然"——诸如此类的建议听起来像是在批评学生,又像是在责备教师"缺乏上好课的准备"。

突然,一个灵感向我们袭来。迄今为止我们只是考虑了采用最新的教学方法,利用优秀的教材和有效的技术,但并没有真正从学生的角度考虑"学习动机"。我们开始探索,摈弃我们日常惯用的经典的"胡萝卜＋大棒"的动机作用,而是重新考量学习动机高的学生与学习动机低的学生之间的差异,以及如何提升他们的学习动机。首先我们检视了经过验证的研究成果,但没有任何一个答案令人信服。所以,与其"倘若这个答案不认可、那就另换一种问法"来提升学生的能动性,不如变换思维的方向——"是什么原因让学生绊倒或沮丧"。这个新的问题开辟了我们从未设想过的可能性。遗憾的是,许多教师在找不到提升学生学习动机的解决方案的时候,就怀疑学生的动机和努力可能存在问题。但我们发现,在我们责怪学生的积极性和努力之前,必须先思考一下的问题是,学生沮丧的瞬间和决定不努力的瞬间,亦即直面"挫折的瞬间",我们称之为"挫折临界点"(Quit Point)。正是这个"挫折临界点"的研究,帮助我们找到了新的教学方法来应对学生的学习动机、无助感与沉默,并引领我们走向新的起点。

从那时起,我们开始从这个"挫折临界点"的角度来思考所有的课堂事件,如今也从这个视点出发来分析与解读学生的学习动机。同时还感到,从"挫折临界点"的视点进行的考察乃是深度理解学生的学习动机问题及其解决方案的一个必要的工具。许多人会认为,就像体毛、血型和惯用手那样,动机是一个不变的因素。然而,仔细观察一下人们的工作与学习方式就会发现,"动机"远比一般人的想象更为广泛,变化多端。比如,试反思一下你阅读小说时的动机是如何变化的。起初,我慢条斯理地阅读,因为我并不知道出场的人物与场景。接下来,阅读的精力可能会有所削弱。然而,随着高潮临近,我会恨不得一口气读完,甚至读到三更半夜,直至故事的结局为止。

这样,在动机中既有山又有谷,发现这些山峰与河谷,就是"挫折临界点"的理论基础。认识"挫折临界点"是探讨学生学习动机的一个基础,但这只是第一步。了解学生对什么感兴趣,能不能做些什么,有什么目标,也是教师提供更有效果、更有效率的学习环境和学习任务的基础。不用说,通过将学习目标和与之相匹配的学习活动链接起来,可以提升学生的积极性。

谁都会有这样的时刻——或是未能付出精力而延缓了办事的时刻;或是需要付出加倍的精力与努力的时刻。比如,当你必须评阅考卷或者必须做家务时,你可能会萌发"缓一缓再做"的心情。动机与努力并不像拧水龙头出水那么简单,要有动力并做到最好,涉及各种各样的因素。通过将学习动机和努力解释为不是可以轻松切换开/关的器具,而是作为诸如身心状态或习惯之类某些因素的结果,"挫折临界点"就变得更容易理解了。所谓"挫折临界点"是突然失去注意力与精力,陷入无法持续努力的状态时的一种反应。通过理解"挫折临界点"可以增添失去学习动力的学生和容易受挫的学生的积极性,提升他们专注于学习的可能性。容易受挫的学生在直面困难之际往往会陷入"挫折"的泥沼而不能自拔,他们对获得好结果的自信远比教师低落。就是说,克服学生的困难引发他们积极性的时候所用的"努力向前""付诸行动"之类的激励性话语,对这种学生而言,可能反而会造成恶劣的影响。他们会把这话语当成是一种"欺骗",从而丧失了自信。"正因为如此,我们一旦理解了'挫折临界点',就有可能采取应对'挫折'的策略,减少挫折,提升每一个学生的学习质量。"[16]

(二)"挫折临界点"研究的价值

动机作用未必是积极的,也有消极的。在现实生活有不自信的学生和缺乏积极性、无精打采的学生,这是不可避免的存在。美国心理学家塞利格曼(M. E. P. Seligman, 1975)用狗做实验,发现狗在经历多次的失败之后出现了"习得性无助感"。人也是同样,一旦产生了"做即失败,见不到努力的成果"这一行为的无伴随性(非伴随性认知)的认识,就会产生"习得性无助感"。这种无助感不是天生的,是经历过去无数次打击之后养成的一种消极心态,是学生厌学、意志消沉等心理状态和问题行为的根源。每个学生都会面对不同的"挫折"。这对他们而言,体验已经够多了,无须人为地制造"挫折"来增加学生的挫折感。教师的责任是,只需让他们有更多成功的体验来增强他们面对困难和失败的信心,感受到自己的努力是有用的。[17]

一天,我们在备课时,一位优等生跑进来跟我们闲聊。当一些教师说,"你应当放弃梦想"时,她很沮丧。她从小就乐于助人,想成为一名教师。她热爱学习,成绩优异,相信自己能够成为一名教师。旁边的教师劝导她说,"别做那么糟糕的工作",还说什么"教师不受别人的尊重。人们往往是以学生的考试成绩来评价教师,必须参加冗长的、无聊的会议,不能做自己想做的事情",等等。

我们却反其道而行之,鼓励她说:"教师是一项可以改变人的美妙的事业,尽管他们未必会感恩,但或许会更多地感受到某种上进的压力。"离开我们之后,她的心情似乎好了一些,但对于未来,总感觉有些惆怅。她想当一名教师,帮助他人、激励他人,但另一方面,她似乎又开始想到,自己可能成为一个放弃梦想的人。

与她的互动,让我们想起了是如何开始研究的。正如我们多次提到的,"挫折"对我们而言是一个巨大的推动力。我们开始尝试新的工具和教学方法的一个契机是挫败感——我们的课堂难以对学生产生积极影响。当我们目睹无数的学生没有学到任何知识就离开教室时,深切地感受到自己为上课而付出的艰辛付之东流了;也感受到辅导学生远比之上课本身更为费时费力。

即便采用了教育界倡导的新工具与教学方法,也是屡试屡败,莫名惆怅。大凡有着诸如此类经验的教师,对于研修和研讨会的抵触与批判,乃是情理之中的事。

所有的书籍、研讨会和课堂教学中尝试的多种多样的教学方法,都潜在地存在着改进教学的可能性。但是,当我们关注有些学生的学习态度难有改善的时候,却忽略了他们身上的积极变化;当我们看到别的学校潜心于学习的学生的面貌的时候,却感叹于自己课堂上的学生未能发生同样的变化而打消了积极进取的心态。当这种挫折感支配教师思考的时候,就很容易找到"最好维持现状"的借口,而不是展开某种新的尝试。于是,他们开始责怪新工具和面前的学生,而不是自己的教学方式。

唯有当我们发现了自己的思考中未能抓住教育的本质部分的时候,我们才能摆脱这种沮丧的恶性循环。首先,别再给每一个学生贴上"勤奋者"和"懒惰者"的标签,我们需要的是,认识每一个人的个性,进而认识他们的长处与短处。

世间不存在解决教育问题的灵丹妙药。然而,我们注意到有些"问题"并没有引起任何人的质疑,比如,"是什么导致学生的挫折的?"——认识学生的"挫折临界点"正是找到影响每一个学生的学习动机之关键所在。

在传统的教学中,教师一般把学生分为两类:一是顺从的"勤奋者",二是不顺从的

"懒惰者"。教师并未真正评价学生的动机,关注的是考分、礼貌和态度。但这不是学习动机的评价,而是学生顺从与否的评价。长此以往,教师的教学未能提升学生的学习成绩也就不足为奇了。教师以为,学生能够完成任务比学生的努力本身更重要,以至于他们是否真地在学习成为次要的事。"挫折临界点"的研究启示我们,教师倘若不转变教育思维方式,即便再努力,也不可能提供"完美"的学习环境。教师需要的是变革自身的意识,从新的角度理解学生的动机,以拓展他们在课堂内外的学习可能性。[18]一旦把焦点转移到"挫折临界点"之际,教师就能看到一个新的教育世界。

三、"挫折临界点"与挫折

(一)挫折临界点:把握"挫折"的一把钥匙

谁都会碰到"挫折"。孟子说:"人恒过,然后能改;困于心,衡于虑,而后作。"这就是说,人常常会出错,然后才能改正;内心困惑,思绪阻塞,然后才能奋发。从这个意义上说,"挫折"未必是坏事。在学校教育中学生也会碰到各式各样的"挫折",这些"挫折"是在学习过程中必然产生的现象。教师的教育责任是通过把握"挫折临界点",因势利导,帮助学生摆脱"挫折"的状态,焕发青春的朝气与学习的积极性。

生产性努力——所谓"挫折"(Quit)是陷入注意力突然消失、丧失能量,不能持续努力的状态时所表现出来的一种反应,而"挫折临界点"(Quit Point)则是指为达成某种目标所费的精力减弱,只付出微小的努力或产生困顿的瞬间。[19]比如,在洗涮碗筷、学习几何原理、参赛马拉松的时候,需要人们持续地作出努力,才能达成目标。要达成目标,有两种选择。一种是自我驱动,需要努力,不懈地进取;另一种是尽管作出了最大限度的努力还是失败,因感到不能达成目标而陷入挫折。在学校教育中当学生未作出教师所期待的努力的场合,他们未必是懒惰。努力的量是常常变动的,难以保持一定的量。也有尽管作出了努力,碰到不能超越的障碍与困难的学生。这不是懒惰,而是课题本身超越了学生的能力。因此,我们应当摈弃"拼死拼活地干"或者"学海无涯苦作舟"之类的话语,而是聚焦"生产性努力"的思维方式。所谓"生产性努力"指向目标的达成,需花费一定的精力。在教学中重要的是,教师应当观察、评价学生是否作出,以及怎样作出"生产性努力",如此就可以对学生濒临"挫折临界点"前后的状态进行比较。倘若能够精准地把握学生的"挫折临界点",就能区分学生是作出了"生产性努力",还是学生想隐匿"挫折"。

挫折的征兆——人们往往以"迟缓""注意力涣散""逃避"之类的形态表现"挫折"。[20]受挫的学生或许理解完成学习课题的重要性,却不能付出旨在达成目标的力量。人们或许会轻描淡写地描述"延缓癖",但实际上受挫的人往往更乐于延缓,而非努力。"注意力涣散"更是常见的征兆。这是因为在学生周边存在着大量的诱惑。特别是手机,在提供娱乐机会的同时,网络渠道的信息也大量增加。学生受挫时最显著的征兆是"逃避"。当他们拒绝学习课题、不做练习或者在课堂上打瞌睡之际,显然碰到了达成某种目标的障碍。认识到"逃避"是挫折的征兆,就得致力于揭示其原因所在。从学生的立场看,"逃避"比持续努力更快乐。另外,不仅是征兆,而且要追究其潜在的原因。倘若学生反复经历挫折以至于形成了习惯,那么,即便教师寻求各种解决方略,也难有成效。

挫折的连锁——教师能够认识到"挫折临界点"并非意味着能测定"努力"究竟是"100"还是"0",而是指能将挫折视为一种连续的、变化的过程。[21]不用说,教师期待学生的"积极进取"——积极参与学习、同伙伴协作、对自身的学习负起责任。因为,"积极进取"意味着能使学习进入主体性、对话性的"深度学习"。这种学生是不会出现诸如"迟缓""注意力涣散""逃避之类"的逃避学习的行为的。但是,当碰到某种障碍、开始产生挫折的瞬间,可以看到学生陷入"挫折状态"的行为与习惯,开始从"积极进取"转向"假性努力",也可能从"假性努力"急转直下,转向"持续挫折"。"持续挫折"与"积极进取"处于正负两个极端。所谓"持续"是指学生陷入了逃避一切学习的状态。不同的学生逃避的方式不同,有打瞌睡的,有做小动作的,总之他们拒绝参与活动。"持续挫折"是一种更极端的、困难难以解决的状态。当学生处于"持续挫折"状态的场合,教师必须尽早地发现不愿参与学习的苗子,在要求学生积极进取之前,帮助他们自觉地摆脱"假性努力"。"假性努力"处于学生不能进行"生产性努力"与陷入"挫折"的两个极端之间的中间状态。比如,阅读中的"假装努力"只是漫不经心。学生看起来好像是在阅读,但在这个阶段往往会发生迟缓、注意力涣散、逃避学习。在传统的教学中由于"生产性努力"与"假性努力"相似,难以区分。倘若教师不能区分这两种努力,学生的学习成绩可能下降。不过,对于处在"持续挫折"状态的学生而言,"假性努力"也可以视为一种能够部分参与学习的中间状态,这也可能达成目标。比如,即便是漫不经心地阅读,倘若认识关键词之类的可能性提高,"假性努力"状态也可能成为通向"积极进取状态"的桥梁。但另一方面,处于"持续挫折"状态的学生的学习态度与姿态,则难以逆转。这就是说,处于"假性努力"状态的学生可能转向"持续挫折"状态,但更易于转向"积极进取"的状态。

教师的姿态——遗憾的是,几乎所有教师着力于指导"持续挫折"状态的学生,而对"假性努力"状态的学生却是熟视无睹,以至于这类学生丧失了转换状态的机会。倘若教师能够洞察每一个学生的"挫折临界点",就能精准地把握学生的需求;倘若教师能够更好地理解每一个学生处于怎样的状态,就有可能使得班级全员达标。首先,作为教师必须认识到,"挫折"是一种普遍现象,所有的人都会经历不同的"挫折临界点"。其次,"挫折"有种种的表现形态——从"假性努力"到"持续挫折",每一个人的挫折会有不同的表现形态。在教师中心的教学中学生表面看来处于积极进取的状态,但其实大多处于"假性努力"的状态,处于这种状态的学生容易转向"持续挫折"的状态。不过,转向"积极进取"的状态也绝非难事。正因为如此,倘若能够认识学生的"挫折临界点",及时支援学生的学习干劲与努力,减少挫折,那么,就可以提高每一个学生的学习质量。

(二)陷入"挫折"的要因

那么,学生为什么会陷入"挫折临界点"呢?如何把握濒临"挫折"的状态呢?章柏伦和马特吉发现了影响"挫折"的两个概念。[22]一是学生懒于学习的"障壁",二是学生潜心学习的"机缘"。教学中的"障壁"是学生从积极进取转向"挫折临界点"的原因,而"机缘"则是学生走向积极进取的状态。

　　"障壁"与"机缘"在每日每时的教学中会以多元的方式表现出来、不断变化。这些要因是同家庭环境的影响下产生了怎样的体验相关的。有健全的支撑体制的学生,具有面对逆境的力量与情感的稳定性,因而即便直面日常的困难也能超越的可能性极高、挫折倾向少。在优良的生活环境中的学生,由于家庭满足了基本需求,在学校中就能处于更顺利地发挥自己精力的状态,有助于培育"乐观主义""课题价值"和"抗挫力",使学生不易遭受挫折。相反,家庭处境不利的学生,面对逆境的可能性高。认识这种要因,是把握学生的"挫折临界点"所不可或缺的。首先,越是长期存在的问题,越是难以解决。因此,作为教师的重要课题是,在了解了学生学习问题产生的同时,积极引导学生。其次,也需要认识短时障壁的要因。短时障壁的要因是不可预期地表现出来的,对学生的挫折产生强烈影响力的可能性高。无论是短时的障壁还是长时的障壁,乐观主义是超越障壁的重要因素。即便拥有达成目标的能力的学生,倘若面对乐观性低下的课题,挫折的可能性也会极高。换言之,当学生面对困难之际或者布置他们感到困惑的课题之际,乐观的学生会振作精神、孜孜以求;悲观的学生却无精打采、出现挫折的可能性高。反过来说,经常遭遇挫折的学生,倘若始终如一地秉持乐观的学习态度,也可能创造优异的学业成绩。

　　章柏伦(A. Chamberlin)和马特吉(S. Matejic)通过"抗挫方程式",具体表达了影响学生"挫折临界点"的要因[23]:

$$干劲·努力 = \frac{乐观主义 \times 课题价值 \times 抗挫力}{长时障壁 \times 短时障壁}$$

(分子的积增加,分母的积减少,学生的干劲与努力提升)

　　1. 乐观主义——教师能够直接施加影响的一个要因是学生的乐观性。乐观主义的研究表明,倘能提高乐观性,可以避免"挫折临界点"。如前所述美国心理学家塞利格曼(M. E. P. Seligman)通过一连串的研究,把经常性受挫的学生在学习中形成的一种对现实无可奈何的现象或心理状态,谓之"习得性无助感"。这类学生感到自己的成绩无论如何也难以提高，他更容易遭受挫折。这种学生对学习持消极态度。由于乐观性低，即便面对无须多大努力的简单课题也缺乏自信。对于这种学生，教师的"加油干"之类的话语是毫无意义的。乐观主义的研究表明，在每一个人所处的情境中会作出怎样的(恒久性、普遍性、个别性)反应，决定了乐观的水准。

"恒久性"指的是，一个人面对特定障壁时持怎样一种把握方式——是看作长久的(比如，认为自己不擅长数学)还是一时的(比如，拼考分)。倘若教师强调这种状况是一时的，会有助于提高学生的乐观性。这就是说，教师强化向前看的思想有助于树立乐观主义的意识。比如，布置个别学习的课题，也布置协同作业的课题，有助于提高学生的乐观性。

"普遍性"指的是，如何看待某时间节点发生的特定障壁在其日常生活中别的情境也会受到影响。就是说，基于拥有的某种事件对别的事件会产生怎样的影响，人们在其日常生活中的乐观性也会发生变化，比如，当学生不能同教师很好相处时会出现巨大的差异——有的学生会以为"○○老师对我怀有敌意"；有的则会看作"无论哪一所学校的老师，都是为了学生好"。教师倘若关注学生面对的课题的特征，分担学生面临的难题，可以提升他们的乐观性。倘若能使学生缩小这种困惑的程度，也有助于减轻学生因挫折的思虑所产生的影响。比如，布置乐观的、可达成的短期性目标，有助于减轻学生的挫折感。

"个别性"指的是，某种障壁能在多大程度上进行自我管控。认为自己的一言一行对获得成功与实现目标有着巨大影响的人，会把日常生活中发生的事件解释为自己行为的结果。就是说，产生的结果是由于自己的行为导致的。相反，也有人把他人行为视作日常生活中产生事件的原因，比如，当学生取得好分数时，有的认为是由于自身的努力；有的则认为由于老师布置的是简单的课题。习惯于外部归因的学生，容易遭到挫折。举应试学习为例，考试前不好好学习的学生，认为考试好坏与否主要取决于教师的出题，而非自身的行为。相反，也有的学生认为自己的努力能带来好的结果。由于感到学习成果取决于自身，因此即便对高难度的学习也有所期待。

对学生产生巨大影响力的，是教师创设的学习环境。给学生布置乐观的、短期内能够实现的学习目标,学生就可能减少受挫。倘以这种课题作为目标,学生就可以产生"失败是暂时的、结果是可控的"学习机会。倘若学生频繁地体验到成功,便不会把不好的结果视为永恒的、普遍的东西。通过提升短期的乐观性,学生就能发现,学习的成功与否取决于自身。只要作出努力,就可以实现目标。

2. 课题价值——教师能够施加影响的又一个要因是"课题价值"。简单地说,学生对于认为是有价值的课题,作出"生产性努力"甚于挫折。相反,课题价值越低,挫折的可能性越高。基于这种事实,教师需要向学生布置高价值的课题,以便把"挫折"减少到最低限度。同乐观主义一样,课题价值是因人而异的,学生对整个学校、各门学科、课堂教学会发现某种价值。这种机制同乐观主义一样,并不是固定不变的。"课题价值"会发生始料未及的急速变化,社交媒体的信息之类会改变学生的课题价值,使得积极进取的学生转向"假性努力"或"持续挫折"的可能性高。通常即便是积极进取的学生,当获得对自己而言更为重要的信息时,也可能会暂停进行中的课题。长期沉浸在负面价值观的学生的家庭环境也会影响到"课题价值","课题价值"是教师施以积极的教育影响的有效手段。如同"个别性"有助于培育乐观主义一样,它也有助于学生发现课题的价值。另一方面,教师需要注意的是,一味强调成绩,反而不能提高"课题价值"。与其让学生关注当下成绩的升降,不如着力于价值观的指导——"当下的学习是为自己的将来奠定基础"。通过同每一个学生的对话,把握他们各自的学习热忱,并据以设定课题,这才是提高"课题价值"的强有力的手段。

3. 抗挫力——教师能够施加影响的另一个要因是,让学生发现面对困境的障壁、超越种种障壁的"抗挫力",表现为"锲而不舍""坚韧不拔"。这是着力于"生产性努力"的学生所具有的特质。研究表明,培育学生"抗挫力"的一个要因是家庭与家庭生活。所谓"近朱者赤近墨者黑",接近拥有社交能力与问题解决能力的可信赖的成人,对学生抗挫力的培育至关重要。"言教不如身教",学生亲近的人克服挫折的姿态本身,可以让他们学会如何去战胜困难,这种家庭环境将成为子女超越障壁的启蒙。战胜困难的能力会在积累小小的成功中变得强大起来,在课堂教学中也能发现学生面对挫折时的这种抗挫力。一味地寻求兴趣,不是培育"抗挫力"的唯一办法。我们可以从众多的身心障碍儿童取得学习成功、最终获得杰出业绩的案例中发现,只要教师(包括家长)作出必要的个别化的支援,任何一个学生都会拥有强劲的"抗挫力"。

4. 短时障壁——"短时障壁"不仅在课堂里,而且在校外也存在,包括日常生活的营养不良、睡眠不足、药物滥用、同伴纠纷、亲子沟通障碍,以及自卑心。这些因素未必是直接受挫的要因,却是容易濒临"挫折"的要因。要超越这些困局就得付出加倍的努力。比如,经济状况不佳导致家庭生活条件差的学生,同经济状况良好的学生相比,完成课题需要作出格外的努力,这种障碍也是造成挫折的要因。营养不良、睡眠不足、药物滥用之类的障壁,相当于心理学家马斯洛(A. H. Maslow)倡导的"需求五阶段说"中最基本的需求。在马斯洛看来,优质的学习唯有在心理层面与安全层面获得了满足才能实现。在空腹感与疲劳感、药物影响下产生烦恼的场合,是难以集中精力去学习的。在这种状态下学习的优先地位低下,首先需要的是基本需求的满足,否则,就会提升挫折的危险性。其次,药物滥用、同伴纠纷、亲子关系恶化、自卑心,等等,处于"需求五阶段说"中的"社会需求"与"归属需求"(尊严需求)的层面。倘若人际关系处于恶劣状态,"归属需求"受到威胁而易于挫折。同样,自我肯定感低的学生比之自尊心高的学生更易濒临挫折。有的学生自尊心低下,他们生怕自己作出了努力却归于失败。为避免别人鄙视,从一开始就不肯学习,这种学生的尊严需求是不可能得到满足的。我们实际上不可能要求学生像成人那样以成熟的方式应对困局,需要考虑到儿童的年龄特征与发展特征,来看待可能的、尚待发展的能力。作为教师需要认识到,当学生处于接近"挫折临界点"之际,即便是"短时障壁"也是难以让学生学习的。反过来说,教师必须接受这种"短时障壁"影响一时学习的这一现实。在这种场合,切忌急于求成,需要调整目标、循序渐进,否则容易提升"挫折"的概率。

长时障壁——长时障壁源于家庭与伙伴之间的密切关系与学生自身的个性。具体地说,学生自身所求的目标同教学目标不一致、不稳定的家庭生活、酗酒与药物的乱用、自卑心理、寻衅滋事的伙伴相关,这些因素容易导致学生频频逃学。换言之,这些障壁会制约学生倾注于学习的热忱与精力。对基于上述理由不能专注学习的学生,需要努力满足其生存需求,让他们聚焦学习。在不能适当地应对长时障壁的场合,往往导致学力低下、频繁的问题行为,最终产生挫折行为。

在教师该采取怎样的行动的场合,需要区分"短时障壁"与"长时障壁"。比如,受药物与酗酒影响的学生,同滥用药物与酗酒的学生,应对的方法是不同的。教师倘能把握学生面临的状况、根据学生"挫折临界点"的不同来组织教学内容与教学活动,就可以对学生的乐观性、课题进展与抗挫力施加影响,并且缓解短时与长时的障壁所带来的恶劣影响。

四、抗挫教育的策略

谁都知道,"挫折"具有双重性。一方面,"努力""决断力""坚韧不拔"——所有这些要素都是克服困难所不可或缺的,也是在课堂、职场、竞技中达成目标所需的,它们的特质深深地扎根于人类文化之中。伟大的发明家、科学家,尽管遭到挫折但终究获得了成功,可以说是为实现人类的梦想而超越种种挫折的结果。重要的是要认识到,"挫折"是与人同在的,"挫折"未必是一个"问题"。换言之,"挫折"有它积极的一面。但另一方面,倘若任由"挫折"发展,则可能导致无法挽回的败局。当"挫折"达到某种程度,哪怕付出了几倍的努力也无济于事,亦即"挫折"也存在消极性的一面。比方说,一个人参与马拉松赛跑,在达到"临界点"之前,倘若感觉自己已是筋疲力尽难以支撑了,便只能匆匆退场;一旦咬紧牙关挺过了"临界点",便会体验到一个全新的境界,充满自信与自豪。面对"挫折",学生也会遇见同样的"挫折临界点"。倘若跨不过去,就会被挫败感缠绕,产生沮丧、焦虑、失望的情绪,乃至自暴自弃;倘若坚持下去,跨过了这种"挫折临界点",便能体验到成功的喜悦,充满自信;因此,教师需要在学生面临"挫折"的瞬间,帮助他们跨越"挫折临界点"。

"抗挫教育"不是旨在"越挫越勇",而是寻求多一些成功的体验。许多人以为现今的孩子脆弱不堪是由于经受的"挫折"太少了,"抗挫教育"就是要多让他们经受挫折的磨难,变得坚强起来。然而,倘若我们人为地设置诸多的"挫折",期待学生能在屡战屡败中越挫越勇,那是不可能的事。一个坚强的成人也未必做得到,更何况一个未经世故的孩子呢！教师需要认识到,学生在课堂教学与课外活动的过程中会经历不同形态的"挫折"。不认识他们受挫的一个个要素,就不可能理解学生。认识了这些因素,就可以帮助学生坚韧不拔地跨越挫折,让他们凭借自身的力量去拓展新的学习世界。

（一）成长的心态

真正的学习唯有从正确的心态开始。教师的心态倘若聚焦于学生的考分、标准答案、顺从、被动学习,只能陷于应试教育的泥沼而不能自拔。在这里,教师关注的不应是学习成绩,而是学生的问题行为。教师必须支援学生免遭"挫折",聚焦他们的学习与成长。唯有教师和学生拥有了成长的心态,才可能创造"真实性学习"的场域。我们在探讨应对"挫折"的教学策略之际,斯坦福大学德韦克(C. S. Dweck)的"心态"研究,[24]是值得关注的。在他看来,学生对待学习存在两种基本的思维方式,亦即"成长心态"与"僵固心态"。具有"僵固心态"的人往往把教育混同于用人为标准划分成绩与得分,无视拓展新的学习的"学习过程";而抱有"成长心态"的人着力于形成支撑自我成长与达成目标的体制,强调毅力与努力。可以说,拥有了"成长心态"就拥有了重视过程甚于结果的思维方式。

学生一旦以"僵固心态"看待事物,就会以为学习的结果是不可变更的,于是,渐渐趋向于"挫折"这一选择项,自暴自弃。用"僵固心态"思量的教师,用"你若不○○,就会不及格""试试看,或许你会喜欢数学"之类的劝导话语,对毫无学习积极性的学生而言,只能是加剧挫折的催化剂。被劝导的学生依然我行我素:考试受挫,成绩不理想,沉迷于手机,上课不专心。在这种学生看来,选项是"非白即黑",所以便于作出心安理得的选择。在小组学习中有比自己更聪明而认真的同学,就以为自己不作出贡献也无所谓,或者碰到自己感兴趣的课题,即便知道了怎么答题,也会在限期提交之前,磨磨蹭蹭、一再拖延。由于"僵固心态"作祟,加剧了学生的怠慢。其结果是,频繁遭受挫折——这就是拥有僵固心态、频繁受挫的学生共同的思维方式。因此,回避"挫折临界点"的一个重要策略是改变课堂的氛围和对学生的期待。就是说,教师的目标是让学生从"假性努力"与受挫的魔咒中摆脱出来。具体地说,从"好好做题"之类的抽象指令,改变为"改进〇〇部分,再交上来"之类的促进成长的指导。整个课堂的氛围变了,学习的目的性也明确了。教师进而不再催促学生限时完成课题,而把重点放在及时反馈上。每个学生或者要求分享自己的进步状况;或者要求得到反馈、借以达成目标,学习积极性不断提升。实践表明,课堂氛围与对学生期待的变化不仅是有效的,而且是一种强有力的策略。

德韦克的"心态"研究给了我们一个启示:思维能力不是"固定"的,也不是知性与智商(IQ)的产物。学生是通过努力而获得成长的。当教师发出"心无旁骛、全神贯注地学习;自觉地练习"的言说时,所期待的是学生的"成长"。这种期待不是拘泥于一时考分的得失,而是意味着"深度学习",是促进学生以更自信的方式表现学习、证明学习。倘若学生理解了这一点,那么,教师就能展开最大限度发挥每一个人的潜能的指导。倘若教师一味地纠缠于一时的分数与成绩,反而会强化学生的"僵固心态"。倘若教师引导学生注重有意识的练习与以"生产性努力"为中心的学习过程的重要性,就能消弭那些声称不能达成目标的学生的说辞,免遭挫折。倘若所传递的教师期待与学习目标"不是考试的分数那样绝对的东西,而是每一个人的成长",那么学生就能更好地理解"心态"的重要性。

从"成长心态"的角度重新定义"成功",也会给学生的乐观主义带来积极的影响。传统的以考分为中心的成绩评价,来自学习的满足感往往过迟。在实施这种评价方法的场合,学生拼命地学习并努力争得的,不过是一时的考分而已。倘若对学生的努力进取,给予即时认可,有助于增强学生的积极性与乐观性。缺乏自信,容易引发挫折。倘若是重视成长的课堂,学生即便是犯了错误,也能够显示其成长。不能以为"失败"是绝对坏的东西。把"失败"视为学习过程的一部分,可以提升学生的自信。传统的局限于"会"与"不会"的评价,以扣分、不交作业、恶劣的学习态度为由给出的负面评价,只能制约乐观性的发展。"挫折临界点"的研究发现,无意义的作业会提升学生遭遇挫折的可能性。学生会感到机械陈腐的作业无兴趣,也无必要作出努力。教师倘若不聚焦有意义的学习提出课题,就会招致课题本身的价值低劣。另外,每一个学生的学习速度是不同的。在"成长心态"中必须灵活地考虑"时间"的概念。要求学生以同样的速度完成同样的课题是没有必要的,加快教学的进度也是没有必要的。可以说,这是回避挫折的又一个工具。不过,无论怎样减少挫折,即便在有可能出现非合理的行动或不可预测的行动妨碍学习的场合,倘若有对时间概念的灵活性,也是可能超越困难,实现学习目标的。就是说,无论学生还是教师,仅仅是学习目标"尚未"达到而已。——只要有了这种认识,就可以借助"成长心态",减少"挫折"产生的可能性。

(二) 学习的主体性

革新的教师越来越认识到,学生拥有积极进取、避免挫折学习的主体性是何等重要。学生一旦有了自主学习的心态与能力,伴随着学生的成长,"讲台的主宰"这一教师中心教学的局限性也就越发暴露无遗。不过,晚近教育界尽管强调"学生中心的教学",但是有关学生自身的动机变革的研究仍然鲜少。赋予学生以探究学习的机会与选择学习内容的权利固然不错,然而,对有干劲的学生而言有效,对受挫折的学生而言却往往是无效的。学生一旦受挫,大多教师便会否定学生的主体性,回到"教师中心的教学"的旧轨道。这种现象类似于"糖果与鞭子"的教育方法:有的家长即便说"想吃什么都可以",也有不吃的孩子;有的家长则用增加玩游戏的时间,来奖励孩子进食;也有的家长用鞭子抽打的方法,逼迫孩子进食。无论哪一种方法,都不是逻辑地思考赋予孩子选项,而是一种权力争斗,以家长自作主张而告终。[25]结果是,家长越俎代庖,而孩子的"主体性成长"却变得无影无踪。实际上,教师也是同样的情形。试想象一下停在路旁的汽车。要移动车子就得推动或牵引,需要相当大的力气。一旦停止了推动,车子便会停下来。权力争斗的亲子关系酷似这种关系。倘若家长(教师)推他一把,孩子(学生)可能会选择顶撞,反抗家长(教师),导致家长(教师)与孩子(学生)之间的关系恶化。倘若教师采用了这种方式,可能导致学生逃学,从而提升受挫的可能性。只要教师行使自己的立场与权威来指导学生,学生的精神面貌就不会改变。这种方法对于极少数的学生或许是有效的,然而单纯的强制是不会有真正的学习动机可言的,从长远的眼光来看是得不偿失的。要使学生面向目标达成与成长,教师就得认识到,学习与期望的结果是由学习习惯与行为决定的,学习者自身的学习主体性是不可或缺的。

在促进学生的主体性的课堂文化中,教师不是推动或者牵引、强制性地使学生学习,教师应当做的仅仅是帮助学生自身发现学习的意义。学生自身设定目标展开学习是同他人施加推动或牵引的被动学习截然不同的。就是说,学生自身成了滚动的车子,自然也就不存在什么挫折了。可能所有学生都存在或多或少的困难,但一旦把设定学习方法与学习目标的责任转移给学生,就一定会为达成目标而积极进取。或许有的教师会以为,这岂不是放羊式教学。在这里,需要教师信赖学生设定的发展目标,也需要教师拥有更灵动的思考、更耐心的等待。倘若学生养成了三种"勇气"——挑战的勇气、忍耐的勇气、自信的勇气,就能抵御挫折,自然会重新设定学习目标。[26] 随着时间的推移,学生设定的目标一定会接近成人的期待。同学习的过程一样,适当的目标设定需要时间。倘若教师一味焦急地凭借强制力,无异于在推动或牵引学生不愿乘坐的车子,或者推动、牵引得筋疲力尽,迷失了实现目标的路径。教师应当不断地为学生提供发挥其主体性的机会。当教师承担起建构学习主体性的文化责任之际,体验这种文化的学生就能发现自身的价值所在,发现主动地应对挫折的抗挫力。

(三) 学习责任的转移

学生进入教室、上课铃声响起,端坐在各自的座位上。教师讲解伊始,有的学生却仍然沉迷于手机游戏。即便教师大声发出了"别玩手机"的警告,也旁若无人,无动于衷。——在这种权力争斗反复较劲的环境中是不可能达成教学目标的。这类学生在进入学习之前,需要跨越"挫折临界点"。这种情形倘若听之任之,将影响整个课堂的氛围,挫折的可能性就会蔓延至别的学生。所以,在这里教师的一言一行必须慎之又慎。确实,教师在课堂中必须面对层出不穷的问题,但这个问题恐怕是最为棘手的。面对这种挑战,教师需从把握如下的问题开始,进而提升实施的能力。这就是:1.避免权力争斗的方法。2.明确地向学生传递教师的期许。3.建构积极的人际关系。

大多数教师以为,即便费尽心思建构了良好的课堂氛围,但总有一些不可预测的学生行为会引发不同的冲突,学生难以控制自身的行为。这就使得教师感到自己负有一切的责任。乍看起来,成人拥有权力是天经地义的。然而,班级管理的状况每况愈下。那么,学生管控自身的学习、对自身的学习负起责任,课堂的氛围能否变好呢？课堂的氛围与学习目标不全是教师的责任,而是必须共同分担。与其教师孤军奋战,不如信赖学生的自立性,哪怕是小学生也能管控自己的学习。这就是"学习责任转移模型"——从调节认知负荷、提示范本的教师,转向师生共同负担责任的阶段,再逐步转向学生组织学习与应用的阶段。这就是说,有效的践行方法是从教师阶段性地减轻自己的负担,过渡到学生更多地承担责任的过程。学生通过渐次承担更多责任的过程,成为有能的自立的学习者。亦即使他们成为学习的主体与主角。实践研究业已表明,只要教师赋予学生的学习主体性,创造学生主体的课堂,学生将化被动的学习态度为主动,呈现学生积极进取、彼此合作的局面。形成这种协同学习的力量是完全足以防止挫折的。

"无论课程与教学多么精彩,并非所有的学生都会受到激励。他们可能会处于无法作出负责任的决断的境地。"[27]防止学生受挫的一种方法是创造激活学生的学习主体性的课堂文化。学生通过自身组织团队、推举团队领导,培育协同学习的能力。学生必须管控自身的学习,选择自身的学习方法。协同学习是有效地运用技术的一种方法,但对于学生而言,未必能够立竿见影。特别是有的学生缺乏有效沟通所需的社交技能,有的学生难以发现同学所回答的内容的价值,需要教师提供帮助。比如,指名记录员、设定分享各自思考的时间与场所、作出细致的步骤说明,等等。另外,技术不仅节省协同学习的工夫,而且可以带来新的挑战的机会。学生运用技术展开协同学习之际,能够组合诸多的工具,比如,多媒体、图像、录像,等等。只要学生拥有了学习的兴趣与责任,就可以减少挫折、求得学习的成功与自身的成长。

阶段性的应对策略在技术世界中有"耐故障性"的术语。就是说,随着系统日益复杂,一个微小的不当也会影响到整个系统。因此,技术人员需要致力于即便是一部分坏了,系统的整体功能也能持续的设计。系统越是复杂,耐故障性的设计就显得越发重要。也可以说,在课堂教学中教师面对的最大障碍就是"挫折"。在一个40多人的班级里,有诸多的要素妨碍课堂这一个"系统"。哪怕有一个心绪不宁的学生也会影响到别的学生。倘若教师能够把握影响每一个人的挫折的要素,便可以监控那些学习显得困惑的学生,整个班级就可以形成孜孜以求的学习氛围。教师可以利用"挫折临界点"的思维方式,当学生遭受挫折之际,聚焦乐观性与课题价值,建构持续地展开学习的课堂文化。即便是拼尽全力去创造前瞻性的课堂文化,也不可能使所有学生都免遭挫折。人的复杂性决定了引起混乱、导致挫折的可能性。就是说,要在课堂环境与教学计划中防止一切的混乱是不可能的。在学生面临困难之际,应当运用应对"挫折临界点"的介入方法,借以防止学习过程中的迟缓行为。教师可以因应学生挫折的频度与深度,采取适当的处置方法[28]:如果学生少有挫折,教师可以通过直接性介入、班级的协同学习,作出相应的处置。不过,在挫折频繁地发生的场合,就得分析学生受挫的原因,采用有针对性的处理方案。万一挫折波及整个班级的场合,就得借助家长及社区人士的支撑体制,提供一以贯之的支援。当然,最终作出摆脱挫折的决断者,是学生自身;而教师的作用就在于支援学生作出摆脱挫折的决断。

心理学中有一个著名"冰山"理论,是美国著名心理治疗大师萨提亚(V. Satir)以隐喻方式倡导的一种"成长模式":整个人就像一座漂浮在水面上的"冰山",露在水面上很小的部分大约只占八分之一,八分之七藏在水底。而暗涌在水面之下的更大的山体,则是长期压抑并被我们忽略的"内在"。揭开冰山的奥秘,我们才会看到生命中的渴望、期待、思考和感受,发现真正的"自我"。"挫折临界点"的研究为一线教师把握学生内在的心理需求提供了一把钥匙。可以相信,"教师一旦掌握了'挫折临界点'的思维方式及其对影响学生学习动机的影响,教师角色便会焕然一新,展现出崭新的教师形象——着力于提升学生的达成感,排除他们学习中的种种障碍,培育他们坚不可摧的意志力。这样,我们的教师就不再是讲坛上的智者,而是赋予学生以力量的促进者"。[29]

参考文献

[1][2][3][4][7][8][9][13] W. L. Ostroff. 课堂中涌现"好奇的小猴乔治":唤起好奇心[M].池田匡史,吉田新一郎,译.东京:新评论出版公司,2020:120 - 121,122,123,125,

246,247,251,252.

［5］［6］［10］［11］［12］ M. S. Rush. 甩开无聊的教学：热衷学习的课堂［M］. 长崎正浩,吉田新一郎,译. 东京：新评论出版公司,2020：9,10,7,69,70.

［14］ D. Booth. 我也想说：激活学生"声音"的教学设计［M］. 饭村宁次,吉田新一郎,译. 东京：新评论出版公司,2021：4 - 8.

［15］［16］［17］［18］［19］［20］［21］［22］［23］［25］［27］［28］［29］ AChamberlin, S. Matejic. 挫折临界点［M］. 福田スティーブ利久,吉田新一郎,译. 东京：新评论出版公司,2021：(序)2 - 7,21,234 - 237,238,9,12,14,24,28,87,241,207 - 209,242.

［24］ 钟启泉. 解码教育［M］. 上海：华东师范大学出版社,2020：96 - 100.

［26］ 钟启泉. 读懂课堂［M］. 上海：华东师范大学出版社,2015：133 - 134.

第八章　课外作业何去何从
——倾听实证研究的忠告

我国教育舆论界多年来围绕"课外作业"的争议,莫衷一是。大多是基于碎片化的经验与苦情发出的牢骚而已,也鲜有专家基于系统研究的见解。美国一系列的实证研究表明了传统课外作业的有效数据并不存在,其教育价值一直是尚待破解的谜。这是无助于课外作业的进步的。本文旨在以美国教育评论家科恩(A. Kohn)的研究为线索,围绕课外作业的评价、基础性研究与政策性课题,梳理域外实证研究的判断与证据,或许有助于打开我们的思路。

一、课外作业的神话与真实

(一)课外作业的神话

"课外作业"(Homework)是国际教育界老生常谈的话题,也是常讲常新的话题。学生每天在学校里花大半时间上课之后,在课后特别是在家里必须做作业。——这是几乎被所有学校视为天经地义的惯例。尽管许多家长和学生产生混乱、无奈乃至愤懑的情绪,但布置课外作业这一惯习本身却从未受到怀疑与检视。根据 1995 年的一项国际比较调查,美国 12 年级学生比其他参与的 19 国少得多,其他国家平均是每天 2.7 小时,而美国是 1.7 小时。这个调查或许掺杂了别的因素。事实上,美国 12 年级平均每天 3 小时的作业,这个时间是别国的 3 倍。[1]另据 2005 年公布的国际比较调查,美国 7 年级与 8 年级学生的数学作业实际上是全球课外作业最多的国家之一。美国传统教育的支持者(2021 年)认为,美国的作业太少,引发了媒体的关注。他们对课外作业增加儿童的负担毫不介意。在日本,主张"回归基础"者也大有人在。然而,批判"课外作业"的声音却此起彼伏,从未间断。归纳起来有如下几点[2]——

增加家长负担——哥伦比亚大学的纳特列洛(G. Natriello, 1986)说,我们不仅要为做作业设定时间与场所,而且还得听从指令,确认每一步的进展情况。谁都知道,课外作业不仅布置了所有"专家"提出的方案,而且任课教师往往会挖空心思,甚至布置不是日常的课题而是难题,每天检查,"当改革作业的提案全部实现之时,也就是噩梦来袭之日"。——许多家长回到家里,承担家庭作业的监督者的任务。但这绝非是家长心甘情愿的工作。

儿童萎靡不振——如果说,课外作业对家长是一种"魔咒",那么,对儿童而言就是一种"恐怖"。倘是家长严格督促,儿童就会对作业产生慢性不满的心态,哭泣、疲惫、厌烦。或许有的儿童能应对没完没了的习题、按时提交,以及承受教师评分的压力,但更多的儿童会感到,习题越多,越是高负荷;越是高负荷,心情越压抑。结局是丧失活力、丧失自信、丧失"儿童时代"。课外作业对家长而言是艰辛的,对儿童也是艰辛的,徒然追加学生的负担是确凿无疑的事实。

引发家庭争吵——课外作业的消极性影响,特别是按时交作业的规定,小则哭泣愤怒,大则超越了亲子关系,影响到整个家庭。美国的研究表明,1/3 以上的 5 年级学生在做作业时感到亲子关系紧张。"家长对子女作业插手越多,子女越是感到高度的紧张。从长期看来,并不能表明家长的帮助越多是否越有助于提升学力。""强制性的课外作业造成家庭人际关系的隔阂,剥夺了源自亲子双方的诸多家庭生活的乐趣。"课外作业带来无可奈何的负担的一个原因是,即便儿童遭到多大的挫折感、家长花费多大的心力与时间,也于事无补。但也有作业的支持者以为"课外作业并没有那么可怕,并不构成家庭成员之间对立的原因"。这种家庭对作业并不那么在乎,完成了就算了,并不寻求课外作业是否有助于理解。

牺牲其他活动时间——课外作业减少了儿童人际交往、户外活动、创意活动的机会,也剥夺了充足的睡眠时间,难以满足青少年的基本需求。包括同家长一起外出、一起快乐地阅读、一起玩耍、一起运动、一起休息的机会。

学习兴趣低落——课外作业显然影响到情绪,对智力好奇心也会产生恶劣的影响。儿童对作业的消极性态度或许会蔓延到整个学校、整个学习。几乎所有的学生都讨厌课外作业,恐怖、愤懑、尽可能拖延。作业或许是求得好分数的控制手段,却也是减少儿童兴趣的重要诱因。正因为儿童不感兴趣，所以家长往往采取"凡做作业给予报酬，不做作业施加处罚"的方略。多数教师也是如法炮制，造成"报酬与威胁"的恶性循环。

我们面临着探讨课外作业的若干可能性的挑战。当然，最明确的回答就是思考课外作业的利弊得失。家长对课外作业的立场与态度多种多样，有积极支持的，也有持反对立场的。不过，事实上绝大部分作业负担过重，源自于家长的要求。在课外作业的问题上，批判性家长责难教师，而批判性教师责难家长，进而批判性学生责难家长与教师，这是可以理解的。不过，重要的是应当认识到，这三者共同承受着相当大的负担与无助感。在这里追究受害者是谁，无助于问题的解决。课外作业应当有助于提升学力、培育独立性与学习的习惯，成为优质学习的加速器。但强制儿童机械地做作业，肯定是有害无益的。验证课外作业是否真正理想、不可或缺，唯一的办法就是，让其拥有无可怀疑的力量。

（二）课外作业的真实

围绕课外作业是否有益的研究至少可以上溯到 1897 年，[3]该研究的结论是，即便布置了识字的作业也无助于尔后的识字熟练。1979 年所作的 5 份调查报告得出的判断是，认定"有效"的 1 份，认定"无效"的 2 份，"难以作出结论"的 2 份。数年后又有报告发表，分析了从 20 世纪 60 年代中叶到 20 世纪 80 年代初期的 8 篇论文和 7 篇学位论文。其中有长期主张传统教育的人物在其自身进行的调查中作出的结论是，"课外作业大大有助于学习"。然而根据另一部分研究者的深入探讨，在这 15 篇论文中，实际地比较"布置作业"与"不布置作业"的研究只有 4 篇。显然，根据这个研究得出"作业有益于学习"是缺乏充分理由的。1985 年，有专家得出结论说，"以往 60 年的文献调查显示出相互对立的结果，但并无充分的证据表明课外作业有助于提升学业成绩"。1989 年，杜克大学的心理学·神经科学的学者、美国课外作业研究的核心人物库帕（H. Cooper）对此前的研究进行了网罗式的验证，大体统一了认识。他运用元分析的统计学方法，对总计 17 份调查报告（其中包括了"布置作业"与"不布置作业"的学生进行比较的 48 个案例）作出分析，结果发现"70%的作业与高学力无关"。库帕等人在

2006 年又公布了关于这些研究的最新的验证结果,进行了"布置"与"不布置"的比较研究,显示出"作业与学力之间的密切关系"。不过,这里的学业成绩仅限于跟学生的作业内容相关的测验分数而已。在评价课外作业的利弊得失的问题上,专家的见解并不完全一致。美国从 1960—1989 年有 10 多个关于课外作业的调查分析,得出的结论大相径庭——从有效、无效到负效。大多的研究论及的是,诸如,怎样的作业(填空式还是工作单式);学生几岁,学生的能力与兴趣;教师布置的作业的分量;学生实际上是怎样做的;调查计划的周密性、取样的学生是多少人,等等。即便考虑到所有这些变量,也难以作出令人信服的结论。专家之间完全不一致的见解这一事实,表明一般性地假定课外作业是有益的想法,是缺乏凭证的。

第一,围绕课外作业的研究只是显示了作业与成绩之间的相关关系,而不是因果关系。在统计学的原则中,"相关关系不是因果关系"是最基本的原则。比如,某天早上带雨伞上班的人数同下午下雨的概率有高度的相关关系,并不是因为带伞才下雨。显示作业的积极影响力的诸多研究,布置更多课题的学生,在考试中得到高分的场合,其高分似乎是基于更多地布置作业这一前提。甚至作业的支持者库帕也基于相关关系的数据,认为"成绩好的学生是因为教师布置了更多的作业,……或是在家庭里有更多的学习时间",或是第三变量——教育程度高的家庭环境。在这种场合,倘若作出"作业是成绩高的原因,或者布置作业没有什么坏处"之类的结论,同样是错误的。至于作业与成绩之间看起来有着因果关系的印象,要确定某些别的变量也是不容易的。有人在 20 世纪 80 年代初以数万名高中生为对象进行调查分析,得出作业与成绩之间呈现正相关关系。但在 10 年后,该研究者同时考虑到影响学习的其他变量(诸如课堂教学的方法、动机作用、学习的科目),结果是"惊人地不可思议"。就是说,作业对成绩并没有产生有意义的影响。也有研究发现,学生的成绩与作业时间之间呈负相关关系,表明成人要求学生拼命做作业也未必是有效的。

第二,课外作业持续的时间越长,其效果越小。就是说,揭示作业最大效果的研究,仅仅是限于短期的效果。从长期的观察表明,作业的贡献度是微弱的。即便有效,也是极其有限的。学生该做多大分量的作业才能达到真正的理解呢? 主张作业优先的研究基于这样一个假设,即课题的分量与花费的时间。库帕的研究表明,家长、教师、学生所说的数据并不一致,据此分析相关关系是不可信赖的。就是说,作为数据分析的方法,过分依赖于"相关关系"是迄今一个世纪以来调查研究的根本缺陷。

第三,课外作业研究往混淆了"得分"与"学习"。教师编制的测验所得到的分数,难以反映整个学习的面貌。这种测验的基础是主观的东西,从评价结果也不可能获得有用的信息,特别是用来判断作业效果是不恰当的。况且这种评分对学生的学习积极性、学习的理解度及挑战困难课题的姿态,会产生破坏性的影响。库帕在 1998 年做的一个研究,以 2—12 年级学生为对象,探讨作业分量与得分之间的关系,得出了 8 种不同的结果,这就是[4]:

低龄儿童——
布置的作业分量对得分的影响(无意义相关)
布置的作业分量对标准测验得分的影响(无意义相关)
实际做的作业分量对得分的影响(负相关)
实际做的作业分量对标准测验得分的影响(无意义相关)

大龄儿童——
布置的作业分量对得分的影响(无意义相关)
布置的作业分量对标准测验得分的影响(无意义相关)
实际做的作业分量对得分的影响(正相关)
实际做的作业分量对标准测验得分的影响(无意义相关)

在上述的 8 种结果中,唯一的正相关是给教师给大龄儿童布置作业的分量通过评分得出的成绩,是微不足道,令人怀疑的。其实,根据库帕的最新研究,无论哪一个年级布置作业的意义都难以证明其正确性,也存在高分低能的学生(即便得到高分的学生,其思考力并不优异)。这种学生不过是应试能力强一些而已。有研究表明,这种学生的学习往往是肤浅的、表层的。作为课外作业的内容，与其说是真实性的思考，不如说是包括死记硬背、反复练习的因素显示出的效果。这里所谓的"效果高"，不过是意味着"借助低阶能力的测验带来的高分"而已。从全局看，以往的课外作业研究是从学业成绩的视点来界定作业的"有益性"的，而学业成绩是借助教师的评分来界定的。在这里，提升儿童学习的质量的问题是无从谈起的。贝克(P. Baker, 2005)等人比较了50个国家1994年至1999年"国际数学、理科教育动向调查"(TIMSS)的数据，作出的结论不免令人震惊[5]——

> 学生成绩的国别平均、作业频度与质量、评价作业的教师比例的国别平均，不仅没有任何正相关关系，而且就总体而言，呈负相关关系。倘若这个数据推及别的学科，那么可以说，要想通过增加作业量来提升学生成绩的国际排位，其实成功的可能性极低。课外作业分量过多，实际上可能有损于该国学生的学业成绩。

（三）课外作业的基础性研究

课外作业的发展周期——美国教育界围绕"课外作业"的是非功罪，几经反复，争论不休。库帕指出，百年来美国的"课外作业随着时代背景而变化，大体以30年为周期发生转变"，真可谓"三十年河东，三十年河西"。在20世纪初，课外作业被视为锻炼儿童的心智的有效手段，强调心智同肌肉一样需要锻炼。记忆，不仅有助于掌握知识，而且有助于训练心智。到了20世纪40年代，对课外作业持否定的态度。这是因为，当时进步主义思潮兴起，认为教育的目的在于提升问题解决能力，因而重视儿童的自主性与兴趣爱好，况且课外作业侵占了家庭生活的时间。1957年的苏联"卫星冲击"重新逆转了态势，要求重视科学知识的掌握，而作业是促进知识掌握的一个手段。不过，在20世纪60年代中叶，形势再度逆转，课外作业被视为对儿童的心智生活与运动能力产生恶劣影响的灌输式教育的象征。到了20世纪80年代，美国发表《国家处于危机之中》(1983年)，揭示美国的教育水准低下，提出了大幅度增加高中生的课外作业的提案，借以把美国教育从平庸中解救出来，提升基础教育的质量。由此，对课外作业重新作出了肯定性的评价。接着,美国教育部在 1986 年发表报告书推崇课外作业是"有效的学习战略"。进入 21 世纪,再次围绕课外作业的意义与问题展开了论争。这就是说,随着时代的教育思潮的变化,中小学生的课外作业也跟着潮起潮落。库帕(H. Cooper,2001)作出结论说[6]——

"我历经 15 年研究作出的结论并不令人吃惊:课外作业鱼龙混杂、毁誉参半。但课外作业可以成为一种有效的教学方法。不过,不同的年级应有不同的目的。就效果而言,特别在短期内以及在低年级,不可能过分地期待。应当向儿童显示,课外作业相当于足球或童子军之类的活动,随时随地都可以进行。教师与家长需要拷问的,不是课外作业有益抑或有害的问题。课外作业的影响既有积极的、也有消极的,无论哪一种影响都可能发生。为了避免消极性影响,每一所学校和每一个教师应当立足于学生独特的需求与周遭的环境,实施具有灵活性的课外作业的方针。尤其是教师,不宜走极端。"

库帕主张,不是废除课外作业,而是必须因应学校、教师、学生的实际,同课堂教学之外的活动结合起来,使课外活动变得更有趣、更有意义。

课外作业设计:推进学校整体改革的突破口——课外作业的设计牵涉到设计者的教育观,特别是深层的认知科学的基础。在学校现场的教师中有赞成者,也有反对者。倘若对赞成者赞扬,对反对者处罚,是极不明智的。因为,赞成者的见解未必全对,反对者的见解也未必全错。赞成作业派与反对作业派并不构成两个壁垒森严的阵营。密苏里大学的名誉教授、教育学家瓦特罗特(C. Vatterott,2018)得出的结论是[7]——

在适当的情境中布置适当分量的课外作业,有助于支撑并促进学习。它让教师获得反馈的机会;让学生获得练习技能、深化知识的机会。而当学生自身出色地完成作业之际,也会让他获得自信。不过,在最糟糕的场合,课外作业会加剧学业的落差,对处境不利家庭的学生构成不当的歧视,甚至磨灭学生的求知欲与兴趣,产生不满与倦怠感。倘若课外作业布置过多,则会导致学习、游戏与休息之间的健全均衡被破坏。

课外作业的改革是推进学校整体改革的一个突破口。反思布置课外作业的惯习,是讨论课程标准、成绩评价方法、课堂教学方法的出发点。瓦特罗特强调了更有用、更有效的课外作业的重要性。需要针对家庭的多样化与家庭之间的落差,设计出合乎每一个学生的课外作业。在这里,应当探讨如下问题:

1. 关于课外作业存废的问题——在支持作业的一派中,肯定"长时间的作业有助于理解与掌握"。然而科恩(A. Kohn)指出,重要的不是"量的变化",而是"质的变化"。就是说,"在学生从事的课题解决中,认识自己、参与学习的过程、因应学习活动与情境作出方法上的变化"[8]。而这,归根结底是教师的教育观变化的结果。在教育中重要的不是教师提供的内容,而是学生自身得到教师的帮助,发现自我。再者,在理解与创造性方面,课外作业即便花费再多的时间,也不会有好的成果。学习是一种主体的建构活动,是理解意义的过程。机械性练习是无助于"强化"学到的技能的,这是行为主义的主张。行为主义主张所谓"学习"是一连串行为的获得,是可以通过训练与反复达成的。然而这种"强化"所获得的并不是"行动"与"理解"。行为主义的教学理论以"奖赏理想的行为、处罚不理想的行为"来控制学生的行为,丧失了内发动机作用。赏与罚是"外发动机作用",不仅使得"内发动机作用"低落,而且使得学生对学习本身丧失兴趣。

2. 关于课外作业的准则——2014 年,密西西比州某市教育委员会《公立校区、中小学课外作业的方针》规定[9],"定期的、有目的的课外作业是学校教育不可或缺的要素";"提升学生的学业成绩、把学校教育的活动拓展至家庭与社区,是不可或缺的要素";"定期的课外作业可为学生提供促进发展的练习、应用学到的技能、培育自立的学习能力,以及自我纪律的机会"。2015 年,密苏里州与堪萨斯州的 24 个校区参照课外作业的方针,提出了评价课外作业的标准:对学生的意义;适当的反馈;学生生活中的质与量的适切性;家长的参与。

3. 关于课外作业与学业成绩的关系——科恩的调查说,课外作业对学业成绩的影响并不是决定性的。对促进众多学生的有意义学习而言,是令人怀疑的。其理由如下:1. 许多研究显示,没有因果关系,而是相关关系。长时间做课外作业的学生取得好成绩的原因有多种,或许受到大量课外作业的影响,或许是家庭环境之类第三方的要因,也可能是良好成绩与课外作业两个方面的原因。反之,长时间做作业的学生成绩差的原因,有可能是花费了过多时间去做作业。不管怎样,以往的研究并不能证明课外作业对学业成绩产生了良好的影响。2. 实际做作业的时间不明确。围绕做作业的时间,学生、家长与教师的回答是不一致的,学生自身的报告大多是不可信赖的。3. 课外作业的研究混淆了学习与成绩(考分)的概念。在作业研究中是根据考试分数与教师评定的,教师的测验大都同作业内容相同,得高分是理所当然的。另外,家庭环境的影响力强。好的家庭环境,有得分与职业两个方面的原因,而纸笔测验能测的是"回答技能",同学生的学习没有关系。至于课外作业能否深化学生的理解度、能否提升学生的学习动机,并没有得到调查。就是说,通过考分并不能确认课外作业的有效性,更不代表学生的学习的质。科恩(A. Kohn, 2000)说,"可测的成果,是重要度最低的学习的结果"。"考试要求标准答案,而标准答案未必意味着理解。反之,误答并不表示理解不够。"

4. 课外作业与非认知能力——科恩(2000)对课外作业有助于儿童的自立性、责任感、自我纪律等非认知能力的提升的议论,作出了反驳。关于"自立性",他强调的是作为一种独立的人格的问题。在美国的学校教育中缺乏的是"有效的协作、课题分工、信息分享、基于他人的思考形成自己的见解、相互质疑,学会倾听、理解有别于自己的不同的见解"。然而课外作业并不能形成这样的学习境脉,大多数家长也持否定性评价。他说,"教育学生'个人奋斗、出人头地'的价值,恰恰是走向了理想教育的反面"。[10]关于"责任感",课外作业的支持者看重的是作为学校的规章制度,"绝对服从"。至于"自我纪律性",是来自外部的强制到内化,而不是真正的"内发性"。这样看来,科恩关于课外作业与非认知能力的见解,强调的是"学习的协同"与"内发动机作用"。

围绕课外作业的问题需持批判的立场,以正确的"逻辑"与具体的"证据",展开讨论。科恩指出,"灌输式教学观"是基于学生被动地接受教师灌输的知识,以教师为中心的教学模式,[11]它是导致课外作业产生破绽的根本原因。这就要求学校教育与儿童学习的基本认识(学习观、教育观、儿童观)的变革,特别是消除对儿童的偏见与不信赖,其表现有两种:一是以为儿童原本就是"懒惰者",没有来自外部的控制与强制是不会学习的。二是以为儿童缺乏学习动机,要持续地学习就得有课外作业。科恩认为这些都是错误的。儿童(人)是能够自发地寻求价值与意义的存在,同时课外活动不能局限于布置"纸笔作业",应当通过家庭与社区的自由的课外活动、艺术与体育活动来展开。

要优化课外作业这一惯习,以下几点是必要的:1.端正认识,警惕课外作业这一传统背后的陈腐的言说。2.批判性地检讨围绕课外作业的研究,相信从学生经验出发的教学的有效性。3.认识到家庭与子女的养育发生了变化,家长与学校的关系也发生了变化。教师应当尊重家长管理子女课余时间的权利,同时在设计课外作业时求得家长的合作。

要有效地布置课外作业,以下几点是必要的:1.把课外作业同课堂教学链接起来,清晰地界定每一个具体课题的目的。2.给学生布置无须他人帮助能够完成的、有意义的课题。3.在师生之间、教师与家长之间进行双向沟通。4.认识动机作用与成功经验是学生坚持完成课外作业所需要的。

要公正地布置课外作业,以下几点是必要的:1.布置适当分量的课题。2.因应学生的个别需求,分类布置不同类型的课外作业。3.留意家庭环境的局限性。4.认识到并不是所有学生都能够在家里学习,都有强烈的学习欲望,5.对课外作业作最低限度的评价或是不评价,不作"不合格"的评价。6.举全校之力,制定支援课外作业的计划。

我们不能在"课外作业"的问题上因噎废食,不能因为传统作业存在弊端,便一概禁绝课外作业。科恩的研究结论是——

"非传统的课外作业并非有害。换言之,通过减少或废除传统的作业,不仅不会有损于知性,而且这种变革会带来超越知性的出色效果。就是说,倘若剔除了传统作业的弊端,那么,课外作业就能让学生拥有更多的自由去建构意义、活跃思维、激发兴趣。"[12]

二、课外作业的政策性课题

一种普遍的见解是,"课外作业"的设计关系到所有儿童乃至整个社会的健全发展,不可等闲视之。爱因斯坦(A. Einstein)说,"所有重要的东西是不可胜数的,而可数的一切未必是重要的"。[13]考试成绩并不体现学习的全部真实,仅仅反映了可量化的局部侧面罢了,重要的是达成学习目标的"成长心态"。"双减"政策以雷霆之势,消除"应试教育"的弊端,减少"素质教育"的障碍,值得称赞和期待。现代基础教育的本质是"全人教育""全员教育",不是选优拔尖、优胜劣汰的教育。学校现场不变的教育信念应当是,"不让一个孩子掉队",求得每个学生的成长。近年来,我国的基础教育一面是借助"新课程改革"得以加大改革的力度,呈现一派生机;一面是"应试教育"大行其道,以至达到登峰造极的地步。正所谓"危机引发改革,改革产生困惑"。混沌的教育思想与困惑的教育实践亟须整治。变革,需要"智慧+勇气"。"双减"政策的成效不仅取决于教育观念的改造,同时也取决于所采取的行为方式。关键的问题在于,我们需要提升政策性提法与做法的精准度。

(一)更新"课外作业"的概念

"课外作业"不是课堂教学的延伸或附庸,应从"学科"的视野拓展为"跨学科"的视野。在学校教育中"课堂学习"与"课外学习"是两个相对独立而又相辅相成的领域。课外学习是旨在培育儿童自主性、自律性的一个重要领域,一般采用"课外作业"的形式,绝非可有可无。明确"课外作业"的目的与价值,实现"课内课外""线上线下"一体化的"无缝学习",让学习者获得最大的学习机会是优质学校的教学所需要的。在这方面,首先需要考虑的是排除两个思想障碍。

其一,以"考纲"为指挥棒,把"考纲"置于"课标"之上,有悖于素质教育的诉求。要求一线教师瞄准"考纲",对号入座实施教学,无异于把学校引入"应试训练营"的歧路,需要反省。"考纲"应当是服从、服务于"课标"的,而不是"课标"服从、服务于"考纲",本末倒置了。更为迫切的是评价方式的变革。有怎样的教育观就会有怎样的评价方式。我们需要把握"何谓学习的进步""凭借什么来考察学习的进步",如何一步步引导学生从"浅层学习"走向"深度学习"。一方面,社会建构主义学习观不同于传统的累积式学习观,评价方式也会跟着改变。另一方面,评价方式又会反过来影响学生的学习观与教师的教学方式。这种影响谓之"反拨效应"(Washback Effect)。具体地说,评价应当有助于提升学生的学习积极性;所评价的内容应当是学生必须掌握的;评价将会影响到学生采取怎样的学习方式;通过评价认识有效的学习方法应当是怎样的。显然,"一考定终身"的纸笔测验给学校现场的师生造成的印象是,考分决定一切。死记硬背、机械练习则是夺取高分的唯一制胜法宝。

其二,把学校课程区分为"学科"与"非学科"的提法缺乏科学依据,在理论上讲不通,在实践上行不通,容易造成意料之外的教育困惑。这种提法隐含着三大错误。1.学校开设的每一门"学科"都很重要,不应有"学科"与"非学科",以及"主科"与"副科"之分。把"语数外"称作"学科"、"音体美"称作"非学科",纯粹是应试教育的言说,其潜台词无非是"考试科目"与"非考试科目"的划分,进而传达的一种信息是:前者重要,后者次要。这种区分同当代脑科学格外强调"艺术"与"体育"学科的重要性背道而驰。[14]2.任何学科的活动都存在"认知能力"与"非认知能力"两个侧面的交互作用。倘若"语数外"被视为培育"认知能力"的学科、"音体美"被视为培育"非认知能力"的学科,显然是大错特错。根据"经济合作与发展组织"(OECD,2015)的研究,"认知能力"与"社会情感能力"(即"非认知能力")是作为一个人的整体素养的两个不可分割的侧面,两者的培育对学习者的发展是同等重要的。OECD强调,"为使儿童获得人生的成功并为社会进步作出贡献,就必须在认知能力与社会情感能力之间取得均衡的发展",[15]并且界定了"社会情感能力"包含三个方面:(1)目标的达成(忍耐力、自我控制、对目标的执着);(2)同他者的协同(社交性、敬重、同情);(3)情感的控制(自尊、乐观、自信)。[16]因此,这种区分同当代学习科学背道而驰。3.晚近国际教育界倡导"跨学科"教学。基于"跨学科素养"的教学设计融合了认知性、情意性、技能性的学科,难分难解。未来的学校与校外教育公司将会涌现越来越多的实施"跨学科素养"的教学设计,难道也成为堵、截、禁的对象?"应试教育"的弊端恰恰在于鄙视"非认知能力"的培育,从而也从根本上摧毁了"认知能力"的培育。因此,这种区分同超越分科课程的"跨学科整合"[17]的教学改革潮流背道而驰。倘若在所有这些基本的常识问题上混淆是非,无异于同"应试教育"并无二致。

(二) 确立"课外作业"的体制

实现课外作业的转型是"学校转型"的题中应有之义。传统的应试教育是以重脑力、轻体力;重认知能力,轻非认知能力;重学科知识、轻跨学科知识为其基本特征的。同新时代的"核心素养"背道而驰,这种学校课程的目标与结构应当改弦易辙了。学校教育的整合化——求得体力发展与脑力发展的均衡、认知能力与非认知能力的均衡、学科知识与跨学科知识的均衡,势在必行。然而,课外作业的陋习可谓积重难返。时代变革了,社会的诉求与学生的需求变了,课外作业也需要改变。以前教师布置的作业大多是强制性地要求学生采用纸笔方式"写作业",现今需融合更多的ICT元素,"电子化课外作业"应运而生。学生生活在信息社会时代,在课堂内外采用ICT和社交媒体是天经地义的。学生体验了数字媒体,能够训练有助于未来生活的数字技能,促进"21世纪型能力"的发展。

"课外作业"应从囿于"机械训练"的"纸笔作业"转向"拓展体验"的"有意义作业"。在当今时代,随时随地都可以进行学习。把学生捆绑在教科书中是不可思议的。为了促进儿童的社会性与情感面的成长,不妨因应学生需求设计不同类型的作业;鼓励学生游戏与运动;丰富学生各式各样(包括科学的、艺术的、文学的、社交的)的学习机会,让他们能够自主地选择作业的内容与方法;刺激好奇心,让他们形成对学习兴趣爱好的链接,等等。[18]关注艺术与体育运动的作业设计,应当成为重建课外作业系统的重中之重。脑科学研究表明,"人脑是以沟通的方式,形成加工语言与音乐两个方面的精巧的神经网络"[19]。瑞典神经科学家汉森(A. Hansen)的"运动脑"研究以大量的案例表明"体力决定脑智力"[20]，揭示"没有运动，哪有体力；没有体力，哪有智力"的"学习脑"的机制。运动不足，往往导致血压上升，身心不调，情绪焦躁，谓之"运动负债"。美国神经科学家瑞迪(J. J. Ratey)甚至把"体育运动"上升到至高无上的高度——运动是锻造大脑唯一的最强有力的手段。他说，"无论是您的基因、情感、躯体还是大脑，无不渴望运动。人类天生就是运动的存在。当您运动之际，您的人生火花便开始华丽地绽放了"。[21]

"体力"决定智力

明确地显示"运动同基础学力('读、写、算'能力)的发展有着密切关系"的，不仅是美国的名牌大学，而且也包括瑞典南部斯科讷省偏僻的小学。科学家们通过心肺功能、肌力、敏捷性的测量，来准确地把握学生的体力。结果表明，体力好的学生在学业成绩上也表现优异。美国的一个研究团队以小学 250 名(3 年级与 5 年级)学生为对象进行调查，得出了同样的结论，该调查结果表明——体力好的学生数学、阅读的考分高，而且体力越好，得分越高。不过，肥胖学生表现出另一种模式：体重越重，考分越低。事实证明，"小胖墩脑筋灵、捣蛋鬼脑筋笨"之类的俗话，是毫无根据的偏见。美国内布拉斯加州以将近 1 万名儿童为对象作了同样的学力调查。结果也是同样，数学与英语的考试成绩是，体力好的学生优于体力差的学生。但是，肥胖儿——这在美国是一个极其严峻的问题——并无显著意义的差别。就是说，肥胖学生的成绩同标准体重的学生相比，分不出孰优孰劣。那么，为什么儿童运动之后，数学与语文的学力会提升呢？这是因为，无论是成人还是儿童，一旦运动，海马体(记忆的中枢、控制情感的部位)就会成长。对 10 岁儿童的脑进行的"磁共振成像检查"表明，体力好的儿童，海马体大。就是说，儿童经过身体锻炼，脑的重要部位——海马体——变大了。这同体力好的儿童通过记忆力测验获得高分的调查结果是一致的。换言之，身体状况良好，海马体发展，进而记忆力等学力的指标也得以提升。在这个研究领域中令人刮目相看的是，考试的内容越难，体力好的儿童与体力差的儿童之间的差距越是拉大；而在简单的记忆测验中，两者的得分并无多大差别。然而，一旦碰到高难度的考试，体力好的儿童则是遥遥领先。[22]

不破不立。在这方面我们需要摆脱如下两种错误观念的干扰：

其一，"零起点教学"的观念。"零起点教学"的提法容易引起误解，其潜台词无非是有利于教师实施划一的教学——以划一标准，面对划一的学生，实施划一的指导与评价，以为这就是"公平而有效的教学"。这简直是异想天开，恰恰有悖于"素质教育"。每一个学生都是独特的存在，拥有不同的起点，不可能是一张白纸。世间根本不存在什么面对"划一的学生"而进行的"零起点教学"。"零起点教学"追求的恐怕是为教师的照本宣科铺平道路。然而，真正的教学一定是从"差异"入手、从"问题"开始的。我们需要认识到，学生不是机器人，是拥有不同经验背景、拥有多元智力的活生生的存在。

其二，"浅层学习"的观念。应试教育的课堂满足于"浅层知识"，即便求得了"满分"，仍然是劣质教学而已。这种"浅层学习"同培育有创新能力的下一代是格格不入的。"课外作业"等同于"课外补习"或者"纸笔作业"（所谓"写作业"）是典型的应试教育的言说，当务之急是清晰地界定"课外作业"的概念，注重"深度学习"的研究。英国大文豪萧伯纳（G. B. Shaw）说，"我们想看到的，不是知识追逐儿童，而是儿童追求知识"。"深度学习"的意义超越了单纯知识的习得，旨在发展基础的"知识·技能·态度"，培育作为学习者的人格。因此，不应强加给教师繁重的与教学无关的任务，让他们专注于课堂的教学与研究。缺乏"课堂研究"风气的学校不是一所好学校，缺乏"课堂研究"能力的教师不是一个好教师。

（三）健全"课外作业"的环境

近年来，国际脑科学研究领域围绕"脑是怎样学习的"问题积累了一系列的研究。法国认知神经科学家迪昂（S. Dehaene，2020）（注1）在其专著《精准学习》（HOW WE LEARN）中倡导"学习的四大支柱"——"注意、主动参与、错误反馈、巩固"[23]。这就是说，人脑要提升学习效率，就得最大限度地发挥四大功能——注意（选择与切换有用的信号，据此将这些信号对记忆的影响放大百倍）、能动性（被动的有机体几乎什么都学不到。因为学习需要动机与好奇心,能动地生成假设。)、反馈(一切学习均有检出与修正预测值与实际值之误差的"反馈"在起作用)、睡眠(睡眠与休息有助于巩固学习与长时记忆。正如俗话所说的"睡眠学习",睡眠中显示脑的觉醒状态的"异相睡眠"有助于增进学习与记忆)。在此基础上,迪昂提出了"挖掘儿童潜能"的 13 条建议,为家庭教育和学校教育提供指引。[24] 以往 30 年来最重要的神经科学发现之一就是发现了"睡眠的关键作用",在于"我们的脑会在睡眠阶段巩固白天学到的知识""我们在睡眠时,脑仍然在活动,它按照一种特定的算法运行,重演它在前一天记录的重要事件,并将它们转移到我们的记忆中储存起来"。[25] 而我国基础教育界盘根错节的应试教育却以"四大剥夺"——"剥夺儿童的注意力、剥夺儿童的能动性、剥夺儿童的反馈学习,剥夺儿童的睡眠时间"为特质,两者之间形成了鲜明的对照。尤其是青少年被剥夺睡眠时间而造成身心疲劳的"睡眠负债"现象,成为社会痼疾。"应试教育"是反科学、反儿童的教育。只要"应试教育"制度尚存,就不可能有课外活动革新与创造的天地。在"素质教育"的科学证据愈益确凿的事实面前,那些明里暗里为"应试教育"罗织歪理、竭力捧场的闹剧,该收场了;那些装着底气十足、嚷嚷"应试教育符合中国国情""我不反对应试教育"的"公知"们,该自惭形秽了。

荡涤"应试教育"的恶习、确立"课外作业"的新型体制,需要有一个健全的社会舆论的环境。在这里,需要打破一种观念——把"考分"等同于"学习"与"成长"的观念。单凭考分并不能反映学生的真实状态。一味误导学生为"考分"而竞争,导致学校教育的失焦与失败。这是因为,第一,"考分"让学生把达成目标看得过于简单化,将他们束缚在妨碍成长的狭隘的笼子里,不能准确地传递"知道什么"和"能做什么"。第二,"考分"让学生以为"成长"并不重要,产生学生之间相互对抗的竞争性的学习文化。由于"考分"夸大了跟"学习"无关的要素,难以显示出真正意义上的学习过程。如此,学生不能发现成绩单反映的分数与符号之类的成绩事实上并不能准确地反映自身的能力,在这种状况下就不可能产生挑战新的难题的氛围。第三,成绩的评定往往含有终结学习过程的消极性意涵。可以想象,当教师给学生传递"这是错误的"的、在作业本上打×的时候,学生会是怎样一种心情,而这种情形是不可能促进学习的。斯坦福大学心理学家德韦克(C. Dweck)指出,一味纠缠于"考分"无助于"学习",这是一种缺乏"成长心态"的表现,而这种学生是不可能成为出色的学习者的。[26]课外作业的重建有赖于学校的师生之间、学校与社区之间,建立起彼此信赖、相互支援的关系——

让家长成为学校的合作者。通过"家校合作",帮助家长纠正自身的学校体验的误差,从新的视点出发看待学校的教学。国际教育研究的一个发现是,贫困家庭大多倾心于应试教育(浅层学习),富裕家庭大多倾心于素质教育(深度学习)。这是由于贫富两种家庭之间的种种落差——经济落差、文化落差、社会关系落差、健康落差乃至希望落差所造成的。如何帮助贫困家庭正视这些落差是实现教育公平的一个核心课题。[27]

从早期教育做起

日本应用神经科学家青砥瑞人(Mizuto Aoto, 2023)基于脑科学的见解与自身的家庭教育实践,发表了对"早期教育"的看法。[28]在他看来,为儿童提供成长机会这一意义上的教育,在任何时期都是必需的。不过,无视儿童的脑与心智的划一的早期教育,反而有碍于儿童的成长。划一的教育不能适应新时代的需求,或许是大量生产、大量消费的时代有这种需求。但时代在变化,而教育的方式却一成不变,岂非呦呦怪事。作为早期教育之象征的考试,无所谓好坏,关键在于儿童是怎样对待学习的。倘若顺应儿童的爱好、学习与成长去接受考试,那是没有问题的。然而,当下的应试教育是在压抑儿童纯粹的好奇心,并且强制他们进行自己并不期望的学习,无异于剥夺人类不可替代的能力。

从神经科学看来,儿童学习的诱因,由于参与的神经传递物质——去甲肾上腺素与多巴胺——的不同,而大相径庭。去甲肾上腺素是在"必须"这一强制性使命感的时候分泌的。当家长强制孩子为应试而学的时候,儿童脑内的去甲肾上腺素大量分泌出来,强烈的"不得不为之"之感,只能培育出讨厌"主体性学习"的儿童;而多巴胺在脑的"腹侧被盖区"这一部位大量分泌出来,会促进儿童自身拥有学习的欲望,产生爆炸性的专注力与学习力,从而提升儿童茁壮成长的可能性。这就意味着,要求家长重视多巴胺的作用。家长所要做的是,为孩子提供新颖的现实环境,声援、支援孩子对未知世界的探索。当然,多巴胺的刺激不是万能的,过犹不及。不过,现今儿童的学习环境大抵是多巴胺的学习受到了压制。这种多巴胺的诱因进一步可分两类:一是面向既知事物的"想要"(WANT)的情感,二是面向未来事物的"探求"(SEEK)的情感。重要的是意识到这两种诱因的差异,去面对儿童。特别是支撑 SEEK 的情感尤为重要。"好奇心"为什么有助于培育脑呢? 这是因为,对儿童而言,好奇心强烈能培育儿童适应环境的能力,提升认知的灵活性。

儿童原本就拥有强烈的好奇心。一旦遇到新颖的事物就会带来好奇心的反应,大幅度地发挥专注力与学习力。从小培育这种脑的使用方法,应当是早期教育的首要任务。他说,我注重这种多巴胺性。我有一个 4 岁的女儿,我充分支持她基于 SEEK 的好奇心。她自己说"我要学习""想学英语"。儿童面对全然不知的世界,是不会有任何戒备的。倘若儿童为自己的好奇心与兴趣所驱动,其面对的世界将是广袤无垠的。家长应当为孩子铺垫新的好奇心的基石,促进孩子产生新而又新的体验。2022 年,我家 4 月从东京移居冲绳,宣言"青砥家变身游牧民"。整整一个月在冲绳,5 月迁回千叶,6 月移居北海道。女孩上午嚷嚷"不嘛,不嘛,我要回家",下午就有了新朋友,不再吱声了。

不压抑儿童的好奇心,与之共享新的相遇与发现。所谓"好奇心"原本就是"想知道"未知事物的一种情感,会在脑内分泌出多巴胺。比如,同孩子一起散步时,"这是什么?""那是什么?"兴趣浓浓。"这不是一块普通的石头,或许是昆虫的化石?""究竟是什么呢? 让我们探究一下吧!"再者,在新的挑战与发现中没有"成败的过滤器",重要的是意识到并应用"成长的过滤器"。一旦新的挑战成功,就会获得成就感。这是挑战本身的价值,这就是儿童的学习。在这里,无所谓成败得失。新的挑战当然会有失败,尽是被失败囚困的人不会持续探究、讨厌挑战。因此关键在于,让孩子直面未知的世界,与孩子展开对话。在亲子对话中体悟新的发现与相遇的价值,从中获得喜悦与学习。

让课外辅导机构发挥正能量。课外辅导机构具有双重性：或是素质教育的帮手，或是应试教育的帮凶。有些课外辅导机构的人员一面装腔作势，贬低学校教育的价值，一面把自己装扮成素质教育的达人，扰乱视听。可以说，我国大多数课外辅导机构多年来充当了应试教育的帮凶，加剧了应试教育的竞争，需要整治，但相应的政策也需要两手抓——一手打压其负能量，一手扶持其正能量。但根本的问题在于这些企业本身是否拥有相应的专业素养。摆在它们面前的是无限广阔的发展天地——主打各式各样的"儿童技艺中心""儿童音乐中心""儿童舞蹈中心""儿童美术中心""儿童戏剧中心"，等等，为青少年一代提供均衡发展"认知能力"与"非认知能力"的肥沃土壤。

让成长过程可视化。记录并反思自己的成长过程、确认自身的成长，对学生的学习而言至关重要。学习是借助"内发性动机作用"而产生的，教师有必要把记录反馈的方法与长期的成长记录的方法教给学生。学生一旦掌握了这些方法，就能反思自己的成长，设定更好的目标，对自己的成长负起责任。

每一个儿童都是独特的存在。教师在课外作业领域中重要的是，发现每一个儿童身上所隐含的多样的侧面，作出因人而异的"支援"，旨在培育他们对自身的学习与成长的自觉与自信。我们的教育思维不应满足于"盲人摸象"式的歧见与呐喊，扎扎实实地展开"课外作业"的实证研究，把它作为学校改革的一个突破口来抓，有助于提振学校改革的智慧与勇气。当务之急是更新教育观念，确立新时代需要的课外作业的方针。尤其需要警惕以一种形式的"应试教育"反对另一种形式的"应试教育"，那不过是换汤不换药而已。

注 1

法国斯坦尼斯拉斯·迪昂（S. Dehaene）系法兰西学院实验认知心理学教授，脑成像研究的领军人物，在数学、阅读、意识等多个领域有着诸多新发现与新的理论建树的认知神经科学家与教育神经科学家。他倡导的"学习的四大支柱"获得国际学术界的广泛认同。他主张抛弃人们头脑中固有的成见：1.儿童不是一块白板。2.儿童的脑不是顺从地吸收环境结构的海绵。3.脑不是一个单靠等待输入来塑造自身可塑性的神经元网络。4.学习不是单靠接触数据或听讲座而被动地进行的。5.错误不是差生的标志，错误是学习不可或缺的。6.睡眠不只是一段休息时间,它是学习算法不可或缺的一环。7.今日的学习机械远没有超越人脑。进而又提出"发挥儿童潜能"的十三条建议,言简意赅、操作性强——1.不要低估儿童的能力。2.利用脑的敏感期。3.丰富儿童的生活与环境。4.抛弃"每个儿童都有不同学习风格"的观念。5.培养儿童的专注力。6.保护儿童的活力、好奇心、参与意愿与自主性。7.让每一个上学的日子都变得愉快。8.鼓励努力。9.帮助学生深度思考。10.设定明确的学习目标。11.接纳并纠正错误。12.定期练习。13.让学生睡好觉。该书有法文版、英文版、中文版与日文版。日本教育神经科学家乾信之《脑是怎样学习的:来自教育神经科学的启示》(2023)在迪昂的"学习的四大支柱"的基础上,倡导"学习的五大支柱"。在他看来,"学习的四大支柱"揭示了最大限度地发挥人从环境中检索信息的四大功能,而这些功能得以发挥的最佳时期就是"临界期"与"敏感期",可以谓之"第五大支柱"。所谓"临界期"是通过经验获得新的行为的有限时期,这个时期所获得的行为是"不可逆转"的。当作为跨学科的教育神经科学的研究,正在为学校教育的实践提供源源不断的新见解、新常识。正如皮亚杰在其《现代教育学》(1949)中所说的:"教育学类似于医学。它是一门技术,一门基于(或应当基于)正确的科学知识之术。"教育也应像"基于科学根据的医学"那样,拓展新的视野与思维方式。医疗和教育都是直接以人为对象的宏大的社会服务制度。传统的惯用药物与治疗方法,其有效性未经科学验证而沿用至今者,并不罕见。从这个意义上说,类似于迪昂作为"神话"与"都市传说"加以批判的传统教育方法的问题。面对教育的"经典",我们不宜顶礼膜拜,需要做一番"去粗取精、去伪存真"的工作。为了推行"基于科学根据"的教育,就得拿起实证科学的"手术刀",对传统的教育制度与惯习作出精准的切割取舍。可以说,脑科学研究的著述为新世纪"神经科学的社会实验"提供了舆论准备(斯坦尼斯拉斯·迪昂.精准学习[M].周加仙,主译.杭州:浙江教育出版社,2023:241-247. S. Dehaene.脑是这样学习的:学习的神经科学与教育的未来[M].松浦俊辅,译.东京:森北出版株式会社,2021:198-305,328-330)。

参考文献

[1][2][3][4][5][6][7][8][9][10][11][12] A. Kohn. 打破课外作业的神话:提振学校变革的智慧与勇气[M].友野清文,饭牟礼光里,译.东京:丸善行星株式会社,2021:7,8-18,28-34,34-35,45,233-234,234-235,240,276,240,233,210.

[13] S. Sackstein, C. Hamilton. 挑战课外作业[M].高濑裕人,吉田新一郎,译.东京:新评论出版公司,2019,229.

[14][21] J. J. Ratey. 运动锻造大脑[M].野中香方子,译.东京:NHK 出版公司,2017:46,337.

[15][16] OECD. 社会情感能力:向学力[M].无藤隆,秋田喜代美,主译.东京:明石书店出版公司,2018:20,52.

[17] C. M. Reigeluth, B. J, Beatty, R. D. Myers. 教学设计的理论与模型:实现学习者中心的教育(第4卷)[M].铃木克明,主译.京都:北大路书房,2020,126.

[18][19][26][27] 钟启泉.深度学习[M].上海:华东师范大学出版社,2021:130-138,127,151-152,139.

[20][22] A. Hansen.运动脑[M].御舩由美子,译.东京:サンマーク出版,2022:283,284-287.

[23][25] 斯坦尼斯拉斯·迪昂.精准学习[M].周加仙,主译.杭州:浙江教育出版社,2023:152,230.

[24] 乾信之.脑是怎样学习的[M].京都:京都大学学术出版会,2023:75-175.

[28] GOETHE.青砥瑞人谈"追求幸福"的教育[EB/OL].(2023-04-29)[2023-05-25].https://goetheweb.JP/lifestyle/more/2030430. automizuto.

第九章　学习评价的演进与课题
——寻求儿童学习与学力的可视化

"学习评价"的出发点是将儿童的学习与学力加以可视化。随着教育目标的拓展，必然要求均衡地评价学力与素养。超越传统的测定知识量的"纸笔测验"，多视角、多层面的"真实性评价"应运而生。本章通过回顾学习评价的历史发展，梳理学习的进步与评价之间的关系，展望新时代期许的学习评价模式。

一、"学习"的进步与学习观

（一）累积式学习观与网络式学习观

作为"自我变革"的学习是否形成，取决于学习者是否真正地理解并掌握了新的知识与技能。从这个意义上说，获取知识的学习方式取决于如何看待知识。大体说来，现代存在着两种知识的见解与获取方式。[1]

从传统上说，衡量"学习"的进步与否，往往是把学习的量的增加，视为"学习"的进步，诸如，识别多少汉字，能否进行四则运算，是否记住了九九乘法口诀之类。这是一种把知识的积累作为学习进步之标尺的学习观，可以谓之"累积式学习观"。根据累积式学习观，可以把复杂的课题与高难度的技能分解成若干构成要素，然后对个别的构成要素展开教学。比如，在足球的训练中分成不同的足球技能的要素——踢球技术、停球技术、射球技术，进行练习。通过这些练习，方才谈得上进行足球比赛。然而在实际的比赛中，仅仅掌握了这些技能是不可能有出色的表现的。在比赛场上需要视情境而适当地运用这些技能，或者因应对方的动作而动作。就是说，不仅是个别技能的训练，而且需要在实际的比赛中视情境而适当地运用这些技能。

并非一切的学习都能基于这种累积式学习观来进行的。试举一例。问学生这样一个问题——"为什么会发生春夏秋冬四季的变化"，大多数学生可能会一时不知如何作答，代之以生活经验相关的答案，比如说：因为夏天离太阳近，冬天离太阳远。然而这些学生在初高中阶段肯定学过了相关的科学知识，并在考试中作出了正确的回答——"地球绕太阳转。由于地球的自转轴与公转面不垂直（夹倾斜）的关系，地球的不同表面接受来自太阳的热量发生变化，因而产生季节的变化"。用太阳与地球的距离来解释，是由于在日常生活中有"靠近火炉时热、远离火炉时冷"的经验。就是说，在初高中阶段学过了科学的解释，但随着时间的推移，科学解释被忘却了，回归到原来的日常生活的经验。这就是基于"累积式学习观"——在既有知识的基础上添加新的学习事项——而产生的问题。

所谓"学习"是以"新的知识"整合"既有知识"的学习观，谓之"建构主义学习观"。从建构主义学习观看来，"学习"是通过比较、探讨既有知识与新学习的知识，倘若矛盾的话，便修正既有知识或切换成新的知识的活动。基于这种学习观，"学习"的进步是学习者拥有的知识结构，从而有可能从简单转向凝练、从局部运用转向更大范围的运用。这就意味着，不仅不再回归如上所述的从日常生活经验出发而作出错误解释，而且随着学习的进展，能够作出适于更广范围的现象的解释。比如，关于"氧化与还原反应"的知识，在初中是用氧原子的接收（氧化）与释放（还原）来说明的。到了高中，则用电子的接收（还原）与释放（氧化）、通过氧化数的升降来说明的。氧原子的接收（氧化）与释放（还原）不过是氧化还原反应的一部分。这样，就得以转换思维的方式——从局部现象的解释转向更广范围的现象的解释。基于累积式学习观，是难以获得这种学习的进步的。

(二) 社会建构主义学习观

在建构主义中，"所谓知识本质上并不是实体的存在，而是共同体的成员所建构的暂定的"主体间性的共识"。因此，作为共同体之产物的知识（真理）是持续地变化、更新的。[2] 就是说，知识并不是客观的、普适的，而是在共同体中建构与形成的。立足于这种建构主义的立场，所谓"学习"并不是被动地记忆教师灌输的知识，而是为学习者提供通过自身同他者与环境的交互作用，而得以共同建构知识的过程。就是说，不同于传统的授受主义知识观,它是把学习视为人类建构社会知性的协同实践。

建构主义学习观是瑞士心理学家皮亚杰(J. Piaget)倡导的。皮亚杰认为,知识的转化是学习者个人内在地进行的个人活动。相反,苏联心理学家维果茨基(L. S. Vygotsky)认为,知识的转化是在社会的境脉中进行的。换言之,是在同他者的对话与相互交流中产生的。维果茨基倡导的"最近发展区"显示出两种水准——学习者单凭自身能够完成课题的水准,与学习者在该学习领域接受了熟练者的帮助之后能够达到的水准——之间的差异。熟练者给予学习者的支援谓之"脚手架"(Scaffolding)。通过学习者逐步地接受支援的内容,自己也变得能干了,由此支援便可随着学习者的发展而逐步减少。维果茨基认为,为了接受指导者的支援就得有沟通,亦即强调了对话的重要性。在维果茨基看来,同指导者的对话本身就是一种社会境脉。不过,现代社会建构主义主张,不仅是同指导者对话,而且也必须同作为伙伴的学习者对话,以此来修正并发展自己的思维方式。不管怎样,在社会建构主义看来,"对话"发挥着促进学习进步的重要作用。

(三) 学习观不同,评价也不同

以怎样的学习观作为前提,用于评价的手段也跟着发生变化。比如,在识字教学中,倘是基于典型的累积式学习观,其评价方式通常就是纸笔测验,根据识字量来判断学习的状况。错误越多,反复练习就越多。在这种场合,能够正确地读写的字的数量,亦即习得的量成为评价的课题,乘法的"九九口诀"也是一样。中小学测验所评价的无非就是习得的量。于是,流行"量化评价"——让学生解答大量的习题,把正确答案的数量加以分数化。与此相反,在以"建构主义学习观"作为前提的场合,决然不同于"累积式学习观"。基于建构主义的评价,正如"四季变化的理由"所显示的,进行怎样的解释成为评价的课题。在这种场合,大量地出题、进行量化的纸笔测验显然是不恰当的,即便是纸笔测验也需要让其说明理由。在大凡测验的场合都需要考察展开了怎样的思维方式,评价思维方式的内涵。

运用社会建构主义的倡导者维果茨基的"最近发展区"(亦即"脚手架")的思维方

式是,教师提供支援来进行评价的"脚手架评价"(Scaffolded Assessment)。[3]在测验的场合,教师不向学生提供支援,也不把不及格视为不正当行为。不过,借助"脚手架评价"需要教师提供的支援。"脚手架评价"思维方式重视的是,学生面向具有一定意义的某种目标所作出的努力。在学生旨在达成目标的知识与技能的场合,教师作出弥补其薄弱环节、借以达成该目标的支援,亦即进行"脚手架评价"。教师根据需要作出了怎样程度的支援,便可了解学生在该时点的知识与技能的水准。倘若达成目标对学生而言是有意义的,那么,他们就会尽其所能作出努力。当学生提升了动机作用之际,就能评价其能够达到的程度。在"脚手架评价"中,教师在开始的阶段向学生提供支援。通过反复的支援之后(受到支援的部分),学生自身也能够达成。在这种"脚手架评价"中教师并不是寸步不离地进行客观性考察,而是在协同学习的展开中,动态地把握学生在该时点的学习水准。这是一种决然不同于纸笔测验的评价。[4]

(四)"浅层学习"与"深度学习"

所谓"浅层学习"是指浮光掠影的学习,实际上指的是不理解构成事物的根本原理与思维方式的一种状态。比如,在数学教学中只会快速地运算,但运算背后的根本的思维方式并不理解。问高中生这样一个问题——"含8%的消费税的价格是918元的商品,那么,不含消费税的原本价格该是多少?"——这是一个极其简单的问题,当然是918÷1.08,得出850元的答案。然而大多数学生首先用918×0.08来计算消费税的金额,然后再用"918-消费税金额"来求答案。但在计算之后,由于出现了小数点之后的数字,他们不知所措了。这些学生不明白,倘若原本的价格是1的话,那么含消费税的价格就是1.08。所以,倘用918÷1.08,即可得出1的价值。但他们一听到8%,就以为含消费税价格的8%是消费税金额。由此可以推断,这些学生全然不懂除法的意涵。任何一个小学生都能不出差错地进行除法运算,却不明其意涵,这是匪夷所思的。只知公式,往公式里套数值就能运算,却不懂公式得以成立的意涵,不能区分该用公式的场合与不该用的场合。可以说,这就是"浅层学习"。这种"浅层学习"的特征是"学后即忘"。与此相反,"深度学习"的特征是理解所学内容的根本意涵及其基本原理,可以区分适用或不适用的情况。尽管"深度学习"比"浅层学习"会多花一些时间,却可以长时记忆。[5]"浅层学习"与"深度学习"不仅影响到教学内容的掌握程度,而且也影响到评价方式。通常我们想到的往往是"从学习到评价",其实也需要考虑"从评价到学习"。

(五)从"评价"到"学习"

上面阐述了"学习观"影响到采取怎样的"评价方式",反之,下面阐述"评价方式"影响到学生的"学习观"与教师的"教学观"的"反弹效应"(Washback Effect)。在这种反弹效应中,聚焦评价方式给予学生的学习观的影响,可以归纳如下:1. 评价直接影响学生的学习动机——倘若测验获得了优异的成绩,可以提升学生的学习积极性。不过,倘若是低劣的成绩,则会降低学习积极性。另外,优异的成绩会给学生带来自信。当然,低劣的成绩则会带来丧失自信的结果。从这一点上说,评价是一把"双刃剑"。2. 受评价的是学生应当学习的——通过测验受到评价的事项是学生应当学习的。反之,即便教师一再强调"重要",倘若并未借助考试受到评价者,学生就不会认为是重要的。长此以往,学生就不会在不考试的学习内容上花力气。在教师看来,升学考试影响学生的将来,影响到学校与教师自身的评价,在这种场合进行的评价,不得不迎合出题的倾向。反之,不出题的学习事项即便是重要的,也不会花精力去进行教学。3. 评价影响到学生选择怎样的学习方式——学生会因应评价所用的考试中的出题来选择学习的方式。具体地说,偏好选择题之类的题型,规避论述性的问题。4. 借助评价有助于了解所谓的有效学习方法——学生往往把取得高分的学习方法视为有效的学习方法。反之,在成绩不佳的场合,就会改变学习方法。如上所述,考虑到评价给予学生产生的影响,教师需要选择适于课程标准、旨在培育能力与素养的评价方法。

二、从"评价什么"看评价策略的演进

(一)智力测验的肇始

在评价中首先需要考虑的是"评价什么"。"评价什么"关系到评价结果的表征方

式与解释方式,乃至同评价目的相互关联。诸如,我国古代的科举制、欧洲中世纪师徒制中的工匠技能的评价,便是适例。不过,现今作为主要的评价方法而采用的测验的出发点,源自20世纪初法国的比奈(A. Binet)与西蒙(T. Simon)开创的"智力测验"[6]。智力测验的特征是大量采用简短的问题。随着就学人数的增加,逐渐被作为用来甄别是否适于特殊课程儿童的一种手段。比纳的智力测验,经过美国斯坦福大学的推孟(L. Terman)在1916年对"斯坦福—西孟智力量表"加以修订,推出了"斯坦福—比奈智力量表",成为尔后智力测验的雏形。利用这种智力测验来测量智力,谓之"测定"(Measurement)。[7]根据斯坦福大学的智力测验,特殊课程的招收标准是IQ70。从1913年就任伦敦市心理学家的伯特(C. Burt)开始,一直采用这个标准,持续至今。根据伯特的说法,伦敦市当时提供的特殊课程的招收人数是儿童的1.5％,这个数字正好同IQ70以下的儿童数相同。随着20世纪以来社会的变化与评价理论的发展,基于这种智力测验而采用的评价方法也逐渐发生了变化。这种变化的内容主要在三个方面:一是评价的对象不限于智力;二是测验的问题与用于评价的课题发生了变化;三是评价结果的表征方式与结果解释的方法也发生了变化。

(二) 智力测验的拓展性利用

利用目的与对象的拓展——斯坦福大学的推孟等人编制的智力测验的雏形,不仅用来甄别适于特殊课程学习的儿童,而且也适于甄别其他普通的人员。智力测验原本是以一对一的情境为前提而设计的,不能大规模实施,因而出现了多项选择式的设计。在第一次世界大战中,美军利用这种多项选择式智力测验,实施大规模的征兵,并以其测验成绩,来作为调配兵员的一种参考。据称,有175万人接受了这种智力测验,积累了大量的数据。以此为契机,智力测验的目的从发现适于学校特殊课程学习的儿童,到运用于普通人的选拔。这是智力测验利用目的的一种拓展。

问题形式的拓展性利用——进而,在智力测验中开发的方法、大量地出题并根据其正解来进行评价(测定)的测验,也在智力测验之外得到了广泛运用。可以说,现今学校中运用的测验并不是测定智力,不过是模仿智力测验的出题,大多以简短的问题构成。然而在智力测验中开发的问题形式一旦用于智力测验之外,在"评价什么"这一点上,显然不如智力测验那么明确,充其量不过是漠然地评价所谓的"能力"而已。智力测验结果的解释,是通过在大规模的集团中实施智力测验的场合所推定的得分的分布(贝尔曲线,正态分布曲线)所处的位置来显示的。就是说,智力测验及其结果的解释是根据常模作为参照的标准来进行的。即便在非测量智力的测验的场合,测验结果的解释通常也是依据常模作为参照标准来进行的,这种测验谓之"常模参照测验"。

结果的解释——通常的测验在关于"测定什么或评价什么"的问题上,以常模作为参照标准进行测验的场合,并没有什么问题。这是由于测验的主要目的在于了解个体在集体内所处的位次。这种测验确实在某种程度上考虑到"测定什么""评价什么",不限于个人的某种智能。解释位次与偏差值之类的评价结果的问题大体就是这样一种漠然的评价。确实也有实施分视点的评价,但这种评价介于"相对评价+绝对评价"的混沌之间,其实是一种相对评价,所以具有漠然评价能力的倾向。不过,晚近不仅进行分视点的评价,而且评价之后还进行目标参照标准的所谓"绝对评价"。从世界范围而言,这种漠然的思维方式得以发生根本性转折的,是布卢姆(B. S. Bloom)的"教育目标分类学"。

(三) 布卢姆的提案:教育目标分类学

围绕"评价什么"的问题,不再停留于漠然的"能力"这一概念,而是明示了新的思维方式的,是布卢姆(B. S. Bloom)的"教育目标分类学"(1956)。他主张,教育目标分类学揭示的认知领域的六个目标应当成为学习评价的对象。这六个目标就是:知识(Knowledge)、理解(Comprehension)、应用(Application)、分析(Analysis)、综合(Synthesis)、评价(Evaluation)。[8]这个提案把以往所谓的"智力"或模糊地称呼的"智力",界定为由六个要素构成的认知领域,并且提示了围绕六个目标进行评价的案例。这就是说,可以进行分析性评价了。进而根据这六个目标实现难度的顺序,形成了以"知识"为最下层、"评价"为最上层的层级结构。诸如"知识"的目标充分达成之后便可以达成"理解"的目标那样,只要下层的目标未达成,那么,上层的目标是不可能达成的。

不过,尔后的研究否定了这种层级结构。比如,"理解"的问题比"评价"的问题更难。进而,具体地评价六个目标也有难度(教师作为应用题的出题,由于有的学生掌握了相关知识,因而构不成应用题)。我们是可以把能力分为六个侧面,但在评价的场合只能作出大体的区分——以"知识"为一极,以"综合"与"评价"为另一极——来进行评价。欧美国家把"综合"与"评价"归为"高阶技能"(Higher Order Skills)的能力,如今关于认知能力一般区分为两种,即知识与高阶技能。可以说,这是安德森(L. W. Anderson, 2001)的布卢姆教育分类学的修正版。[9]这种高阶技能在日本相当于"思维、判断、表达"的表述。布卢姆的提案成为"智力"或"能力"之类的模糊称呼的概念进行分析性思考的一个契机,而进一步推进这种势头的,是格莱塞(R. Glaser)的"标准参照测量"。

(四) 格莱塞的"标准参照测量"

格莱塞(R. Glaser, 1963)提出了"标准参照测量"的提案——不是智力测验所用的基于标准的结果的解释方法,而是对照一定的评价标准(准则)来判断是否达成了该标准的方法。[10]在"常模参照测验"中是基于其他学生的达成水准而变动偏差值与位次的,而在"标准参照测量"中是同别的学生的测验结果无关来表达结果的。另外,不同于在集体内表示名次的"常模参照测验","在标准参照测验"中达成评价标准意味着掌握了评价标准所示的能力与技能。由此,就得揭示基于评价标准的能力与技能的内涵。尽管在布卢姆的提案中提及"评价什么"这一问题,但利用测验结果旨在决定个人在集体中的地位与名次的情况下,并非主要的关注点。不过,根据格莱塞的"标准参照测验"的提案,必须更具体地考虑"评价什么"的问题。在这里成为课题的是,如何决定"标准参照测验"的内涵。就是说,必须通过揭示评价标准本身,来更具体地显示模糊的"能力"本身的内涵。然而,格莱塞的"标准参照测测验"本身的内涵应当是怎样的,并未展开讨论。

(五) "范畴"的问世

如前所述,布卢姆的教育目标分类学不是漠然地把握"能力",而是进行分析性的思考,这在界定评价标准的内涵中也有参考价值。率先研究显示评价标准内涵的是波范(W. J. Popham, 1978)。波范为了明确评价标准的内涵而引进了"范畴"(Domain)的概念。[11] 所谓"范畴"是指作为评价对象的范围。在他看来,必须明确地界定评价的边界,评价对象的范围才能同别的评价对象的范围加以区分。在明确地界定了的"范畴"之内,从应当考虑的所有测题之中,用抽样的方法抽取若干测题,来编制测验。倘若在这种测验中正确地解答了一定数量的测题,就可以判定为掌握了该范畴的学习内容。这种测验谓之"范畴参照测验"。因而,在评价什么的课题中引进了"范畴"的概念。不过,波范所谓的明确的"范畴"的说法,如今存在种种的问题。一旦所有的学习必须设定明确的范畴(亦即评价什么的明确的范围)的场合,能够进行测验与评价的领域是极其有限的。比如,我们倘若设定如下的范畴——1. 中国历史;2. 中国历史常识;3. 唐代主要功业的常识;4. 历史的思考。这里的第一点涵盖的范围太广,难以明确地设定。即便是第二点的常识也难以明确地限定。第三点的"主要功业"是可以明确地设定的。第四点的"历史思考"同"科学思考"一样,也是不能设定明确的范围的。这样看来,我们能够明确地设定的,主要是相当于布卢姆的分类学中的"知识"的部分。在不能明确地设定范畴的场合,亦即相当于布卢姆的教育目标分类学修订版中所界定的"高阶技能"的部分,这种"范畴参照测验"是无能为力的。

(六) 标准化参照评价:不能设定"范畴"的场合

在布卢姆教育目标分类学中,"历史思维"与"科学思维"相当于"高阶技能"。关于"高阶技能",不能明确设定的场合居多。对此,澳大利亚的萨德勒(R. Sadler, 1987)提出了"标准化参照评价"的提案(在此场合,由于不是设定测验,因此不叫"标准参照测验")[12]。波范提出的"范畴参照测验"是通过大量出题,根据正确答案的数量来判断掌握的状况,这是一种"量化评价"。与此相反,在"历史思维"与"科学思维"的场合,不能运用量化评价。"历史思维"只能用"质性评价",借以区分从幼稚的历史思维到出色的历史思维的若干水准的差异。"科学思维"也是同样,诸多"高阶技能"的评价只能通过各种不同水准的差异来判断。在标准化参照评价的场合,借助表征这种水准差异的各个水准特征之语言表达的评价标准,通过显示学生的相当于各个水准的评价标准的作品(报告、杂文、作品等,谓之"评价案例集"),来求得评价标准的理解。把评价标准与评价案例集组合在一起,是标准化评价的特征。可以说,随着"高阶技能"成为教育的重要目标,从适于知识的测验与评价的"范畴参照评价"发展为"标准化评价"。由于在"范畴参照评价"的基础上出现了"标准化评价",布卢姆的教育目标分类学修订版所提及的能力,都能采取适当的方法加以评价了。

(七) OECD 的观点:素养与核心素养

OECD(经济合作与发展组织)围绕"评价什么"的问题,提出了两个方案。

其一是"素养"(Literacy)。"素养"原本是意味着"读写能力"的术语。但 OECD 在实施 PISA 调查之际,为表示新的能力概念而使用了"素养"。PISA 调查以义务教育终结阶段的 15 岁为时点,测定学生进入社会生活所必须掌握的知识与技能。使用"素养"这一术语,就是旨在强调社会生活所必需的知识与技能的特征。此外,由于各国的课程不同,学校教育中瞄准的知识与技能的目标并不一样。这种差异给国际调查的实施带来了一定的难度,因而在调查的设计上同各国的课程无关,以生活所需的知识与技能来作为评价的目标,从而使用了"素养"的术语。在 PISA 的调查中采用旨在评价素养的试卷。为了评价社会生活中实际运用的能力,在试题的设计上需要花极大的工夫。

其二是"核心素养"(Core Competencies)。OECD 的《"素养的界定与遴选:理论与概念基础"项目》(简称 DeSeCo)报告旨在揭示当今急剧变化的社会中有助于个人人生的成功与作出更好的社会贡献的"核心素养",从 1997 年末至 2003 年末发表最终报告,提出了"关键能力"的框架,同时也提出了有关"评价什么"的新提案。围绕"核心素养"的 DeSeCo 的事业规划纲要从 2005 年开始实施,崭新的"素养"说便应运而生。[13]"关键能力"由三个范畴构成:1. 交互运用社会的、文化的、技术的工具的能力;2. 多元的社会团队中的人际关系能力;3. 自律地行动的能力。

"素养"与"核心素养"共同点是,都强调实际生活中能够运用知识与技能的概念。

可以说,在突出"践行能力"这一点上,有别于传统的知识与技能的概念。

（八）情意侧面的评价

在评价中往往成为问题的是"兴趣、动机、态度"的情意领域的评价。牵涉情意的部分,特别是"性向"（在具体情境中个人采取特定的思考与态度的倾向性）与人性的价值规范方面私密性极强,这种评价同"全人评价"密切相关。布卢姆梳理了避免"价值灌输"的条件,诸如[14]:情意领域的评价不应作为"终结性评价"的对象而进行"成绩评价",而应当是"形成性评价"。在思考情意本身的内涵之际必须区分支撑学习的"人口的情意"（兴趣、爱好、意欲等）与引领学习的"出口的情意"（知性态度、思维习惯、公民伦理、价值观等）。日本在传统上围绕"兴趣、动机、态度"的评价,一般是采用 ABC 之类的分等级的评定。不过,在 2019 年以实施《学习指导要领》的修订为契机,纳入了新的评价视点,其特征是强调"元认知能力"与"主体性学习态度"两个要素。关于"元认知能力"可以凭借发展阶段理论来加以设定评价标准;关于"主体性学习态度"的评价标准,至今并未成为现实。无论是"兴趣、动机、态度"还是"主体性学习态度",作为"形成性评价"来使用比之作为升学考试之类的评价,可以说问题会少一些。因此,作为一种评价方式来考虑的是,这种分视点的评价并不属于"评定",事实上"评定"一般是用于升学考试与全国性学力调查。这是亟待改进的课题。

学校的"成功"该怎么衡量?

在判断学校是否成功之前,首先必须界定"成功"的涵义,抓住"学生离开学校之后,教育的影响是否得以长久地持续"。众多的成人在追寻学校的经验给予自己以积极影响的时候,他们的回答是——别致的项目、有趣的课题,以及或许是他们同"英雄"般的教师之间的有意义的积极关系。在这里面,却不包含任何的考试。

那么,"成功"究竟意味着什么呢? 许多学校热衷于公布高考升学率是多少,然而,当这些学生取得了学位之后、其人生与职业并不令人满意的场合,也可以不视为"成功"吧? 所谓学业成绩不仅是在学校里的成功,而且也应当测定离开学校之后在社会生活中产生了多大的影响。一个人即便是获得了更高的学位、赚得了大把的金钱，即便是幸福的，但作为社会的一员，倘若没有什么贡献的话，就不能说是"成功"的。倘若不以此作为衡量的标准，那么，这种人和这种学校，能够说是负责任的吗？

要把"成功"加以量化是极其困难的。学校教育的各个侧面也同样必须从学生的视点出发来加以考量。调查学生离开了学校之后的表现是饶有兴味的。向学生提出如下三个问题，有助于判断一所学校是否就就业业做好了自己应尽的本分：1.你自己作为社会的一员是成功的、有贡献的吗？2.你为什么这么回答？3.学校对你的成长有着怎样的影响？回答当然是多种多样的，或许难以作出概括。但围绕学校教育的有效性的问题，一定可以为我们提供诸多的启示。这三个问题不仅可以显示我们的学校作为共同体是否尽到了责任，而且倘若问卷是简洁的、回收率高的话，那就一定能够收集到有意义的数据。[15]

三、从"为什么评价"看评价策略的演进

（一）不同评价的差异

"为什么评价"，亦即评价的目的，通常分为"形成性评价"与"终结性评价"，[16] 还有"诊断性评价"和晚近盛行的"责任"（Accountability）。根据这些目的，作为评价所必需的"质"（可信度与可靠度）是不同的。实际上在课堂中实施的场合也会出现种种的差异。

"形成性评价"是指把学生的学习状况的判断结果，用于改进学生的学习的场合。晚近也叫"为了学习的评价"，通常是在教学实施的途中进行的。而"终结性评价"则是在一定的学习结束的时点，把握学生整体的学习成果达到了何种水准的一种归纳。它并不是旨在直接地改进学习，有别于"形成性评价"。"终结性评价"的结果可作为新学年的学科教学设计的一种参考，亦可作为升级、升学时的选拔性资料来使用。从概念上区分"形成性评价"与"终结性评价"是重要的，但实际上，在实施特定的学习评价时

难以明确地区分是"形成性评价"还是"终结性评价"。根据学习过程中进行的测验结果、让学生再学习一遍;在终结阶段再做一次测验之后、结束教学的场合,可以区分前者是"形成性评价",后者是"终结性评价"。但是,比如在教授一定的教学内容的过程中,教师发现了学生的问题症结所在而展开针对性的辅助教学,可以说是在进行"形成性评价"。从某一点上说,一连串的评价既是"形成性评价"也是"终结性评价"。"诊断性评价"是在开始教学之前,旨在了解学生是否充分掌握了前提性的知识与技能,以及存在问题的一种评价。由于这种评价归根结底也是以提升学生的学习为目的的,所以,尽管在定义上有所区分,在实际的教学过程中是难以同"形成性评价"加以区分的。晚近盛行学校承担的"责任"的风潮。这里的"责任"系指"说明责任",指的是学校之类的教育机构负有向纳税人与整个社会显示所承担的教育成果的责任。为此,也用于国家层面的各种调查,特别是全国性的统一测验、国际比较调查等。

(二) 关注"形成性评价"

对"形成性评价"的关注始于布莱克(P. Black,1998)等人发表的有关"形成性评价"实施结果的研究,证明"形成性评价"有着极其显著的教学效果。此前尽管强调了"形成性评价"的重要性,但大多关注升学之类的"终结性评价",对"形成性评价"的关注度较低。不过,以该论文为契机,开启了世界各国的"形成性评价"的实践研究。布莱克等人尔后的研究在"形成性评价"实施的课题上,开辟了新的研究领域——教师的提问;评价结果的反馈;学生的自我评价与相互评价。在这些领域,从一系列的实践研究揭示了何谓"形成性评价"的"问题",以及旨在改善"形成性评价"问题的必要性。

(三) 教师的提问

教师提问的问题点——教师提问对了解学生在实际上理解了什么、是怎么思考的,是大有用处的。毫无疑问,了解学生的学习状况对"形成性评价"的实践至关重要。再者,如同数千年前古希腊的苏格拉底倡导的"问答法"一样,教师提问有助于促进学生的思维。布莱克等人在1998年的论文与实践研究中揭示的教师提问所存在的诸多问题，令人关注[17]：1.以单词作答的提问居多。教师的提问几乎都是用单词即可作答的提问。这就是说，是以"懂或不懂"为形式的提问。这种提问或许是有必要的，但从强调培育思考力与判断力的角度而言，用单词作答的提问并不能判断学生的思考状态，难以促进学生的思考。2.不给予思考的时间。学生对教师的提问需要花费相当多的归纳自己思考的时间。但是，许多教师对于学生沉浸于思考之中的"沉默的时间"往往是不耐烦的。从观摩教学中可以看到，在用单词回答提问的场合，往往限于一秒钟或者数秒的程度。教师不愿等待这种"沉默的时间"，他们往往是提供某些线索，让别的学生来作答。3.旨在维持课堂秩序的提问。教师未必限于听取学生的思考而作出提问，而是抱着另一些目的——引起打瞌睡或做小动作的学生的注意。可以说，这种提问是旨在维持课堂秩序，不是旨在把握学生的学习状况、促进其思考的提问。

改进教师的提问——1.重新思考提问的内容。尽可能避免是非题、用单词回答的提问尽可能改为"怎样思考的""会怎样"之类的提问。即便在不得不采用是非题的场合，听了学生的回答之后，应当加上"为什么这么思考"的提问。基于以往课堂提问的经验，学生往往持有猜测教师期待得到什么答案的倾向。就是说，不是自由地思考，而只是发现教师希望的回答，使教学得以顺利进行的期待。2.给予思考的时间。在大多的场合，没有给予学生充分思考解答的时间。在一时不能解答的场合，给予思考时间的方法——"再想想看，听听别人怎么说的"。3.让学生理解错误的回答是在所难免的，不必惧怕。学生往往有生怕答错的恐惧心理，因此不说出自己的想法。不惧怕错误的回答，就能创造自由地说出思考的课堂氛围，促进学生的学习进步。

（四）向学生反馈评价结果

即便获得了作为评价之结果的有益信息，但这种信息无助于改进学习，那是不可能发挥"形成性评价"的作用的。在这里，需要思考将评价结果传递给学生的方法。教师向学生传递评价结果，谓之"反馈"。采用怎样的方法来进行反馈，决定了评价的效果也会跟着变化。"形成性评价"的研究区分了"无效的反馈"与"有效的反馈"。[18]

无效的反馈——1.通常学校实施的考试是用分数来表达其结果的，这也是一种

"反馈"。"分数"能够表达的是"优秀"之类的信息,但这种信息仅仅诉诸学生的自尊感,在反馈不良结果的场合,就会有损于自尊感,降低学习的积极性。让学生理解自己的得分,往往会使学生关注自己的分数并与他人进行比较。由此可知,显示"分数"几乎无助于学习的改进。不仅是分数,而且公布考分的排行榜,同公布分数的作用是一模一样的。2."很好""加油"之类的点评——"反馈"的另一种方法是借助语言的反馈,谓之"点评"。往往是在公布考分的基础上,作出"很好""加油"之类的鼓励,或者加上"努力"之类的鼓励。不过,这也同分数一样,作为"形成性评价"是没有效果的。3.学生不能理解的点评——根据教师的点评给学生带来的感想的调查,不理解教师点评的学生居多。比如,"再凝练一些""多元地思考"的点评,一般说来学生是不能理解的。另外,反复重复同样的点评,学生也是难以接受的。4.分数与点评的组合——分数与点评组合的场合也需要注意。比如,即便作出了适当的点评,但一旦与分数并重,学生的关注点就会偏向分数。切忌把"分数"与"点评"并重。

有效的反馈——为了有效的"反馈"就得避免带来反效果的"反馈",但这是相当困难的。首先是必须尽可能避免单纯地告知评价结果,因为分数终究不可能发挥"形成性评价"的作用,它是一种"终结性评价"。公布分数的做法会使得学生认为学习的目的就是取得更好的分数,无助于学习的进步。必须转换这种评价的思维方式。公布"排行榜"比公布"分数"更恶劣,与"形成性评价"无缘。有效的点评内容是,基于学习目标,指出"哪里是好的""哪里需要改进"。通过反复地实施这种点评,学生就会认识到,评价的目的不在于成绩,而是提升学习。

(五)自我评价与相互评价

既然评价基本上是旨在改进、修正学习者自身的活动而进行的,因而"学习评价是作为学习主体的学生自身旨在改进与修正自己的学习活动而展开的。可以说,评价的主体基本上不是教师,而应当是学生"[19]。

从反馈到自我评价——上面是从教师的视点出发考察了"形成性评价"。毫无疑问,教师的作用是重要的。不过,在"形成性评价"中学生的作用也是重要的。"形成性评价"通过重视学生的作用,其目的不仅在于提升学习,而且具有别样的意义。就是说,通过重心从教师转向学生,就能从教师提出改进建议的"反馈",转向学生自身监控自己的学习。学校的最终目标之一是,学生成为自主的学习者,因而通过"形成性评价"使学生自己能够监控自身的学习,这是极其重要的。因而作为一个出发点,具有通过"形成性评价"培育自我评价能力的意义。萨德勒(R. Sadler, 1989)揭示的"形成性评价"的三个条件是[20]:1. 必须让学生知道,学习的目标需要达成怎样水准的学习成果。2. 必须让学生知道,学习目标与水准同自己实际的学习状况有着怎样的落差。3. 必须指导学生,如何缩小学习目标与水准之间落差的方法。这就是说,要发挥"形成性评价"的作用,既要有教师的指导,也要有学生自身积极地改进学习的活动。萨德勒之所以重视"形成性评价"中学生的作用,是由于即便教师作出了改进学习的建议(反馈),倘若学生不能付诸实施,也是无济于事的。为了改进这一点,应当更加重视学生自身的作用。在萨德勒看来,学生自身认识到学习目标是自己的目标、认识到该目标同自身的学习状况的落差,才会作出填平落差的努力。学生首先自身认识到学习目标与自己的学习状况之间的落差,亦即必须有自我评价。在这里必须注意的是,"形成性评价"所要培育的能力在欧美国家谓之"高阶技能"(Higher Order Skills),相当于日本的学习评价视点中揭示的"思维、判断、表达"的内涵。

　　"自我评价能力"的培育方法与最终目标——根据既有的研究,作为评价能力的培育方法可以采用:1. 引进相互评价。在自我评价中作为最初的练习,在同学之间相互评价作品(比如作文)是有效的。2. 知道学习的目标。不同于识字学习,让学生理解高阶技能的学习目标同培育"自我评价能力"息息相关。理解这种学习的目标是教师的作用。一般说来,单纯用语言来表述学习的目标,学生是难以理解的。比如,仅仅说"写有逻辑性的文章"这一学习目标,学生可能完全理解不了。仅仅是作为语词来接受,却不理解"逻辑性文章"本身的内涵。要让学生理解,就得实际地展示若干篇逻辑性文章。当然,学生的年龄与年级不同,所要培育的逻辑性文章的水准是不同的。需要根据年龄与年级的不同,改变展示的文章的水准。在展示作品的场合,需要对照学习目标,说明是否达成了目标。通过这种指导的反复与展示,就会让学生懂得什么是教师所要求的。3.小组评价与教师指导。在使学生理解学习目标的同时,必须让他们围绕自己的实际作品进行自我评价的练习。在这种场合,学生与其单独进行评价,不如通过小组评价,通过了解自身的不足之处以及别的同学的见解,深化或拓展自身的思考。评价练习的作品也可以用该班级学生的作品。对于同样的课题,也可以考虑用以往别的学生的作品。在这种场合,改变作品的局部、让评价更容易理解,也有助于练习。在小组评价的练习过程中需要教师的指导。同让学生理解学习的目标一样,运用具体的作品,需要指导该关注哪些方面进行评价,明确相应的评价水准与具体的作品。4.制作作品过程中的自我管控。这种指导的最终目标是,在写作与调查的过程,特别是完成自己作品的过程中,能够独立进行判断与修正。[21]

(六) 终结性评价与说明责任

"终结性评价"是在一定时期的学习结束之后,归纳并显示其学习成果的一种评价。归纳的方法是数值(1,2,3……)与符号(A,B,C……),文字表述,等等。用数值与符号表示的场合,如何显示其意义成为一个课题。倘若是"相对评价",是个人的学习状况在一定的集体中所处的位置;倘若是"目标参照评价",是表示个人的学习达到了一定的评价标准的哪一个阶段与水准。在"终结性评价"中成为问题的是,评价结果用于怎样的目的,主要有三个:1.为下一个年级的教师提供评价信息——通过向同一所学校的下一年级的教师提供评价信息,便于任课教师把握学生的大体状况(优、中、差),也多用于编班。不过,要基于每一个学生的学习状况编制教学计划。由于"终结性评价"并不显示详细的学习状况,作为信息是不充分的。2.校际之间交流评价信息——提供不同的学校阶段的评价信息,便于下一个学校阶段的教师了解学生的大体状况。在大多的场合,可用于编班或者编组参考。3.向家长提供信息——向家长提供学生的学习状况也是"终结性评价"的作用。在这种场合,家长的要求究竟是基于"相对评价"的评价信息,还是要求基于"目标参照评价"的评价信息,评价的作用优势不同,难以一概而论。

晚近,在国际教育界兴盛"说明责任"(Accountability)的潮流,亦即学校负有责任向纳税者说明是如何使用税金的,追究学校教育机构是否提升了学生的学力。国际上推行的各式各样的调查测验就是属于此类评价,比如,OECD 实施的 PISA 评价。PISA 调查显示的是"高阶技能",亦即日本所谓的反映"思考力、判断力、表达力"的课题。

四、从"怎样评价"看评价策略的演进

(一)评价的质:信度与效度

评价的结果由于目的的不同会产生巨大的影响。典型的就是升学考试,高考与中考的结果具有改变学生一生的影响力。当评价的结果用于作出重要决策的场合,保障评价的"质"是理所当然的。这种评价相当于医生的诊疗,能够满足这种评价的要件是"信度"(Reliability)与"效度"(Validity)。[22]这两个概念往往是以纸笔测验为前提的。

1. 信度

基本视点——"信度"是指"测验结果的稳定性"的概念,这是以纸笔测验的方式、实施大题量的测验为前提而用的术语。在这里,用"测验"的术语来替代了"评价"的术语。"信度"指的是,所要测定的知识技能是否达到了一定程度的准确的测定。比如,测量体重,同一个人倘若两次测量,是否显示了同样的体重。就是说,"信度"的基本观点是,对同一个被试实施同一个测验,隔一段时间再测的场合,是否出现同样的结果。倘若出现了同样的结果,那么"信度"高,否则,"信度"低。这是一种对测验的"被试解答的一贯性"的调查。作为调查信度的方法,可以考虑同样的测验在几天之内再实施的方法。不过,倘若同样的测验做两次,由于被试熟悉了问题,出现同样的结果是不现实的。

评分的信度——"信度"的另一个侧面是,追问两个评分者对同样的测验进行评分会有怎样的结果,谓之"评价者之间的信度"。这是追问评分者在对考卷打分时的一贯性的问题。对高考的叙述式试题的批判,就是基于这种"评分者之间信度"而提出的

异议。

　　评价的统一性——当我们引入纸笔测验以外的"真实性评价"的时候,就得考虑运用以纸笔测验为前提的"评价者之间信度"是否适当的问题。这就引出了一个新的概念——"评价的统一性"。这是在追问,诸如在使用"真实性评价"方法之类的别样评价方法的场合,不同的评价者在能否以作出同样解释的评价标准来用于被试而提出的。不同于"评价者之间"的信度围绕特定对象(试卷解答、特定的课题)所用的评价,而是在追问所用的评价整体的框架,亦即即便不同的教师与学校有所不同,是否也能进行同样的评价的时候,采用了"评价的统一性"的概念。比如,某个学校同别的学校对同样的学习状况是否显示了同样的评价结果。

　　评分审核制——使用"真实性评价"等纸笔测验之外的评价手段一旦出现,就得确保这些评价的统一性。这种确保统一性的步骤谓之"评分审核制"(Moderation)。作为审核有若干方法。(1)小组审核。这种方法是,若干学校组织小组,带着自己学校里评价的学生作品(报告、制品),讨论评价标准及其解释如何适当地进行、通过实际的作品展开讨论,求得评价的统一。(2)基于评价监督的场合。这是决定旨在称之为"评价监督"的确保评价统一性的承担者,这种承担者走访各所学校,检查学生作品的评价,调查评价标准的解释与运用,必要的时候进行指导的方法。(3)运用参照测验的场合。这是把各所学校实施的评价,用相关的所有学校参与实施的测验结果来进行修正的方法。比如,在某校评价为优秀的学生,倘若在这类学校的整体测验的成绩不良,评价指标就得往成绩低的方向修正;倘若优秀,评价指标就得往成绩高的方向修正。

　　2. 效度

　　概念效度——"效度"是指"是否正确地评价了所期望的知识与技能"的概念。比如,尽管想评价思考力,但实际上在评价知识的场合,可以说该评价的效度是低的。以往有种种的可靠度,不过现在以"概念效度"作为种种效度的基础,可以说是最重要的。所谓"概念效度"是追问是否适当地评价了所要评价的基本知识与技能。为了适当地评价,就得适当地界定形成知识与技能的要素,亦即必须适当地界定"概念"(Construct)。在此基础上运用适当的评价方法,"概念效度"就会提高。比如,评价"阅读"的场合,构成阅读的种种要素——准确发声、理解意义、愉快阅读。倘若仅仅是评价为准确发声,那么,关于"阅读"的这种评价的"概念效度"是低的。再者,在评价"历史见解"的场合,倘若其构成要素不明确,就不能作出评价。

预测效度与内容效度——以"概念效度"为基础,可以考虑不同的效度。一是"预测效度"。这是追问测验结果能否预测被试未来学习的成功。比如,高考统一测验的结果,能否预测学生进入大学之后的学习状况。二是"内容效度"。这是追问测验的试题是否反映了所要测验的学习内容与范围。比如,学校定期测验的试题,是否反映了该学科考试范围的内容。

结果效度——晚近出现了追问以一定的目的实施的特定的测验与评价是否受到测验带来的社会影响,其影响是否得当的效度观点。这种效度谓之"结果效度"。

在选择与编制评价方法之际,需要考虑"信度"与"效度"两个方面。提起评价,往往把客观性、"信度"视为头等重要的事,追问是否测评了"目标"是不可或缺的。另外,"终结性评价"并非以评定与排行榜为主要目的,作为"形成性评价"在优化教学方面,应以"效度"为优先。

(二) 评价方法的多样化

20世纪肇始的智力测验是大量地出题,用正解数(分数)来评价(测定)。为便于对众多的人实施,这种智力测验也开发了多项选择式,被用于智力测验之外的目的,特别是用于学校教育中的评价。学校中运用的"纸笔测验"源于智力测验。不过,20世纪70年代以后出现了不同于纸笔测验的新的评价方法,"表现性评价"就是一个代表。"表现性评价"这一新的评价方式之所以问世,是由于"纸笔测验"难以充分地评价能力与技能,在这种背景下,也有学校教育所期许培养的能力与可能发生了变化的缘故。培育"高阶技能"成为所有先进工业国家共同的课题,OECD国家要求培育"关键能力""核心素养"。这就意味着,知识的习得固然重要,但仅仅凭借知识难以应对世界的变化。单凭源于智力测验的纸笔测验是不充分的。因应教育目标的广泛性,评价中运用的方法也必须多样化。

1. 纸笔测验

多项选择式测验——这是从若干的选项中选择正确的方式。选择正解还是误答的正误判定测验,可以考虑"是非题",选项一般是 4 个或 5 个。即便增加选项,结果并无多大的差异。多项选择式测验的好处是在短时间里可以进行诸多事项的测验。通过问题的编制工夫,也可以在一定程度上测定理解的深度。不过,这种方式基本上是追问"知道与不知道",不能测量理解的深度。打分的可信度自然是高的,也不费时间。多项选择式的最大问题是仅仅选择他者思考的正解就行,无须自己思考正解。这种形式的测验,即便能够作出选择,选项的内容本身未必是凭借学生自己的思考得出的。

限答式测验——这种形式的测验幅度广泛,包括从回答用语与单词的测验到用短文回答的测验,也有阶梯结构的测验。(1)用语与单词的测验(填充题)。这种方式同多项选择式一样,能够解答大量的问题,适于评价广泛的学习事项。打分也同多项选择式一样容易,打分的可信度与评价者之间的可信度也高。不过,问题在于只能进行"知道与不知道"用语的二分法评价,不适用于思维能力的评价。(2)用短文解答的测验。字数短。这种测题是一般是说明含义、说明多项选择式中选择的理由。在数学中进行 2—3 步左右推论的测验,属于这种分类。这种测验不同于多项选择式与回答单词、术语的测验。虽说是短文,必须自己思考文章,但无须高度的思维能力。打分不难,可信度也高。(3)具有阶梯结构的测验。这是把若干问题从易到难进行排列,按序进行解答,最后让其解答需要复杂思考的问题。由于达到复杂的思考过程的问题排列无须自己思考解答的过程,作为测验是容易的。问题是在大多的场合,最初解答的问题一旦出错,后面解答的问题也跟着出错。[23]

论述式测验——围绕一定的题目与问题,学生自由地论述问题的形式。这种形式同短文解答的测验,难以明确地区分,但比短文的篇幅更长一些的问题形式,起码是 100 字到 1000 字的幅度。在字数非常多的场合也谓之"小论文"。这种形式的好处是,可以了解学生的知识结构与逻辑性思维,也能评价学生是否适当地针对问题进行了所拥有的知识与技能的选择与组织。这种自由论述倘若没有指定一定程度的范围,不仅难以打分,而且学生自身也不知道该写些什么。在评价这种形式的解答的场合,分两种评价——着眼于若干视点进行评价的"分析性评分",与不分视点凭借总体印象进行评价的"主题评分"或凭借印象的评分。

2. 真实性评价

"表现性评价"(Performance Assessment)——迄今为止,评价研究者并没有关于"表现性评价"的共同明确的界定。美国的一部分论者主张,除"多项选择式"之外的所有测验都是"表现性评价"。这里所谓"表现性"原本指的是实技学科(体育、美术、音乐、家政等)的实际操作。就是说,体育学科中的跑步、跳箱之类的身体运动;美术学科中的绘画、泥塑之类的作品;音乐学科中的歌唱、演奏等,均不是纸笔测验评价的、实际进行运动、作品、演奏,或者要求制作的实技。"表现性评价"的标准包含了不同的表现性水准——从幼稚的初步的表现性水准到凝练的高阶的表现性水准。在美国谓之"量规"。在"表现性评价"的场合,通过实际使用课题来评价能力与技能,"效度"是高的。不用说,关于评分的"信度",评价者之间的"信度",在"表现性评价"中也高,是理想的。

"档案袋评价"(Portfolio Assessment)——"档案袋评价"是把学生在学习活动中制作的作品加以归档保存的一种评价方式。作为档案保存的是,代表学生的能力与技能的作品。从所保存的作品来看,该时点的学生达到了怎样的能力与技能的程度,能够把握其一个侧面,就是这种评价的特征。比如,在语文教学中,集中诗歌、散文、逻辑性文章等种种不同类型的作品,来显示学生整体的能力。学生的作品倘若悉数保存,就不是评价而是单纯的保存了。因为要评价,所以必须有所选择。收入档案袋的作品应当是有价值的。作品的价值一旦得到认可,就可以提升学生的学习活动——这就是"真实性评价"的特征。在真实性评价中也有学生自己设定学习目标的记录,围绕其实现程度的自我评价,加上取得的各种资格的"凭证",谓之"生涯护照"的"学习成就的记录"。

3. 评价方法的进步

学习评价活动大体有三种目的,这就是(1)学习的评价——成绩认定,有关毕业、数学的判定。重视评分标准(保障效度、信度、可行性,有限而简约)。(2)为了学习的评价——旨在教师教学活动决策的信息收集,据以改进教学。重视实践的引导(长期教学的经验,不仅参与客观性评价,而且关注教学的有效性,以及与同伴分享的可能性)。(3)作为学习的评价——学习者自身的学习监控,自我修正与自我调整(元认知)。重视师生分享自我评价的指标,锻造师生的"慧眼"。[24]

"学习评价论"从"终结性评价"与评定为前提的"学习评价"(Assessment of Learning)到强调"诊断性评价"与"形成性评价"的"为了学习的评价"(Assessment for Learning),再到强调反思、自我评价与元认知的"作为学习的评价"(Assessment as Learning),研究的焦点不断拓展。在晚近的"形成性评价"中,不仅强调指导教师评价的"为了学习的评价",而且强调学习者自身改进学习或为自身的学习与探究"掌舵"的"作为学习的评价"。

五、走向"学习评价"的新范式

(一)"表现性评价"与量规

晚近在"思考力、判断力、表达力"的评价方面,"表现性评价"受到注目。这种评价侧重于具体地设定有现实意义的真实性场面,通过引出学习者的表现、测试其实力的课题(表现性课题),评价其活动过程与成果。这就意味着"基于表现性课题的评价"。因此,不同于传统的测验,可以说,它是以课题、过程、档案等表现作为线索,在学习者发挥实力的场面,所采取的最适当的评价时机与方法。这是一种浸润于教学情境的评价,嵌入了丰富的产生深度思维的活动、表现这种思维的过程与成果的机会,以及由此而产生的思维表现的质性评价。要均衡地评价素养,不能局限于单纯知识量的评价,需要有以"表现性评价"为代表的运用多视角、多层面的评价方法。作为"表现性评价"要求把握"高阶思维技能"的状态之际,不仅关注其最终的结果,而且学习与思维的过程也受到关注,展开多视角、多层面的检验。[25]

在"表现性评价"中,像客观测验那样,采用目标的达成与未达成的两分法是困难的。这是牵涉到学习者把握表现性课题擅长与否和解决程度的问题,不能不依赖于教师的质性的专业解释与判断。正因为如此，所以"表现性评价"采用评价表现的熟练程度的"量规"(Rubric)这一评分方针，借以避免评价的主观性。所谓"量规"是表示成功程度的一种数值性的"尺度"(Scale)及显示各个尺度所体现的认识与行为特征的"描述"(Descriptor)所组成的评价指标。具体地说，"量规"作为一个真实性的评价工具包括三个要素——评价准则、等级标准、具体说明。"量规"既可以是把评价对象（表现）作为一个整体来评分的"整体量规"，也可以是从多个视点来把握的"分项量规"。"整体量规"在学习过程最后的"终结性评价"阶段里作出整体性判定是有效的，而"分项量规"由于揭示提升表现的质的要点，便于发挥"形成性评价"的作用。

从"声音"中发现学生内在的成长

评价不是最终的评定，教师需要求得日常经验（在课堂中捕捉学生的需求）与正式记录（教师与价值围绕学生的点评）之间的均衡。教师可以在形形色色的场景中进行个别观察或者谈心活动，记录具体的言行、技能、知识、态度、素养成长、兴趣爱好，等等。可以说，所有这些也是围绕学生的"声音强弱"的信息的收集。对学生的言行举止进行录像、观察其活动的样貌，可以获得学生的成长与明显的标志性特征，以及问题行为的新的视点，也可以发现对各类学生该怎么应对的方式。当教师从控制学生的行为中解放出来之时，也就是排除偏见、发现学生真实姿态之日。为了评价学生的听与说的活动及其内在的"声音"，重点可以置于各式各样的场面中学生是怎样活动的；学生对自身的参与方式有怎样的感受。可以考虑如下几点：1.学生在多元的教学内容与人际关系中是怎样言说的。2.在深化学习与思维、同周边的人交际之际，选择了怎样的谈话与讨论的方式。3.在特定的场面中是怎样沟通（从漫谈到提出规划）的。4.在种种的设定（结对伙伴、小组、全班、采访、扮角色）中，是否自信地发言。5.在书面与口头语言两个方面，倾听力、理解力、传递力如何。表9-1所载，是优才生从言谈开始到"内在声音"所表现出来的特征。[26]

表 9-1　优才生的言谈特征

在社交场面(同对方相处的场合),行为举止得体的学生——

- 乐于同他人交往。在交谈、倾听的场合,表现出信赖与和蔼。
- 能够陈述个人的体验,表达自己的所思所感。
- 无论在课间休息、放学回家还是在午休时间,都能同别人展开交流。
- 面对嘉宾、陌生人,也乐于接触。
- 见缝插针地同老师交谈。
- 能够在不同的场合同他人协作。
- 能够倾听同学与老师的声音(或录音)。

在需要协作的场面(参与课题研究的场合),行为举止得体的学生——

- 能够陈述自己学到的知识与思考的过程。
- 能够彬彬有礼地发言。
- 能够围绕课题积极地提问。
- 能够专心致志、盘根究底。
- 能够顺着别人的话语展开言说。
- 能够尊重他人的思考。
- 能够说明决定的事项并付诸行动。
- 即便发生口角,也能从容大度地调解与处置。
- 能够找出替代方案。
- 能够引出讨论的新方向。
- 能够把讨论引向纵深。
- 能够把既有信息与新的信息链接起来。
- 能够修正或弥合观念。
- 能够根据需要,发挥学习组长的角色。
- 能够组织活动。
- 能够对嘉宾进行有效的采访。
- 在戏剧活动中,勤于角色扮演的练习。

在大庭广众(面对听众的场合),行为举止得体的学生——

- 能够面向小组与班级的同学发言。
- 能够求教他人。
- 能够担任播音报道。
- 能够讲述故事与具体的情节。
- 能够归纳并报告小组的活动。
- 在阅读或聆听之际,能够显示个人的解读。
- 能够写读后感与书评。
- 能够和不同年龄的伙伴进行活动。
- 能够觉察交流的有效要素。

资料来源:D. Booth. 我也想说:激活学生"声音"的教学创造[M]. 饭村宁次,吉田新一郎,译. 东京:新评论出版公司,2021:308-309.

(二) 档案袋评价

所谓"档案袋"是指系统地收集能够表征儿童在学习过程中的能力与努力,即可作为成长证据的记录。具体地说,包括儿童学习成果与学习过程的记录、自我评价的记录、教师指导与评价的记录。"档案袋评价"的意义在于:(1)把握儿童的实态,也有助于教师从儿童状态的角度来设计教学。(2)采用档案袋评价对于儿童自身而言,可以获得自控实态的机会,这是培育儿童自主学习能力的第一步。(3)在档案袋中的探讨会是师生协同评价的机会。教师的评价标准与儿童的评价标准终究是有落差的。通过协同评价,教师可以指导儿童借助适当的步骤进行自我评价,这是儿童形成学力所不可或缺的。4.档案袋有助于学校与教师承担说明责任。[27]

> 别样的评价
>
> 学校的一件重要工作是出具学校里所发生的学习证明(证据或成果)。在许多中小学里,这种证明的主要尺度就是考试。正因为此,推荐数字档案袋的编制,尽管不能提示替代考试文化的方案,但并不意味着"居心叵测"。数字档案袋有助于改善一味聚焦标准化考试的风潮。
>
> 那么,作为评价过程的一环,学校为什么要编制、又怎样来编制数字档案袋呢? 编制学生与教师的数字档案袋主要有两个目的:其一是"学习档案",显示学生伴随着时间的推移而表现出来的个人的成长;其二是"展示档案",旨在突出该生学习的强项。比如,倘若有学生在9月、10月、11月、12月进行阅读活动的录像,就可以评价学生伴随着时间的推移而成长的真实面貌。另一方面,在"展示档案"中则可以显示学生最精彩的作品(类似于履历书)。倘若习惯了这种评价方式,不是教师,而是学生能够作出自己最得意的活动的选择,也能说明作出这种选择的标准了。
>
> 在传统的评价体制中,成绩是主观性的东西。在阅读课中取得A意味着什么呢? 这种评分,即便在学者的层面、教师或评价者层面,也会随着场所的变化,其评分标准是有发生变化的。相反,档案袋却能显示真实的学习面貌及其时序的变化。而且,由

于家长也能实时地了解子女的学习状况,有助于增进家校之间的联系。[28]

在应试教育的背景下,评价往往指向测验容易看得见的成果,作为检查儿童的学习的一种机械性活动。相反,"真实性评价"(表现性评价与档案袋评价)的取向本身,就是一个重要的探究过程,不仅提出了新的评价方法,而且也提出了把评价视为更人性化的创造性活动来重建的新范式。[29]

参考文献

[1] 山田肖子.知识论:信息云时代的"知性"活动[M].东京:东信堂,2019:7-12.

[2][19][22] 广石英记.教育方法学[M].东京:一艺社,2014:16-17,129,130.

[3][10][11][12][17][18][20][21][23][25] 铃木秀幸.学习评价入门[M].东京:图书文化社出版公司,2021:12,22,23,25,32-33,35,38,39-40,58-60,63-64.

[4][27] 钟启泉.解码教育[M].上海:华东师范大学出版社,2020:147-149,205-206.

[5] 钟启泉.深度学习[M].上海:华东师范大学出版社,2021:23.

[6][7] 永江诚司.教育心理学关键词[M].京都:北大路书房,2013:112,112.

[8][9] 石井英真.现代美国学力形成论的发展[M].东京:东信堂,2011:32-35,88.

[13][14] 石井真英.教学创造:设计"好课"的五个穴位[M].京都:智慧女神书房,2020:33,241-243.

[15][28] G. Couros.革新者心态:学校教育的变革[M].白鸟信义,吉田新一郎,译.东京:新评论出版公司,2019:304,292-294.

[16] 田爪宏二.教育心理学[M].京都:智慧女神书房,2018:143.

[24] 藤原正典,荒木寿友.教育的方法与技术[M].京都:智慧女神书房,2018:227.

[26] D. Booth.我也想说:激活学生"声音"的教学创造[M].饭村宁次,吉田新一郎,译.东京:新评论出版公司,2021:308-309.

[29] 钟启泉.教学心理十讲[M].上海:华东师范大学出版社,2020:186.

第三编

教学策略的文化支撑

　　教师的高超技艺是让年轻人发现创造性的表达与知识建构的喜悦。

——爱因斯坦（A. Einstein）

第十章　教师:教学策略的创生者

　　课堂是多元声音交响的世界。教师就是在这样独特的场域中一边倾听着复杂交织的声音,一边运筹帷幄、精心运营的。教师的工作负有化解由于不确定性而产生的两难困境的责任。换言之,需要借助以"课例分析"为中心的教师的学习,持续地拷问自身的教学能力。创造有效率、有效果、有魅力的教学是每一个教师的责任所在。从这个意义上说,卓越的教师是教学策略的创生者。

一、教师成长与教师的学习

(一) 教师的学习过程

　　教师学习——当我们着眼于"教师学习"这一术语之际,会是怎样一种具体的形象呢? 倘若考虑到教师工作的特征,那么,从事教学的教师进行学习是不言自明的。教师必须随着技术革新与社会的进步,掌握新的教学观念与方法。而最优的教学内容与方法的选择并非取决于单一的因素,教师的工作并不存在放之四海而皆准的标准。就学校的"课堂教学"而言,它是每一个教师与学生参与的多声交响的场所,在这里,持续地寻求提升教学质量的专业性是不可或缺的。那么,所谓寻求"专业性",究竟是怎么一回事呢?

　　从怎样的角度来看待教师学习的问题,晚近的学习科学展开了一系列的研究,包括"发展行为"(过程—任务研究)、"变革知识"(认知模型研究)、"共同体内交互作用的变化"(社会文化情境研究)[1]。具体地说,其一,指的是掌握新的技能、所掌握的技能的使用频度的改变、使用技能的微调与运用。比如,利用数据终端的教学;以明确的目的把这种数据终端,作为教学之中儿童彼此分享各自思考的工具;使用数据终端的整体设计等教师行为的变化。其二,指的是增长教师的新知识,大幅度修正既有知识,在信念与价值观部分进行微调。所谓"修正知识"是指进行概括化、抽象化,明确知识的实际使用范围,从而将其具象化、精致化,能够整合知识,即兴地因应情境采取适当的行为。

其三,指的是把课堂视为一个"共同体",在师生的交互作用中创造参与共同体的规范与规则,为了一起学习而分享评价的标尺——这就是教师的作用。以对话与工具为媒介的形成过程,就是"学习"。从课堂规范的变化、角色作用与结构的变化、使用工具的实践的变化等,可以看到"学习"的进步。从教师个人来看,可以将学习视为教师参与学习共同体的顺应过程,在学校中教师同僚的研讨会就是支撑教师学习的场域与活动。上述三者不存在孰优孰劣的关系,不过是从不同的侧面描绘"教师学习"的关系而已。

作为反思性实践家的教师——当我们思考教师"专家"形象的时候,舍恩(D. A. Schon)的两种专家模型——"技术熟练者"与"反思性实践家",是值得参考的。[2]从教师的教学工作来看,前一种形象,是在习得被视为普遍有效的教育理论知识与科学技术的基础上,在直面现实问题之际,能够合理地加以运用的实践者。这就要求教师具备持续地探讨能够避免不确定性的普遍通用的教学方法;而后一种形象,则把不确定性视为成长的机会。这是旨在针对当下的状况存在哪些问题展开对话,在行动中思考,通过反思行为而形成专业知识的实践者。事实上,教师工作是难以明确地区分这两种专家形象的。多数教师的姿态是以"技术熟练者"为目标的,寻求便于稳定地践行的教学方法。不过,在寻求变革的教室里则要求教师能够应对随时产生的课堂事件,成为"反思性实践家"。因此,教师的专业性——在践行的过程中形成的知性及其过程的反思,受到重视。

或许我们可以想象,"反思"这一行为是在一连串的事件终结之后,把该行为作为反思的对象,借以发现改进的策略。不过,舍恩提示了关于实践者的行为反思的新的观点,即基于境脉的"行为中的反思"与"行为本身的反思"。就是说,表明"反思"不限于课后进行,也包括在境脉的流程中琢磨行为。比如,当教师看到小组作业停滞不前的样子,面临种种的选项——提早结束小组作业、展开班级讨论与分享;教师提供暗示,继续小组作业;抑或围绕各小组当下面临哪些困惑,展开讨论之后再进行小组作业——之际,不存在唯一的最优选择,应当基于单元教学的目标作出的判断而加以改变。其间，目睹课堂中作为现实而发生的事件、倾听儿童的发言，来判断尔后采取的行为。可以说，在洞察复杂交织的境脉中思考教学的行为，借以形成儿童的某种知性，就是期待于教师的"专业性"。

（二）教学认识的变化

教学信念——倘若面对"教学是怎么一回事"的询问，让我们来想象一下会有怎样的回答。恐怕即便是未当过教师的人也会持有教学的印象，因为每个人都拥有儿童时代接受学校教育的经验。研究表明，何谓"教学"这样一种信念，是通过经验而得以变化和精致化的。日本东京大学教授秋田喜代美（1996）让教育专业的在校大学生与一线教师把自己拥有的教学印象，用"教学就像……似的，因为……"的方式进行比喻，分析他们以怎样的比喻、形成了怎样的比喻内容。结果表明，大学生把教学比喻为"像大纲似的（比喻例：日历、脚本）"的方式展开，视为"同样内容的反复（流水作业）"、以"传递的场所（电视节目、说教）"的印象居多。另一方面，一线教师把教学视为"未知的展开（无大纲的连续剧）"、以"协同建构的场域（全队协作的游戏、乐队）"的印象居多。从接受教学的视点，抱有"像大纲似的"的印象就职的，在实际从事教学的经验之后，变化为"未知的展开"，随着经验的积累，教学与其视为知识传递的场所，不如视为"协同建构知识的场域"——这就是教师的学习过程。[3]一线教师大体是基于自身在儿童时代上课的经验、带着教学的旧有印象，开始自己的教学工作的。基于个人价值观与经验而持续地产生的教学信念，是教师学习的一个重要侧面。

实践性思维方式——教师在具体的教学场面，运用怎样的知识来展开反思呢？佐藤学（1990）对 5 名初任教师与 5 名熟练教师观摩同一节课的发言与观摩后的报告，进行比较分析，发现了熟练教师的实践性思维方式。[4]从教师在连续观看教学录像中发表的感言来看，在初任教师与熟练教师之间并无显著性的差异。不过，在观摩教学录像的点评中，熟练教师无论在命题数和语句的数量方面，都表现出丰富的内涵。比较一下对同一场景（教师板书）作出的点评，发现初任教师主要是围绕板书的字迹如何规范、漂亮之类，展开点评；而熟练教师则围绕板书行为的合理性、板书对学生会产生怎样的影响、在板书时儿童是怎样的面貌，展开点评。熟练教师提炼的是，所看到的教学境脉具有怎样的价值，并思考这种境脉对儿童产生了怎样的作用。就是说，并不局限于把既有知识与策略用于教学之中，而是在课堂教学时刻变化的复杂情境中选择什么、所选择的行为对谁、拥有怎样的作用，通过同境脉的交互作用而产生认识、从而形成实践性思维方式。而借助这种实践性思维方式的反复积累，就会产生即兴而灵性的思维，这就是教师的熟练。

实践知识——教师在教学实践中必须有"实践性知识"。就是说，是教科书中难以明示的教师的"默会知识"。那么，教师的这些知识究竟属于怎样的知识范畴呢？首先是"学科内容的知识"。倘若缺乏借由教学应当教授的有关学科与教材的知识，那是不可能展开教学的。不过，仅仅有学科内容的知识是不够的。李·舒尔曼（L. Shulman，1987）强调了学科内容的知识是教学的知识。无论"学科内容的知识"还是"一般教学方法的知识"，都不是独立存在的，而是存在着"设想教学的教材内容的知识"（PCK）。PCK 指的是以特定的对象、教授特定的学科知识的教学方法的知识。比如，小学一年级"两位数退位减法"的教学一般是从竖式演算（从十位数上借个 1、把 1 当 10）开始讲解的。不过，以"12－5"为例，若用"剩下"的说法，或可便于直觉思维（诸如，12 个人在公园里游玩，5 个人回去了，剩下几个人？ 或者，12 个人排成一行走路，自己排在第 5 个人的时候，后面剩下几个人？）；或者，亦可提示多种多样的解题思路（10－5＝5，然后 5＋2＝7；12－2＝10，然后 10－3＝7）。除了基于儿童的生活经验、教授正确的笔算知识之外，还能从儿童的回答中把握他们对两位数的认识。可以说，这种态度体现了教师的"实践性知识"。[5]当教师考虑应当怎样进行教学之际，需要把握学生以往学过哪些知识、他们从日常生活中获得了哪些经验、容易产生哪些错误，等等，在此基础上把教学的内容转化成儿童的学习过程，通过"反思性教学"形成教师自身的实践性知识。

（三）从案例中学习

教师实践研究的特质——我们必须认识到，一线教师实践研究的文化不是单纯通过案例研究来具体地验证教学的方法，而是超越了丰富教学与儿童见识的层次，具有哲学意义的研究取向。正如戏剧与小说那样,离开了教师自身从第一人称的角度、以故事的方式描述课堂中每一个具体的儿童的实践与沟通,那就称不上教师的实践研究的文化。以日本的"授业研究"为例,多种多样的教育杂志、琳琅满目的教师撰写的图书,彰显了日本教师的阅读文化与研究文化的底蕴。进而可以说,日本的教师不仅编撰实践记录,而且用自身的话语,以生动的比喻与情节,把"实践中的理论"加以抽象化、公开化,作出了明确而系统的阐述。其作品,不是单纯的技术与手法,而且基于教育目的、教学本质、儿童观、实践经验,论述了丰富的哲学与思想。小西健二郎、斋藤喜博、东井义雄、大村はま等著名教学实践家的一连串著作,以自己的话语与逻辑,阐释自身的教学构想、实施、反思的过程。这种教学实践的意涵超越了实践记录的范畴,可以说具有阐释"求道者的教师"之路的侧面,不愧是优秀的教育思想与教育理论的教科书。因此,当我们思考教师的专业能力形成之际,重要的是如何促进教师形成自己的"现场教育学",亦即如何让一线教师生成并分享自己的课堂故事。借此,支撑每一个教师自身的实践与理论的创造,就可以避免教学的划一化与形式化,从而真正确立起教师团队的自律性。[6]

从案例中学习——教师从经验中学习,说的是借助深度思维而获得学习。李·舒尔曼(L. Shulman, 1996)指出,教师"从案例中学习"的"案例"(Case)并不是指单纯的好故事。故事之所以成立,并不是戴红色头巾的少女让仆人去取午饭、然后递给她午饭之类的程序,而是由于突然冒出了一匹狼。[7]同样,"从案例中获得学习"是由于在产生不同意图与预期的变化之际,有作出某种判断而行动的人,从而围绕其结果所产出的事件,展开分析与反思。案例是由"意图—变化—判断—反思"四个要素组成的。通过思考"这是有关什么的事例?"是一次性经验,而把一次性经验作为对象、同其他经验链接起来加以琢磨而产生二次性经验。从这个意义上说,我国当下诸多来自学校现场的报告停留于单纯的工作总结的层面,并没有构成"故事",亦即并没有讲述你是通过怎样的反思、有了怎样的发现(学习),发生了哪些超越教师意图的课堂事件,从而作出了怎样的判断,让儿童学到了什么,或者没有学到什么,等等。可以说,这是同真正的"讲好中国故事"相去甚远的(图 10-1)。

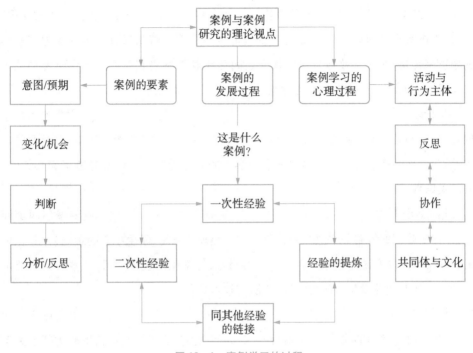

图 10 - 1　案例学习的过程

资料来源：武田明典，村濑公胤.教育方法论/ICT 活用［M］.东京：北树出版公司,2022:77.

杜威说，"我们不是从经验中学习的，而是通过反思经验来学习的"。[8]革新的教师需要沉下心来，通过课例研究、发现隐含于实践中的理论，进一步习得实践性知识，从而得以进一步寻求更优的教学。同时，通过跟同僚教师的分享与探讨，逐渐形成教师文化与学校文化。这是创造与发展教师得以持续学习的共同体所不可或缺的。

二、教师的教学能力与课例分析

（一）教师的教学能力

以往几乎所有的教师评价的指标，主要是着眼于评价上课的基础侧面（比如，教案编制、班级管理、教学方法），这些侧面比较单纯，也便于操作。然而仅仅局限于是否掌握了这些基本的上课技能,是不能视作评价标准的。"如何因应需求作出适当的支援""如何促进有意义的对话"——远比上课技能复杂得多。若从提升学生的能力与素养的角度来衡量,在资深教师与初任教师之间存在着天壤之别。美国教育学者马歇尔(J. C. Marshall)倡导衡量教师"教学能力"的"七个指标"如下——

指标①——明晰教学内容之间的关系,形成学生热衷学习的流程。主要聚焦两个问题:1.你的教学是否整合了技能与知识两个方面,形成教学内容的连贯性(学习的连贯性)。2.你的教学是在怎样的程度上把学生的兴趣爱好与学科素养链接起来的(学习的关联性)。

指标②——学生中心的教学方法、学习资源与技术的一体化。主要聚焦两个问题:1.你所采用的策略与方法是否让所有学生热衷于学习(学生中心的策略)。2.在你的教学中运用的资源与技术是否契合学习目标、让学生热衷于学习;这些资源与技术是否隐含着改变课堂学习的可能性(资源与技术)。

指标③——宽容失败,学生感到受尊重,形成精致的学习环境。主要聚焦两个问题:1.怎样改进教学的流程(教学流程)。2.如何透过完善的班级经营来改进师生关系(教学对话)。

指标④——形成挑战性的、带来深度学习的学习经验。主要聚焦两个问题:1.如何对学生抱有期待,让学生在挑战性情境中形成坚持不懈地致力于问题解决的文化(挑战性文化)。2.如何才能让学生感受到适切交流的学习体验(感受交流的指导)

指标⑤——重视借助对话实现深度思维,形成有意义的学习。主要聚焦两个问题:1.如何才能促进丰富的对话文化(交互作用的文化)。2.你的教学中是在何时出现学生深度思考、积极进取的学习面貌的(热衷学习的程度)。

指标⑥——形成创造性的、问题解决取向的文化。主要聚焦两个问题:1.如何培育与推进充满创造性与好奇心的学习环境(创造性文化)。2.怎样才能提供促进创造性与问题聚焦的学习体验(问题解决取向的环境)。

指标⑦——进行引导教与学的监控、评价、反馈。主要聚焦两个问题:1.你的评价怎样测定并支持学生的学习(引导学习的反馈)。2.从学生的达成度与成长的角度看,

"形成性评价"究竟为你的教学实施与单元目标给出了怎样的启示。

在上述七个指标中,涵盖了"对班级全员的高度期待""学习环境与教学的创造性""提升形成性评价的量与质""改进课堂对话"等的发展性要素,可以清楚地划分"模范教师的技能"与"无能教师的技能"。指标①~③是教学能力的基本要素;指标④~⑦是更专业的发展性要素。

这些"指标"同时也体现了改进教学的"层次"。层次①表示"有必要改进";层次③表示"能顺利地完成";层次⑤表示"模范的教学"。层次②和层次④则包含了各自层次前后两边内容的状态(比如,若是层次②,包含了层次①与层次③的内容)。在整个层次表中,层次③(能顺利地完成)被设定为所有教师必须达到的最低目标的标准,并且期待所有的教师都能达到层次③以上的水准。[9]

(二) 何谓"课例分析"

课例分析的目的——教学研究的目的可以归纳为三点:教学理论的建构;改进与创造教学;教师的学习。而"课例分析"就是有助于实现目的之基础、旨在理解教学的过程与结构的活动。具体地说,第一,揭示教学是怎样进行的,教学由哪些部分组成。从而提炼出教学的理论与课堂中儿童的学习与教师的教学活动的模型。第二,当教学受阻之际,基于问题的结构、探讨改进的策略;当引进新的教学方法与教材之际,揭示将会对儿童产生怎样的影响。第三,根据课例分析的结果,展开个人的与协同的反思,旨在丰富教师的教学见识。[10][11]

课例分析的视点——课例分析是以理解教学的过程与结构为目的的,实际上,就是应当聚焦"着眼于什么、揭示什么"。第一,着眼于儿童的学习过程。把教学视为儿童"学习的现场",揭示借助他者与工具的理解过程与协同过程;揭示儿童的认知过程与教师的决策过程。比如,探讨小学生数学学习的理解过程中儿童自身绘制的概念图的作用。第二,着眼于教学的社会过程,把教学视为"集体活动",在教学的展开中促进儿童的学习。揭示教师导入的明示的、暗默的规则以及同儿童的分享过程、教师教学的运作手段。比如,围绕小学 6 年级的语文教学中支撑对话教学的"球场规则"分享过程的探讨研究。第三,着眼于课堂沟通的机制。课堂是一个说话者与潜在的倾听者的对话空间。从人类学、语言学、认知科学的角度展开的教育的实证研究与课堂对话研究。比如,着眼于小学 4 年级语文教学中儿童对话方式,班级对话中在他者的交互作用下的儿童思维的生成过程,以及促进对话活动中教师作用的研究。

课例分析的意义——课例分析的方法由于研究的目的与主体研究的策略而多种多样。但不管怎样,势必会采取一定的步骤。这就是,进行教学野外调查(课堂事件的调查),从录像、音声记录、儿童的笔记等文字记录之中,提取出有关儿童与教师的发言、行为、姿势、视线的信息,加以文字化。这个文字化的素材谓之"教学记录",课例分析亦即"教学记录"的分析。晚近受社会学、心理学质性研究发展的影响,调查者进入作为"野外"的课堂,进行记录、基于记录描述教学的状态,对儿童与教师这一当事者的发言与行为、活动,探究当事者的意义建构,借助语言与图像进行重建,被视为合理的研究方法。课堂中进行的教学,在大多的场合往往会基于自身受到的被教育的经验,而视为"司空见惯的、理所当然的事"。质性研究的特征是,观察、记叙不明之处,亦即借助语言表述,加以理解。无论是调查者和教师,所谓"记录"具有"以经验作为研究对象""逼近经验"的意涵。在记录的时点上已同实践拉开了距离,而作为研究的对象了。同时,在此过程中会栩栩如生地回想起实践中的体验。自己直接、间接经验到的教学状况,借助记述加以理解——从这个意义上说,有基于教学记录的课例分析的成分。再者,通过重新观看课堂录像、重新听取音声记录,可以清楚地理解到,自己在实践中把握了什么、没有把握什么。可以说,"课堂记录"的编制,意味着对教学实践理解的深化与对自身理解的深化。

(三) 课例分析的实施

教学的观察——顾名思义,所谓"观察"是由"观"与"察"组成的行为。"观",是通过自身的眼睛、耳朵与皮肤来把握信息,而录像与录音则是眼睛与耳朵的替代物。我们不是原原本本地认识通过观察获得的信息,必然是对照自身的经验与信念来把握的。比如,听到儿童无序的发言、是把它视为"沟通活跃"还是"教学崩溃",是基于观察者的经验与信念的观察框架作出的。自身通过"观"所获得的信息赋予其意义,将其视为"教学的事实",可以说,这种行为就是"察"。囿于自己的观察,"观"教学的视野也可能固化。可以通过数人观察同一节课,进行交流,更有意义。另外,即便是在观察伊始,实际上也往往会有似曾相识、平淡无奇的感觉。在未遭遇到"课堂事件"之际,就会产生诸如此类的感觉。所谓"遭遇事件"是指观摩者把自身的体验加以语言化、是现场的原原本本的认知活动。而所谓"事件"是指观摩者感到在现场获得的体验中有语言化的价值。体验的语言化,是在重新强化或者颠覆自己以往认识的体验之际发生的。因此,即便是在开始观察之初哪怕是"一无所得",也不必焦躁,需要静待"事件"的发生。在观察之际,需要注意的是,其一,在教学中和别的活动中一概不跟儿童搭话,尽量减少观摩者的干扰,必须防止观摩者的行为影响儿童的认知过程与关系的课堂情境以及对学校生活的侵害。其二,在进行课堂录像的时候,儿童会争相"让我看看录像、看看镜头"之类的现象,这是绝对不容许的。他们应当充分认识,课堂中必须专心致志。因此,需要毅然决然地采取"断然拒绝"的态度。其三,所有的记录不让儿童观看。对于观摩者而言,即便是单纯的教学流程的记录,儿童如何看待,是难以设想的。观察者即便是在没有任何意图的场合下记录的某个儿童的行为,也可能会不经意地影响儿童。

记录的整理——由于研究的目的与研究的假设不同,记录的分析会采取种种不同的形态。在观察结束与进入分析之前,需要作一番准备。在野外作业中,收集文字、图像、声音等多样的信息,这些信息是进行数据分析的参照点,同时也是在向他人提示之际同结果一起提示,从而成为读者更好地理解结果的线索。当分析伊始,根据观察与采访所得的图像、声音记录、文字记录,制作分析资料。核心的作业是把所有记录的数据加以文字说明,这种作业谓之"誊录",而文字说明的素材称之为"誊录本"。誊录不是机械性的作业。在进行"文字说明"——反复地听取儿童与教师的发言、把音声的链接解读成有意义的模块(单词或语句)、究竟说了些什么,包括儿童的视线与身姿之类的非语言性行为也用恰当的话语真实地表达出来——的时候,是基于观察者的解释作出的。这样看来,誊录不是"事实"的转抄,而是新的"事实"的生成。

实施分析——誊录一旦完成,便进入分析,分"量化分析"与"质性分析"。所谓"量化分析",比如,着眼于学生举手之类的特定的行为,计算每个人举手的频度,探讨在每一个教学活动的场面(比如,教师讲解的场面、个人作业的场面,小组讨论的场面、班级分享的场面)是如何表现的。或者,按照功能把所有的发言进行分类(比如,指示、体悟、说明、应用、评价),探讨在各种教学活动的场面出现的频率有什么不同,每一个学生又是怎样的。所谓"质性分析",是基于教学状况的叙述及其解释的"叙事研究"——探讨课堂中师生的言行对作为当事者的他们自身而言,究竟有着怎样的意义、为什么会有这样的发言、采取了怎样的行为、教师的视线是否投向特定的学生,等等。同时,下课后对儿童与教师进行采访,或者让教师边观看录像边回想,联系该场景的话语一起进行探讨。为此,在调查阶段就得置身于现场,同儿童与教师分享时间与空间,同他们打成一片。全方位地把握"人—事—物"的性质,亲身感悟"学习场"中潜在的关系。

(四)课例研究与教师专业学习的特征

教师的叙事与学习——布鲁纳(J. Bruner, 1990)指出,人们对现实的意义建构主要有两种思维模式。一是传统的"例证认知"模式(逻辑—科学模式的认知),二是通过故事来认识的"叙事认知"(Narrative Cognition)模式。所谓"叙事认知模式"就是借助情节化的处理,把特定事件放在整体的故事中进行理解。随着布鲁纳强调的"叙事认知"模式、舍恩(D. Schon, 1983)的广义的专业性概念的重建——"反思性"(行动中认识的反思),围绕教师的叙事功能的研究日新月异。比如,借助协同地反思他者的实践的叙事,PCK概念的建构(教学内容的自身与教育学知识是融为一体、不可分割的),以及秋田喜代美的"深度反思",都强调了向儿童学习的叙事的重要性。在教师的叙事与"同僚性"研究领域受到关注的代表性人物,一是利特尔(J. Little, 1982)的基于学校改革研究的"同僚性"(Collegiality),二是麦克拉夫林(M. McLaughlin, 2001)的使实践趋于保守化的"同僚性"与使教师的创造性得以发挥的革新实践的"同僚性",他们倡导"促进教师发展的"专家学习共同体"(PLC)。[12]此外,课例研究本身与其说是教师的学习与实践得以革新,不如说课例研究通过同僚性的培育,在日常的教学生活中拥有了共同的语言，教师的学习才得以形成的。就是说，除了课例研究的三个经典目的（教师的学习、教材教具的克服、学术研究）之外，通过教师的叙事——同僚性的建构，学校愿景、价值与经验的分享，催生新的课例研究。既不是孤立化，也不是帮派主义。教师的自律性与同僚性形成相辅相成的关系、学校文化的酿成，以及课例研究中教师叙事的链接，愈益受到关注。

　　体现"课例研究"深度的例子层出不穷。

　　意大利北部的一个小镇瑞吉欧，因其卓越的幼儿教育成就闻名世界。儿童是他们自身成长与发展过程的主角，而儿童的学习和表达是多种多样的。正如"瑞吉欧教育"的创始人马拉古奇（L. Malaguzzi）在其《儿童的一百种语言》的诗中所描述的："儿童有一百种语言，一百双手，一百个想法，一百种思考、游戏、阅读的方式，一百种倾听、惊奇与热爱的方式，一百种歌唱与理解的喜悦。"儿童通过各种可表达、可交流、可认识的语言，去探索周边世界，表达自我。正因为如此，他们积极倡导"倾听教育学"——以"档案编辑"的形式展开的"儿童倾听世界，倾听这个有声与无声的世界"——的研究，借以记录儿童基于多样的语言（种种非文字的肢体动作、模拟表演之类）的学习过程。[13]这种"档案编辑"（从儿童的事实出发而展开的学习的解释学研究）同日本大正时期出现的以第一人称记述师生沟通的现象（课堂事件）的"课堂记录"，是异曲同工的。

　　教师专业学习的特征——库罗斯（G. Couros，2015）梳理了作为专业的教师的学习应有的八种特征[14]是：

　　1. 发声。学习是社会性的，应当赋予教师协作建构知识。叙事，是教育革新的原动力。教师应当公开自己的叙事，分享各自的心得。

　　2. 选择。提供选项，让教师基于自身的强项与兴趣展开学习。西蒙（O. S. Simon）说，"折腾于自己不感兴趣的事物，谓之'疲劳'；而热衷于自己感兴趣的事物，谓之'热忱'"。当你拥有热情投身学习的时候，你的努力必然会得到报偿。

　　3. 反思。"反思"对学习与个人的成长均是有效的。"革新"不是给出答案，而是提出问题。因此,为了促进频繁地反思,可以作出如下的提问:"今日你想探讨的课题是什么,为什么?""你最重要的提问是什么?""你想分享的观念是什么?"这种反思的重要要素不只在于让参与者分享自己的思考,而是征得质问。质问对学习与反思而言是不可或缺的,教师借助反思而求得精进。

4. 革新的机会。要培养革新的学生,就得首先培养革新的教师。必须为教师提供从自身的实践中学习,使之成长的持续性的机会。革新不是奢侈浪费,是一种过程,是尝试新的观念,需要费时费力的。革新作为专业教师的学习是促进学校发展所必需的。

5. 批判性思维。教师无论作为个人还是作为团队,要求进步就得展开批判性讨论、检讨观念、推进观念,考察观念的空间与环境。学校要求得真正意义上的革新就得让参与实践的人能够质疑,或者能够展开自由的挑战。

6. 问题发现与解决。每一个教师都必须是学习者。韦诺达尔(K. Venosdale)在《我,学习》的广告词中生动地刻画了这种学习者的形象:"我思考,我提问,我计划,我产出,我焦虑,我协作,我尝试,我解决,我钻研,我反思。"这就是说,"思考、提问、计划、产出、焦虑、协作、尝试、解决、钻研、反思"是发现问题、解决问题的重要特征,所有这些应当成为个人层面与团队层面共同拥有的实践。

7. 自我评价。教师通过制作自己的档案便于使对话的焦点从"评价者"转向"学习者"。作为评价的一部分的数字档案不仅提供反思的机会,而且也成为展示自己学习(反思自己的进步、强项与弱点)的机会。

8. 同网络链接的学习。网络世界拓展了无尽的学习机会。无穷无尽的信息不仅可以自由而迅速地存取,而且可以相互交流。简单的链接能力,就有可能使得你的学习环境有所增益,并强有力地加速拓展学习的机会。

三、革新者心态与开放型文化

(一)终身学习与革新者心态

终身学习——教师的能力并不是在大学的教师教育阶段完成的,而是通过终身的研修(研究与修养)形成的。这里所谓的"研修",不仅指各级教委部门提供的制度化研修,而且包括参与校本研修、公开研讨会、研究团队等自主研修,以及包括日常性的教学研讨。那么,通过现场的研修与种种的经验,教师的实践技艺与判断力是怎样锤炼出来的呢? 正如运动与艺术的技艺那样,基本上是采取"做中学"的方式。要打磨教师的能力,重要的是教师自身基于教学的"设计—实施—反思"的全过程(授业研究的周期)的实践研究。教学研究周期的发展方向受教师的教育哲学(理想的儿童、课堂、学校的面貌及其信奉的教育思想)的制约,也受到教师在各自教育情境中判断的可靠性——教师通过理论学习与实践经验而建构的学科内容、学习者、教学的展开与班级经营的方法等的"实践中的理论"(包括"默会知识"与部分"明示知识")——的制约。[15]反之,在教学活动的"设计—实施—反思"的周期中,教师的实践哲学与教学理论也得以重建。教学活动的设计—实施—反思的周期是同教师的实践研究的周期息息相关的。有怎样的"实践研究",教师的学习与成长(教师的哲学、理论、技能的洗练与重建)就会相应发展。特别是教学的"反思"取决于是"问题解决的学习"还是"知识创造的学习"。比如,恒温器是用来感知温度过高抑或过低、从而调节所设定的温度,就是一种"问题解决学习"。相反,设定的温度本身是否适当,进而寻求制动方式的前提条件——是舒适为先,还是节电为先,就是一种"知识创造的学习"。教学的反思并不限于探讨教学中儿童的学习评价与尔后改进教学的举措,知识的创造也是重要的。就是说,目标与评价的可靠性本身、教学设计模型的探讨、儿童学习过程的理解,也作为重要的探讨对象。在促进知识创造的基础上,和同僚一起有效地展开教学的设计—实施—反思的周期。

　　革新的愿景与行动——人的成长与学习是无止境的。作为学校组织,应当比别的社会组织更需强调持续学习的必要性。马丁(J. Martin)说,"我从不在学生面前说,'标准化考试改变了自己的人生',这是不懂教育的外行话"。[16]在这里,学生与教师双方都是学习者。教师应尽的义务不仅包括学生的成长,而且包括教师自身的成长。就"成功"这一点而言,教学策略并不是探讨如何作出让学生取得高分的答案。教育革新的焦点不是分数,也不是为了少数学生,而是求得每一个学生成为深度思考的人。教学的中心不是教师,而是每一个学生。教师每天必须反躬自问:"教学中必不可少的是什么,哪些是出色的,哪些是缺陷",尽可能设想课堂中可能发生的变化,如表 10-1 所示[17]:

表 10-1　两种叙事,两种课堂

A 课堂	B 课堂
教师包揽一切	教师也是学习者
错误即失败	错误引出学习
教师提问	学生提问
学生静听	学生思考
目标是好成绩	目标是真学习
死记硬背	问题解决
止于翻书本(教科书与习题集)	动手制作(创作)
划一化做法	个性化做法
强施规则	无需规则
↑(适于机器人)	(适于学生)↑

资料来源:G. Couros. 革新者心态[M]. 白鸟信义,吉田新一郎,译. 东京:新评论出版公司,2019:148.

　　革新者心态——学校要前进,教师就得有使自己成为"学习者"与"指导者"两个角色得以持续成长的机会。实际上,教师从事的是一场场只许取胜的战斗,而战斗的对手就是失败、绝望、挫折、沮丧和落寞。[18] 在这里,"革新者心态"是不可或缺的。所谓"革新"意味着"概念、过程、潜在成果的一种思维方式";意味着教师工作的戏剧性转变。斯坦福大学心理学家德韦克(C. Dweck)区分了学生"僵化心态"与"成长心态"的差异。持"僵化心态"的学生,相信基本的能力、知性、才能是固定不变的,在他们看来,人们某种程度的能力与才华是天生的,不可能期待有什么变化。因此,他们常常装着聪明的样子。而持"成长心态"的学生认识到,自己的能力与才华通过努力与拼搏是能够发展的。他们相信,未必人人是同样的。不必认为谁都会成为爱因斯坦。但是,只要努力,就可以变得聪明起来。在库罗斯(G. Couros, 2015)看来,教师也同样需要有"成长心态",并在"成长心态"的基础上,提出了"革新者心态"的概念。因为,学校倘若没有"革新者心态"的教师就不可能培育学生的革新精神。所谓"革新者心态"是指"发挥能力、知性、才华,走向新的更好的观念的创造性思维方式"[19]。在他看来,革新的教师能善于在现行的制度框架内为学生寻求革新的学习机会。"革新者心态"不仅是一线教师,而且是所有教育工作者必须具备的。他梳理了"革新者心态"的八个特征[20]:

1. 共情。"革新"是从对学生的共情开始的。由于教师每天为学生提供有效的学习机会,所以对自身的学习经验也拥有高度的期待。这种教师常常会追问自己"是否也成为这个班级的一员",寻求从"教师中心"的课堂转型为"学习者中心"的课堂。能够共情的教师不是从教师的视点而是从学生的视点出发来思考课堂的环境与学习的机会。

2. 问题的发现与解决者。教师往往会对学生作出提问,学生则按照特定的步骤找到回答。然而,现实世界的问题并不是阶段性、线性式的,而是复杂甚至棘手的问题。要解决实际的问题,必然会有某些试误和反复,时而会有许多的正解。况且,解决问题只是学习的一部分。因为,"发现问题也是学习的重要一步"。

3. 敢冒风险。革新的教学方法总会伴随着风险。要满足每一个学生的需求就得冒风险,拥有革新心态的教师既有敢于挑战的积极性,也有敢于冒风险的教学实践。

4. 网络。网络对革新而言非常重要。从根本上说,一切的观念来自观念的网络。一旦形成了可能把你引向不可预期的环境,便容易产生"革新的观念"。人们在积极地共享观念的空间里更易催生观念。当教师协同地推出新的方法、展开实践之际,就会结出革新与愉悦的果实。反之,孤立往往是革新的大敌。

5. 敏锐的观察力。所谓"创造性"是从彼此拥有不同的见解开始的。真正的学习从学生的创造开始。教师借助有效的观念与自由的线上学习,同分享的信息结合起来,有助于拓展学生的学习可能性。从网络所获得的更有意义的不是观念,而是创新的意念与决断。

6. 创作者。谁都能够消费信息，但这不是学习。学习是产出，不是消费。知识不是学习者吸收，而是学习者创作。学习是学习者既有的知识技能与新遇的知识技能的交响，基于此产出新的知识技能。因此，他们不是孤立的消费者，而是对话型生产者。

7. 抗挫力。大凡碰到新异的事物，人都会有一种置身险境的感觉。所以，作为教师应当聚焦"对学习者而言什么是最好的"问题，进行思考，作出决断。学校的环境，是拓展学生的思考、激励学生的最佳场所，同时也是他们挑战失败、纠正错误的最安全的场所。"容许失败"对革新而言是重要的，但在此过程中更重要的是抗挫力与坚韧力。人生沉浮，起起伏伏，从失败中振作起来是人的生存能力所必需的。

8. 反思。"反思"对革新而言是一个重要的过程。借助"反思"可以产生一系列提问——有哪些优点与缺点，可以作出哪些改进，怎样的提问有助于前进，从中带来"学习"。教师对努力、进步、过程抱有疑问，对革新而言是重要的。因为在怎样的情境中重新探讨学习，教师就有可能找到作出微调、修正、反复或再发现的领域。"回顾性反思"是寻求"前瞻性进击"所不可或缺的。"反思"也有助于形成教师之间的纽带，深化教师学习。

（二）基于课例研究的开放型文化

超越个人能力论——如前所述，布鲁纳的叙述模式、舍恩的行动中的反思，以及同情境的对话，集中体现了教师的"专业性"，一举改变了以往并不认为教师拥有高阶的职业知识、而将其视为"轻松工作"（Easy Work）的教师职业观，从而开辟了仅次于律师、医师的第三条专职的教师专业化的道路。教师的知识并不像科学知识那样，它是不可能命题式地叙述的。佐藤学（1991）认为[21]，支撑这种专业性的实践性知识有如下的特征：1.惯用知识——缺乏严密性与普适性，是处于具体境脉中的、得以持续更新的再发现、再解读的知识。2.案例知识——同境脉与情境不可分割的知识。3.综合知识——不能还原为特定学科的知识，是在直面实践性问题的不确定性中的跨学科知识。4.默会知识——教师自身也未必意识到的，临机应变而表现出来的知识。5.个人知识——通过个人经验与个性而发挥作用的知识。"课例研究"当然是一种案例研究(2)；在具体的境脉中，旨在课堂事件的再发现与再解读(1)；通过诸如"不让一个孩子掉队"之类的难题的解决，消解不确定性(3)；通过和同僚的协作与 ICT 设备，使得"默会知识"得以显性化(4)；把观摩课堂教学的个人经验通过叙事得以分享(5)。

学校文化与课例研究——社会学家赫格里夫斯(A. Hargreaves，2012)指出[22]，学校内存在着三种重要的专业资本。一是"人力资本"(劳动/知识/技能，等等)，二是"社会资本"(信赖/协同/互惠，等等)，三是"判断资本"(事例/即兴/挑战，等等)。赫格里夫斯对迄今为止偏重于"人力资本"的现象敲响了警钟。对此，秋田喜代美(2019)用"储蓄"作了一个比喻：一个人即便有再多的积蓄，在缺乏交易机会的情境中，经济活动是不可能成立的。就是说，学校不仅需寻求"人力资本"，而且"社会资本"和"判断资本"也包括在内，寻求能持续投资的学校模式。当然，在应试教育的学校文化中，"社会资本""判断资本"既不能投资也不能积蓄。培育学校文化的关键在于，如何通过教师(包括行政管理人员)流动在内的学校行政体制的革新，来积蓄社会资本与判断资本。"课例研究"不仅是"教师学习"的场所，也是分享愿景、价值与经验、创造学校文化的公共空间的场所。学校必须作为一个系统发挥"学习共同体"(J. Dewey，1927)、"民主共同体"(L. Weber，1988)、"关爱共同体"(守屋淳，2011)的功能。

开放型文化——文化是期待、交互作用，以及最终借助"学习共同体"的整体关系而形成的。[23] 作为教师需要透过开放而促进链接式的学习。根据安德森(C. Anderson，2010)的研究，有说服力的演讲具有三大的要素，这就是[24]：其一，拥有共同关注的人——听众规模越大，潜在的关系就越强。他们是革新得以产生的生态系统。其二，他人在干什么的"可视化"——必须让听众看得见先锋人物在干什么。因为，这是发动人们学习与参与的方法。其三，"变化—成长—改进"的需求——革新需要努力。这是基于长年的研究与实践得出的结论。越是没有强烈的需求，就越是难以发生变化。作为教师与领导者的工作，不是支配别人，而是引出他们拥有的潜在能力。革新的教师应当扪心自问：你的班级相当于如下三种课堂文化——"顺从""热心""赋权"(Empower)——中的哪一种呢?[25] 以往大多数的教师是学习课程标准、根据课程标准设计教学,让学生加以理解的方式进行施教。这种教学模式相当于"顺从"或者"热心"的教学模式,然而,"赋权"的教学模式将会产生新的更好的学习机会。罗宾(H. Rubin)指出,"实际上,所谓'自由'比'力量'更大。'力量'意味着你能够控制,而'自由'则意味着你自身的解放"。[26]"赋权"的教学模式使学生的潜能得以释放,促进他们的深度学习。校长与教师不是支配学生,而是引导他们发挥自身拥有的潜能。单凭"热忱"是不够的,需给予他们必要的学习机会。倘若我们要寻求关系的文化,那么,我们就应当考虑到,让学生从教学伊始就聚焦自己的学习与成长。

注

(1) 由"国际教育成就评价学会"(IEA)发起的"国际数学与科学成就项目"(TIMSS)从 1995 年开始进行,四年一轮,主要是测试和问卷调查参与国学生在数学与科学成就方面的状况,旨在为各国政策制定者了解其国家教育制度的优势与劣势方面提供国际标准,向决策者提供权威的数据资料,为学校改革提供评估服务。"国际学生评估项目"(PISA)是"经济合作与发展组织"(OECD)的成员共同开发的项目,三年一轮。其目的是测试 15 岁学生是否掌握了参与未来知识社会所必需的基础知识与基本技能,从而建立一套学习评估方面的教育指标,为各国制定政策参考,使他们能够用这套指标来审视、评估和检查其国家及学校教育的整体成效。2018 年,OECD 提出将"全球素养"作为 PISA 的组成部分,标志着"全球视野"研究的新进展。以上述 TIMSS 和 PISA 的调查研究为背景,20 世纪 90 年代至 21 世纪初期,"课例研究"风行世界各国。2006 年,"世界课堂研究学会"(WALS)成立,每年召开一次大会,与会的国家和地区、人员年年增加,从当初的 7 个参与国拓展到 2021 年全球 40 多个国家与地区,逾 700 名教师和学者以线上线下的方式参与的中国香港与澳门大会。WALS 的学会刊物 *Lesson and Learning Studies* 把"课堂研究"视为广域的学习研究,由此可以窥见"课例研究"的广度。

参考文献

[1][3][5][7][10][12][13][22] 武田明典,村濑公胤. 教育方法论/ICT 活用[M]. 东京:北树出版公司,2022:71 - 72,73,75,76,63,82,82,85.

〔2〕钟启泉.深度学习[M].上海:华东师范大学出版社,2021:183-187.

〔4〕佐藤学,岩川直树,秋田喜代美.关于教师实践思维方式的研究(1)——以熟练教师与初任教师教学的比较研究为中心[J].东京大学教育学部纪要,30.177-198.

〔6〕〔15〕石井英真.耕耘教学的创造:设计"好课"的五个穴位[M].京都:智慧女神书房,2020:306-309,309.

〔8〕〔14〕〔16〕〔17〕〔19〕〔20〕〔23〕〔24〕〔24〕〔25〕〔26〕G. Couros.革新者心态:学校教育的变革[M].白鸟信义,吉田新一郎,译.东京:新评论出版公司,2019:153,260-282,10,148,50,52-70,93,238-248,129,131.

〔9〕〔18〕J. C. Marshall.你的教学能力如何:卓越教师的七个指标[M].池田匡史,云财宽,吉田新一郎,译.东京:教育开发研究所,2022:14-16,8.

〔11〕钟启泉.透视课堂:日本授业研究考略[M].上海:华东师范大学出版社,2020:117-129.

〔21〕佐藤学.课程与教师[M].钟启泉,译.北京:教育科学出版社,2003:386.

第十一章　教学策略创生的现代课题
——以 ICT 与"认知心理学"的活用为例

认知科学与信息技术的发展正在改变着世界,也改变着学校教育的格局。"学习者身处并活动于复杂的发展、认知、生理、社会和文化系统之中……所有学习者都是在文化所定义的境脉中以文化所定义的方式学习与成长的。"[1]如何基于认知科学的见识,将信息技术深度融合于学校"学习境脉"的创设之中,便成为教育研究的一个重大课题。这里的"学习境脉"指的不是单纯的学习准备与 ICT 的运用,而是如何创造能够支援学习者学习的场域。亦即涵盖了人际关系、电脑及其作用、校舍与教室的布局乃至整个社会的文化环境。信息技术主要是指以电脑与互联网为代表的通信技术,以及晚近教育领域中借助 ICT 的范畴,囊括操作信息与控制通信等一种广义的概念。教育信息技术可以提升人的认知能力,改变人的思维方式,有助于人的知识建构与知识结构(数据—信息—知识—智慧)的优化。教育信息化带来的好处是,为重新设计学校的课程与学习环境提供了支撑。不过,信息技术终究是学习者学习的工具,信息素养的养成也不是单靠设立信息学科能够解决问题的,需要的是基于认知科学的整个学校环境的再造。下面,以"ICT"与"认知心理学"的活用为例,分别展开讨论。前者不是阐述具体的信息技术可以为学校教育提供哪些关键的"可供性"(Affordance)(注1),而是从教育方法学的层面,梳理信息技术与教育目标相匹配的 ICT 概念的理解与运用;后者的讨论强调,作为认知科学的代表性领域的"认知心理学",是创生教学策略所不可或缺的"科学依据"。

一、寻求信息技术的支撑:以"信息通信技术"(ICT)的活用为例

(一) 支撑素养的"批判性思维"

作为"学力"的素养——联合国教科文组织的《学习权宣言》(1985)说:"所谓'学习

256

权',就是读写的权利,持续提问的权利,深度思考的权利,想象创造的权利,读懂自身世界、书写历史的权利,获得所有教育手段的权利,发挥个人的、集体的力量的权利。"[2]"素养"的狭义概念是母语的读写(识字)能力,这是基于文字媒体的沟通能力。"素养"是通过学校教育而获得的、支撑学习、生活与职业的文化行为的基础性能力。成人要在日常生活和职业工作中发挥作用,在这种狭义的母语读写能力的基础上,则需加上"计算素养",以及阅读包括图表、地图之类的各种书面文字的"写作素养"。这些能力谓之"功能性素养",是支撑人们生活、学习、工作的文化行为的通用能力。

复合素养——"素养"不是单一的,而是具有如下层级结构的复合素养。[3]第一层级,"读写能力"与以此为基础而展开的"计算/写作素养",以及基于这些素养的通用的"批判性思维"能力与态度。第二层级,以第一层级为基础的阅读信息的"解读/媒体/ICT 信息",处理数理信息的"科学/数学素养",主要在中小学教育阶段培育。受这两者支撑的"公民素养",是作为一个公民社会生活所必须具备的阅读信息、采取适当行动、发出信息等的沟通能力。风险、健康、金融之类公民所涉及的种种领域的素养的总体,受"批判性思维"的支撑。特别是在传染病流行的时候,收集来自媒体的正确信息的"媒体素养";旨在判断风险、降低感染而采取主动处理的"风险素养";掌握并践行旨在维护健康的知识与技能的"健康素养"。第三层级,所谓"学术素养"是从事学术研究所必需的素养。这是高等教育所重视的,但作为其基础的批判性阅读、倾听(信息收集)、言说(讨论与表演)、写作(报告与论文)的能力,是需要在中小学教育时期养成的。为了升学深造、从事研究活动(发现问题、作出假设、收集并分析数据、撰写论文),也必须有"研究素养",而中小学的项目学习与跨学科学习中的"探究学习",就是培育这种素养的出发点。

批判性思维——艾尼斯(R. H. Ennis)指出,所谓"批判性思维"是"聚焦该相信什么、该决定做什么的合理性的内省性思维"。[4]基于这个定义,"批判性思维"可以界定为"基于证据的逻辑性而作出的不偏颇的内省性思维"。这种"批判性思维"的步骤(阶段)是:1.读取教科书、图表之类的信息,凝练出主张以及支撑主张的"明确化"。2.检讨该信息的根据及作为其前提的推论基础的探讨。3.基于信息作出"推论"。4.旨在展开行动、发言、发表的"行为决策"。所有这些都通过内省性思维——元认知,自主地进行的监控。这些过程进而受到知识、技能的支撑。此外,从1—4的认知过程,是同他者的交互作用联系在一起的。来自他者的反馈,是同促进反思,自主地作出判断、纠正认知性偏差与错误,息息相关的。支撑"批判性思维"的态度大体分为五种,即1. 逻辑性思维态度——逻辑地思考的态度。2. 注重证据——基于证据进行思考的态度。3. 探究精神——探究多重信息的态度。4. 客观性——避免偏见与先入观,多角度进行思考的态度。5. 审思的态度——即"深度思维"的态度,是支撑前述四种态度的态度。

风险社会中的"批判性思维"——在全球规模的传染病流行与大规模灾害风险的状况下,无论教师还是学生需要掌握如下几点:第一,掌握"批判性思维"对于身处风险的教师、学习者、世界公民而言,都是重要的。这是因为,它是发现并解决风险状况下各种各样的问题以及展开自主的思考、判断与行动,所不可或缺的。第二,通过"批判性思维"发现自己的先入观、认知偏差,倾听别人的意见、展开协作。比如,驱除对感染的恐怖与焦虑、不忌避感染者、不躲避医生。重要的是,借助基于"批判性思维"的"媒体素养"与"ICT素养",修正(端正)多媒体与因特网助长错误、焦虑与偏见的信息。第三,通过"批判性思维",基于证据(事实),展开明晰的思考,自信地发表见解。这是同拥有说服对方的影响力与领导力息息相关的。第四,在日常生活中基于适当的信息作出降低风险的判断。在这里,对风险的信息适当地作出评价、选择,借以求得问题解决的"风险素养"发挥着重要的作用。第五,排除消极、恐怖的心理。基于"批判性思维"合理地分析(自我理解)自身的烦恼,通过转移注意力的方式来缓解自身及其周边人的焦虑情绪,借以降低身心的风险。

(二) 媒体素养与ICT素养

ICT与媒体的关系——克拉克和迈耶(R. C. Clark, R. E. Mayer, 2011)梳理了教学的三个构成要素,这就是教学的"样式"、"策略"(方法)与"媒体"。在这里,所谓"样式"是指整个教学的基本的沟通要素——图像、教科书、音声;所谓"策略"是旨在顺利地展开"选择、梳理、整合"之类的学习过程的教学要素;所谓"媒体"是指传递信息的一切手段,而"多媒体"则是这些媒体的组合。[5]随着电脑与网络之类的"信息通信技术"(ICT)的进步,学校的课堂教学得以从"传统教学策略(方法)的效率化"转向"最大限度地拓展应用的范围",催生了新时代崭新的教学策略(方法)。我国自 2001 年以来开启的"新课程改革"着力于从"知识本位"转向"素养本位",这是新时代需要的学校教育。然而,在我国众多的学校现场依然存在着诸多陈规陋习,诸如动辄"不准带手机""禁止上网"之类。这是一种过于简单化的做法,无异于把学生跟数字媒体隔离起来。我们需要界定一个合理的规范的范围,让学生有机会接触数字媒体,并使之成为他们养成"批判性思维""自主控制能力"的契机。应当说,"在课堂学习与家庭作业中只能使用纸笔的规则,并没有反映时代的技术进步。学生生活在数字社会里,他们运用信息技术,经历着如今的成人在年轻时代不可能经验到的事物。学校应当顺应时代的变化,在课堂内外的学习中采用 ICT 和社交媒体。学生一旦体验了数字媒体,他们就能够发展有助于未来生活的数字技能,掌握有助于人格与学业双促进的'21 世纪型能力'"。[6]

　　媒体素养及其教育——"媒体素养"由三个要素组成。[7]1. 媒体的表现技法的知识,亦即媒体的表现技法与制作过程、有关广播台、新闻社之类(赚取利润、拥有影响力的组织)的知识。2.发现媒体的偏见的能力,亦即针对所发布的信息,发现其偏见、作出批判性分析、评价与选择、进行解读的能力。3.收集与运用信息的能力,亦即在媒体中进行存取与选择,能动地加以运用的能力以及通过媒体进行沟通的能力。这样,"媒体素养"在公民阅读报刊杂志、视听电视方面发挥着重要的作用。以往的学校教育是以传授学科知识为中心的。"媒体素养"的教育牵涉语文、信息学科的同时,需要超越学科内容、进行跨学科的教学,进而培育作为学科与跨学科学习之基础的"批判性思维"。这就是,为了应对媒体所提供的信息,学校教育的目标应当是把学生培育成为能够进行适当思考的"优秀的思考者"(Good Thinker)。可以说,这是旨在能够自主学习、自主行动的"自我赋权"(Self-empowerment)。在这里,围绕培育"媒体素养"以及支撑这种素养的"批判性思维",大体存在两种观点:其一,学习者并不具有构成"媒体素养"以及支撑这种素养的"批判性思维"的技能,因此需要通过教学,让其能够进行

"批判性思维"。但这种技能的培育单靠课堂教学是无济于事的,需要同日常生活中的运用链接起来。其二,与其单纯地训练"媒体素养"与"批判性思维"技能,不如在具体的情境中、在问题解决的整个过程中加以施教。比如,关于传染病的风险,收集来自电视、报纸、因特网的信息、主张的可靠性与客观性、科学的证据、逻辑性展开、汲取对立的见解,等等。从广阔的视野进行评价,来探讨不同媒体之间的差异。

ICT素养与信息运用能力——在"信息通信技术"(ICT)进步的背景下,公民必须借助多媒体之外的信息通信技术来掌握旨在利用信息的新素养。比如,"电脑素养""因特网素养"等;包括这些信息通信技术的运用在内的素养总称为"ICT素养"。聚焦基于这些技术的信息利用总称为"信息素养"。再者,晚近以ICT为基础的数字环境的信息利用总称为"(ICT)数字素养"。拥有巨大影响力的"因特网"是接收者检索信息、自主地决定阅读顺序的接收者主导的媒体。这种主体性地选择与运用信息与信息手段的必要能力,就是"信息通信能力",成为"批判性思维"的基础。我们需要认识到ICT素养中"批判性思维"的重要性。一方面,电视与报纸之类的"多媒体"提供的信息是由专家多阶段地编辑的,信息的质量与可靠性是能够保障的。但另一方面,"社交网络服务"的服务、软件与网站(SNS),使得谁都可以成为发言者。由于发信者不同,其质量与可靠度是有差异的。在这里、接收者的"ICT素养",尤其是"因特网素养"、评价信息之可靠性的"批判性思维"技能,显得非常重要。

(三) 风险社会与风险素养

风险素养——在充斥着风险的社会中,教师与学生应当拥有"风险素养"。[8] 所谓"风险素养"指的是:1. 从可信赖的信息源获得有关风险的信息、多角度理解的能力。2. 理解降低风险的政策性与应对行动的能力。3. 围绕风险的决策与行动的能力。支撑"风险素养"的三种素养是:其一,正确地理解来自报纸与电视等媒体的信息、采取适当行动的"媒体素养"。尤其是在传染病流行与大灾害之际,网络上充斥着海量的信息(包括与事实不符的谣言),产生影响社会与人群的不良现象。在这里,不确凿信息、错误信息、焦虑与恐怖不断增幅的信息,泛滥成灾,导致人们产生过剩的防御反应以及对特定人群的偏见与攻击。比如,在 SNS 扩散的诸多信息难以分辨真伪。在这种情形下,基于"批判性思维"琢磨信息、作出正确而适当的判断,订正错误信息,使之不至于扩散,显得非常重要。其二,理解信息,特别是理解科学术语(细菌与病菌的区别)、理解科学方法论(实验组与控制组),以及理解科学政策(比如,疫苗的开发)的科学素养。其三,风险信息,特别是读懂统计与概率数据的统计(数学)素养。这种素养包括如下要素:1. 基本的数据处理能力;2. 在理解平均与误差之类的统计术语的基础上,理解抽样、对照组之类的手法;3. 基于数据作出推定、评价与决策之际,根据数据的误差与不确定性作出判断。尤其是风险作为不确定的现象是以极其低的概率表现出来的,难以直觉地理解。比如,患病的概率 0.001% 置换成"10 万人中 1 人"这一具体的数字与频度,便容易理解。

在风险社会里应当掌握什么——在风险社会里,学生应当掌握什么? OECD 的教育 2030 项目提示了如下四种素养[9]:第一,知识。学科知识(数学、科学等)与跨学科知识(媒体素养、ICT 素养、风险素养)等在现实生活中起作用(比如,防止传染病)的实践性知识。第二,技能。作为认知技能,批判性思维与问题解决能力,以及监控认知技能的元认知技能是重要的。在现实的情境中要操作仪器、躲避风险,就得有实践性技能;同周边的人们沟通、协作,就得有"社会情感能力"(沟通、协同、情感控制、共情等)的参与。第三,态度与价值。"态度"是指尊重他人、责任感、信赖,等等。"价值"是指正义、高雅等。所有这些支撑"批判性思维",成为负责任的行动的基础。而同伙伴的协作又是同解决风险问题联系在一起的。第四,"变革能力"(Transformative Competencies)的素养,旨在变革我们的社会、创造未来的素养。这种素养可分三个范畴:一是创新价值的"创造能力",指的是适应力、创造力、好奇心、开放的心态;二是"摆脱困境的能力",指的是理解他人的需求、进行"批判性思维"的能力;三是负责任的"行动能力"。指的是自我调节、自我控制等基于"元认知"的不断反思、展开针对性的问题解决的能力。

(四) ICT 教育背景下的教师姿态

教学设计与 ICT 教育——所谓"教学设计"是"旨在提升教育活动的效果、效率、魅力之手段的集大成的研究领域",也是基于教学设计的理论编制教材、实施教学与研修的过程。进入新世纪以来,随着"电子化学习"(E-learning)的渗透,"教学设计"愈益受到关注,在欧美各国是以教育技术学为中心概念展开的。一言以蔽之,它是旨在达成学习目标而思考应有的课程编制的一种手法。教学设计的理论模型丰富多元,代表性的模型就是 ADDIE——"分析"(Analyze)、"设计"(Design)、"开发"(Develop)、"实施"(Implement)、"评价"(Evaluate)[10]。这个模型得到广泛运用。"分析"——把握学习者特性,琢磨教学内容。"设计"——设定教学目标、选择教学方法。"开发"——编制具体的教案。"实施"——根据教案,付诸实施。"评价"——确认目标达成,评价实施的教学。

思维能力的培育:过程的可视化、模型化与模拟——所谓"教育",意味着每一个学生通过自身的努力,发现自身原本就存在的潜能的有意义的过程。在实施 ICT 的种种教育中有诸多重要的视点,而培育学生的思维能力尤为重要。这里试举两个视点。其一,学习过程的可视化——在教学中可以让学生反反复复在笔记本上写出步骤、展开思考、再现自己的思考过程。比如,学生在编程的学习中,程序本身就是思维的过程,显示思维的路径,借助运用程序的问题解决活动,学生自身的思维过程得以可视化。倘若发生了错误,就会思考问题出在哪一个步骤,从失败中致力于问题的解决。再者,学生之间彼此向对方展示可视化的思维过程,就能了解他人的思考,也可以期待走向"深度学习"。其二,学习过程的模型化——在学习中有很多是肉眼看不见的现象,比如理科的教学内容是以科学家的研究成果为背景,从中归纳出来的实验与理论,对学生而言是肉眼看不见的,难以实际地感受,在这里重要的是"模型化"。运用 ICT 易于进行描绘、用图示法加以模型化,也易于模拟与亲身尝试。关键是教师需要思考运用怎样的 ICT 才能组织有效的教学活动。学习的主体终究是学生。要促进学生的深度思考,就得不断探讨 ICT 的有效运用。

教师的成长心态——教育者必须先受教育。要培养学生具备 ICT 素养,教师自身就得拥有这种素养。德韦克(C. S. Dweck)说:"您是自身心态的管理者。运用正确的方法,就能使自己的心智成长。"[11]在德韦克看来,学习不仅依存于认知能力,而且也依存于学习者学习与认知能力的思维方式。所谓"成长心态"就是指学习者相信,随着时间的推移而发生的变化,会受到自身努力的极大影响。另一方面,所谓"僵固心态",则是认为人是不可能变化或者超越的,特定的能力与智力水准是与生俱来的思维方式。创造有助于学习者发挥内发性动机的方法,就是发展教师自身的"成长心态"。

ICT 和媒体不仅是便利的学习工具,而且随着应用能力的提升,潜藏着从根本上转变学校教育的可能性——从"教师中心"教学转向"学习者中心"教学。

二、寻求认知科学的支撑:以"认知心理学"的活用为例

(一) 从"心"开始

认知革命——1956 年 9 月,美国马萨诸塞工科大学召开学术研讨会。心理学、信息科学、语言学等学科的研究者云集,围绕"心"(认知)的问题展开讨论,决定了尔后认知研究的方向,催生了在其后(1985 年)称之为"认知科学"的新的学术领域,而认知心理学则是认知科学的一个领域。1960 年后半叶,奈瑟尔(U. Neisser, 1967)出版《认知心理学》,接着在 1976 年出版了《认知与现实》的专著。20 世纪前半叶开发的电子计算机催生了认知科学的新的学术领域,带来了心智与脑的研究的巨大变革。20 世纪中叶,电子计算机盛行,不单是类推的手段,而且也作为心理学过程的研究手段。把人类的认知过程作为信息处理过程的模型化方法,谓之"信息处理研究"。从信息处理的视点出发,人类与机械究竟是由怎样的物质构成的并不是一个问题,人脑使用神经细胞,电子计算机使用硅芯片,实施的处理(运算)本身并不依存于媒体。即便是在速度上、物理性能上有极大的差别,但从原理上说,即便不同的材料也能实现同样的运算。在这里重要的是运算的内容。亦即,是什么、怎样才能进行运算。其决定性的关键部分,相当于电子计算机的"程序"。由于程序规定的是一种符号操作,可以认为,人类的知性活动也是在进行符号处理。从 20 世纪 50 年代开始,迈出了人工智能研究的步伐,一个崭新的研究流派产生了。由此形成的巨大的冲击波,谓之"认知革命"。

早期认知科学的特征——加德纳(H. Gardner, 1980)归纳了早期认知科学(包括

认知心理学)的若干特征并指出[12]，第一个特征是，从"心智表象"的维度来分析心智活动。所谓"表象"是内在地建构的客体表象。不同于单纯考虑"输入—输出"的行为主义，指向切入主体的侧面、表象是如何被建构与处理(变换)的这一过程，是认知心理学最重要的特征。第二个特征是，运用"算法模型"来理解心智。这就是，从旨在进行同人脑一样的认知处理的过程这一视点来探讨问题。这里所谓的"算法"是指符号处理，它具有"有穷性、确定性、输入性、输出性、可行性"等特征，第三个特征是，暂搁情感、文化、社会的因素，专注于个人的符号处理。以软件(运算什么、怎样运算)为主要课题。不过，所有这些特征在当今的认知心理学中已不复存在。

认知心理学的进展——认知科学经历了 30 年的历史发展，在 20 世纪 80 年代后半叶迎来了巨大的变革期，称之为认知革命的"第二浪潮"。就其特征而言，可以归纳为两点。第一点，以同外界的连续性交往为中心的人的概念化。人是社会性动物。现今的人们借助手机与电脑同众多的人交往，而电脑自身却并不拥有内在的"社会性"。如果说电脑表现出了"社会性"，那是因为它反映了运用这种功能的人的面貌。换言之，是人类要求沟通、心智是通过同包括他者在内的环境进行沟通的交互而发挥作用的，而自然界中的各种刺激是如何存在的，也是决定心智发挥作用的重要因素。在这里，不可或缺的这种"交互作用"的视点以各种各样的方式贯穿在整个认知心理学研究之中。或许可以说，在认知科学早期的"个人的符号处理模型化"的羁绊中获得了解放。下面就来考察一下这股新潮流[13]：1. 提高了对"生态效度"(Ecological Validity)的认识。奈瑟尔(U. Neisser)在《认知心理学》出版的 15 年后出版《观察的记忆》(1982)中，强调了在自然的境脉中使用日常材料进行记忆研究的重要性。他在序言中断言，"自艾宾浩斯(H. Ebbinghaus，1885)以来，在严格控制的实验室中积累的记忆实验材料是'一种错误的知识'"。亦即主张，游离于现实的人工化的课题与特殊状况下所得到的实验结果，是不能反映真实生活情境中的认知活动的。研究方法与结果不符合人类的生态，便可谓之缺乏"生态效度"。这种批判的原点就在于这样一个信念——个人的认知是不可能离开社会的或是物理性的境脉的，基于这种视点的心理学谓之"生态心理学"。尔后，奈瑟尔转职康奈尔大学，极大地影响到从独特的观点出发进行视觉研究的吉布森(J. J. Gibson, 1979)。吉布森重视环境的结构甚于个体内部发生的认知过程;重视同视知觉协同的身体运动的调节。这种研究成果同晚近的"具身化认知"的研究一脉相承。2."社会认知"(Social Cognition)的研究隆盛。社会心理学作为有别于认知科学的一个研究流派,围绕个人对外界的信念,提出了"认知冲突"与"认知的契合性"这一独特的概念。自认知革命以来,最早汲取了认知心理学的见解,人际关系认知、自我认知、归因、认知方式的类型等认知研究,欣欣向荣。晚近则恰恰相反,在认知心理学的研究中大多援引社会认知的理论与见解。这种互补关系愈益增强,如今认知心理学与社会心理学之间的隔阂消弭。不过,在 20 世纪 80 年代发生的认知科学的地盘之所以发生愈益强烈的震动,不是由于社会心理学,而是文化心理学。3."情境认知"(Situated Cognition)这是在主体与情境的协调关系之中理解人的才智的一种尝试。比如,哈钦斯(E. Hutchins, 1990)调查舰队的航行。关于舰队航行中团队成员的活动,没有哪一个成员能够包揽所有的作业,进行分工的成员是在各自从事自己的工作。为了协调作业,就得协调成员之间的作业,然而这种步骤并没有任何明确的表示。作为局部性的交互作用的结果是,自然而然地形成整体的作业实施的结构。就是说,大型舰队航行的知性作业实践,是借助制度性的分工体制、各种工具与技术、沟通,等等,同所形成的"情境"的交互作用产生出来的。这种见解,从知性行为(认知)不是在每个人的头脑之中,而是分散情境(社会)之中的意义上说,谓之"社会分散认知"。4.不是同外界的交互作用,而是关于内部的交互作用的研究流派。在早期的认知科学中,同社会性一样,情感研究也被束之高阁。不过,20 世纪 80 年代以来,涉及情感影响认知的研究开始增加,也产生了"暖认知"(Warm Cognition)这一象征性的表达。这种情感研究的活跃对认知神经科学与进化心理学的发展作出了巨大的贡献。2001 年新创刊的学术杂志《认知、情感、行为的神经科学》清晰地表明了,不仅在认知与情感研究中采用历来的行动研究手法,而且也运用神经科学研究。可以预期,这个流派的研究将会长盛不衰。第二点,伴随着对人脑结构的关注,以神经细胞为焦点的新的运算模型的诞生,催生了运用脑功能图像的认知科学的创生。诸如:1."认知神经科学"借助以电子计算机为首的尖端技术的飞速发展,不进行解剖与手术(非侵袭式)的脑活动可视化的技术装置得以开发，对人脑及其各个区域的功能，获得了诸多的认识。2.并行分布处理——对脑的关注的提升与知识的积累，也促进了脑的运算模型的进展。这是现代认知心理学和人工智能中利用联结主义思想解释信息加工和知识表征方式的一种人工神经网络模型，一种更接近人脑实际的认知工作模型。

认知心理学的新潮流——心理学从诞生之日起直至 2015 年，迈过了整整 60 年的历程。自 20 世纪 90 年代以来，在认知心理学中出现了新的动向。[14]诸如：1."进化心理学"（Evolutionary Psychology）。这是立足于进化生物学，把它应用于人类的心智与行为的一种研究。2."具身化认知"。人们的认知原本是同身体不可分离的。晚近的研究揭示，身体感觉、身体状态与动作之类是以不同的方式影响认知的。这种现象谓之"具身认知"（Embodied Cognition）或"具身化认知"。这就是说，认知并不是独立于身体之外的，把两者整合起来是有其研究上的意义的。

众多的研究领域有助于理解"人是怎样学习的"。认知心理学可以提供有关因果关系的强有力证据。认知心理学领域最初是在研究室里实施基础研究，然后进行应用研究，最后同课堂里实施的研究链接。"认知心理学"的发展彻底告别了 20 世纪 50 年代不可能围绕"心"展开直接言说的时代，为学校从"心"开始的教育与教学工作，积累了不可或缺的科学证据与新鲜见解。

（二）理解"术语"

浅层理解——认知心理学中的术语，诸如"注意""记忆"在日常的课堂教学生活中是频频使用的，但使用者未必有了"深度理解"。何谓"注意"？"要注意"是什么意思呢？"注意"是有助于学习的一种功能吗？在认知心理学家中得到广泛接受的定义是，"聚焦特定的信息""聚焦特定的信息与场所的能力"，"注意"被视为一种"容量有限的资源"。注意资源的分配能满足信息处理之需的状态，谓之"认知负荷"；相反，注意资源的分配不能满足信息处理之需的状态，谓之"认知超负荷"。在认知心理学领域，众所周知的术语是"负荷理论"与"认知性负荷理论"。认知负荷理论由于大多适用于教育，成为教师的一种通识。从"注意"的机制来说，并没有多重处理功能，因为，同时对大量的信息进行处理几乎是不可能的。而且，不同的人与不同年龄的人，在"作业记忆的容量""处理速度"及"注意力的控制"上，存在个别差异。擅于注意控制的人，能有效地选择所要注意的事物，并能长久地维持注意。再说"记忆"，也不是像图书馆存储与检索书籍那么简单，记忆是"重建"的。每当从记忆中取出信息，记忆就会发生变化。每当讲述同样的故事，话语就会愈加凝练。或者追加若干夸张性的信息，或者剔除感到不适当的部分。由于不仅是故事，而且记忆本身也发生了变化。待到下次回想的时候，最后说的故事内容更贴近实际的故事内容。记忆是一种"重建"，而记忆也经历频频活跃化而发生变化。由此可以明白，"记忆"不是客观的信息，记忆是被重建的主观信息，其构成并不单纯。我们的记忆往往是不准确的，实际上我们往往拥有错误的记忆。进而，我们是通过各自的隐喻来观察世界的。就是说，我们各自倾向于以自己的隐喻（在心理学中谓之"图式"）来对事物进行分类并加以记忆。

　　神经误解——认知心理学与神经科学有微妙的差别。认知心理学聚焦于解读"心"的问题，神经科学则聚焦于解读脑中发生的现象。比如，认知心理学家在说明"记忆"时，是从为什么在符号化、存储、检索之类的抽象性认知过程中会忘却与记住来解释的；而神经科学则是把认知过程同脑内的物理性活动联系起来，作出更精致的解释。不过，事实上认知心理学与神经科学的知识借助多种渠道得以传递，往往会出现扭曲结论的现象。诸如"神经神话"就是反映有关脑的误解的一个术语。关于学习与脑的神话或多或少是源自于一部分真实，所以称之为"误解""误认"。所谓"误认"是指同现代的科学证据相冲突的信念，这里试举若干误解的例子。[15]

　　误解一，刺激丰富的教育环境会对儿童的脑带来良好的效果。人们关于学习环境的错误理解，可能来自相关实验的研究结果。1960 年前后有研究报告指出，剥夺刺激的老鼠，其神经元之间的链接薄弱。老鼠实验的结果被口口相传，于是相信人的成长也必须有"丰富"的环境。关于环境的思维方式也可能受到"感觉遮断"导致学习能力低下的研究结果（1956）的支撑。"感觉遮断"是极其极端的现象。所谓"感觉遮断"是让儿童处于什么也看不见、听不见、感觉不到的状况，一个人被隔离起来，处于完全与世隔绝的孤立状态。布置教室是无可非议的，但应当考虑是否适度。儿童在日常生活中能够充分接受有助于脑的发育的必要刺激。但由于告示板太多的教室会分散注意力，反而会导致学习效果低下。

误解二，以合乎儿童的"学习方式"来提供信息，儿童会学得更好（比如，听觉、视觉、运动）。"学习方式"似乎是基于个人好恶而有所不同的事实。"学习方式"有偏向性是不能否定的，这没有错，问题在于过分夸大。一味"尊重"个人的学习方式、借以求得学习的最大化是有问题的。比如，有这样两个人——一个人只喜欢苹果、讨厌胡萝卜；另一个人只喜欢胡萝卜、讨厌苹果。一个人每天吃 100 卡路里的苹果；另一个人每天吃 100 卡路里的胡萝卜，测量体重的结果，两个人的体重并没有差异，因为摄取了同样多的卡路里。苹果与胡萝卜都拥有营养素，跟好恶没有关系，吃哪一种都是好的。学习方式也是同样。然而，广泛实施的调查表明，90％以上的教师相信合乎自身喜欢的学习方式的教学结果是好的。特别令人惊讶的是，越是相信神经科学的人，学习方式的倾向越是强烈。从文献调查看来，诸如此类的学习方式的研究之所以增加的一个重要要因（实际上，并没有用科学的正确的方法来验证），取决于教师希望寻求支持学习方式的文献。正因为如此，研究者必须准确而明确地传递研究。学习方式即便是有效的，然而可能并不具备什么优势。

误解三，左脑型与右脑型的分类有助于理解学习的效果。两个脑半球是无可争议的事实，科学的证据也表明，在处理某种类型的问题时，一个脑半球比之另一个脑半球更活跃。比如"语言"就是一个适例。使用语言的时候，发现左脑半球有比右脑半球更活跃的倾向。不过，有人就认为"右脑型"是"创造性"的，"左脑型"是"理性"的想法是错误的。这是对"右脑型"与"左脑型"的脑机制的一种误解。在处理某种类型的问题时，不能从一个脑半球比之另一个脑半球更活跃的角度，来区分"右脑型"与"左脑型"。即便脑半球有个别差异，从社交媒体看到的左右脑问卷中，并不能区分出"右脑型"与"左脑型"的差异。脑半球即便有差异，也不会有脑功能训练的公司所主张的那种有效的期待。许多神经科学家把它称之为"左右脑神话"。在处理若干类型的问题时，或许一个脑半球比之另一个脑半球更活跃，但是，不存在一个脑半球单独活动的情境。恩卡弗（M. Uncapher, 2016）说，"所有的认知功能是分布于整个脑的多领域协同合作的结果”。为什么会相信“右脑型”与“左脑型”呢？实际上,学习方式的问题与背景是一样的。也有以喜欢特定课题为根据,醉心于“右脑型”与“左脑型”分类的人。比如,或许可以把喜欢数学的人视为“左脑型”,喜欢美术的人视为“右脑型”。“右脑型”与“左脑型”的分类暗示人们把自己纳入一个框架之中,会妨碍新的兴趣的发展。晚近的研究表明,接受神经科学的教育似乎将有助于减少对脑的误解。其有效的方法之一是“反驳型教学”(Refutational Teaching)。“反驳型教学”由三个阶段构成,即“事实—反驳—预防”。首先必须传递正确的信息,接着是介绍误解。比如有人相信视觉信息多的学习环境有助于学习,集中美化教室环境。然后是“反驳”的阶段,说明不真实的理由。最后,揭示错误议论的典型类型,采用批判性思维的方法,以防被错误的信息迷惑。重要的是,防止反反复复的误解,尽可能以正确的信息加以引导。误解一旦反复,就会对误解信以为真。从长期的视点看来,会提升不正确信息的可靠性,进而阻碍真实性信息的传播性。

由此看来,在学校现场充斥着各式各样的关于提升学习效果的误解。许多教师对“认知心理学”采取轻视或无视的态度,不理解“术语”是毫不奇怪的。但也有许多教师认识到“认知科学”是有用而有趣的,为什么也不理解呢？认知心理学家指出,这是因为在“了解认知科学的基础知识”与“精准理解表达的微妙”之间,存在着复杂的关系。[16]这样看来,要斩断以讹传讹的锁链,着力于准确信息的传递,并不是一件轻而易举的事。

(三) 消除隔阂

教育科学与教育实践之间的隔阂——教育实践在大多数的场合不是教育研究成果。在考虑教学策略之际,往往是基于教师自身的直觉作出判断的,从而导致不良的结果。华盛顿大学心理学教授勒迪格三世(H. L. RoedigerⅢ)(2013)说,“遗憾的是,在教育实践几乎所有的场合,并不是基于研究成果”。这就是说,教育的决策并不依靠科学的证据。取而代之的是,未经验证的理论、基于利益关系的促销策略、基于离奇古怪的证据的教育趋势。教育心理学家凯琳格(F. N. Kerlinger, 1977)在美国教育研究协会大会上大声疾呼[17]：教育应当关注于解释人是怎样学习的、怎样进行行动的基础研究。我们不仅要关注知觉、注意、记忆之类的基础性的认知过程，而且聚焦应用研究。所谓"应用研究"是在现实的教育问题与课堂中应用明确的基础认知过程的研究。

听凭"直觉"的摆布，还是基于"科学证据"——凭借基于个人经验的"直觉"去决定教学方法是不明智的，听凭"直觉"的结果只能是选择错误的方法。"直觉"往往是自欺欺人的，不仅迷惑自身，也往往迷惑他人。迷信基于个人经验的直觉，使得人们对"学习"作出错误的预测，造成执着与偏见。所谓"偏见"是仅仅寻求合乎自身信念的信息，并作出合乎自身信念的信息解读。纠正不正确的直觉与偏见并非轻而易举。倘若教师都能认识到人类认知的缺陷，不听凭"直觉"的摆布，而是基于"科学证据"办事，那么，学生就能避免被错误的教学策略误导。

消除偏见与隔阂——在认知心理的"研究"与教师研修的"实践"之间存在着巨大的鸿沟。由于理论与实践的长期隔绝，学术研究与教学实践的长期隔绝，特别是在课堂教学领域，崇尚直觉与经验、造成误读与误解、形成鲁莽与偏见，已是见怪不怪了。[18]这是世界性的现象，我国也不例外。这里面包括了教师并没有展开基于科学证据的教学实践。从教师自身的角度看，大体存在三个问题：没有时间；看不懂学术期刊；难以理解专业论文。一线教师远离研究者的理由是，对变革的担忧、不确凿的见解、难以接受有别于自身直觉的见解等，因而导致仅听凭"直觉"作出教学的决策。而那些自以为能够展开有效的教学实践的教师则是缺乏对研究者的信赖。在他们看来，研究者不懂课堂的事实，作出的建议是无意义的。倘若考虑到研究者以自上而下的方式"创造"知识、"普及"知识的张力关系，这种信赖感的缺乏是不难理解的。信赖关系缺乏的结果是，教师与研究者之间处于缺乏对话的状态。然而，单凭经验的直觉是难以创生"教学策略"的。我们需要的是，传递"学习"的科学，展开基于"科学证据"的教育行动。

信息技术将使"课堂"的物理空间发生巨大的变革，而认知科学则将使学习者主体及主体间的心理空间发生巨大的变革。可以相信，革新的教师依靠认知科学与信息技术这两根支柱的支撑，就一定能在学校"课堂"的舞台上，创生教学策略，演绎出一幕幕新时代的教育戏剧。

注 1

美国认知心理学家马雷特(C. B. Marrett)援用生态心理学家吉布森(J. Gibson, 1977)倡导的"可供性"(Affordance)的概念,探讨支持"深度学习"的信息技术的"可供性"特质,概括了如下八项关键的"可供性"。所有这些信息技术的"可供性",可以给学习者带来不同的学习境脉与学习策略,促进不同类型的学习,是值得我们关注的研究方向。这就是:1. 交互性——技术系统地响应学习者的行为。比如,像阅读、听录音和看电影之类并不会呈现新的信息以响应学习者的行为,因此不是交互技术。而"游戏化学习"的设计借助角色扮演及游戏社区中的互动,可使学习者沉浸其中。2. 适应性——技术可以呈现适于特定学习者的行为、知识与特征的信息。比如,智能适应性程序兼具适应性与交互性,能对学习者的任务与相关行为进行评估并作出选择性响应。3. 反馈——技术向学习者提供关于学习者表现质量的反馈。4. 选择——技术为学习者提供"学什么"和"如何学"的选择,使之实现"自主性学习"。5. 非线性访取——技术允许学习者偏离事先设定的顺序选择或开展学习活动。6. 链接式表征——技术提供某个主题不同表征之间的快速链接,这些表征重要的是,不同的概念观点、学习策略,以及诸如口语消息、文本、图表、视频与交互仿真等媒介之间的联系。这种链接支持认知的灵活性和编码的可变性。从而支持学习。7. 开放式学习者输入——技术允许学习者通过自然语言、绘画和其他鼓励自主学习的开放交流形式来表达自己的想法。8. 与他者交流——学习者与一个或多个他者进行交流。这种交流包括电子媒介的文本交流(电子邮件、聊天、讨论室等)、电子媒介的多媒体交流、计算机支持的协同学习、会话代理、按需辅导以及众包(科拉·巴格利·马雷特,等. 人是如何学习的Ⅱ:学习者、境脉与文化[M]. 裴新宁,王美,郑太年,主译. 上海:华东师范大学出版社,2021:169-170.)。

参考文献

[1] 科拉·巴格利·马雷特,等. 人是如何学习的Ⅱ:学习者、境脉与文化[M]. 裴新宁,王美,郑太年,主译. 上海:华东师范大学出版社,2021:2.

[2] 秋田喜代美,藤江康彦. 授业研究与学习过程[M]. 东京:放送大学教育振兴会,2010:110.

[3][5] 楠见孝. 教育心理学[M]. 东京:协同出版,2018:19,91.

[4] 钟启泉. 解码教育[M]. 上海:华东师范大学出版社,2020:69.

[6] 钟启泉. 深度学习[M]. 上海:华东师范大学出版社,2021:130-131.

[7][8][9] 武田明典,村瀬公胤. 教育方法论,ICT 活用[M]. 东京:北树出版股份公司,2022:

92,93,95.

[10] R. A. Reiser, J. V. Dempsey. 教学设计与技术:教学技术的动向与课题(第3版)[M]. 铃木克明,合田美子,主译. 京都:北大路书房,2013:17.

[11] C. Hamilton. 提问攻略:唤醒学生沉睡的思维[M]. 水崎亚矢,大桥康一,吉田新一郎,译. 东京:新评论出版公司,2021:35.

[12][13][14] 从基础学习认知心理学:不可思议的人类认知[M]. 服部雅史,小岛治幸,北神慎司. 东京:有斐阁,2015:192-193,194-197,203-204.

[15][16][17][18] Y. Weinstein, M. Sumeracki, O. Caviglioll. 认知心理学家推崇的最佳学习法[M]. 冈崎善弘,译. 东京:东京书籍股份公司,2022:62-70,71,13,14.

附录 教育思潮与教学策略

任何教学策略都离不开教育理论的支撑。正如美国量子化学家鲍林（L. C. Pauling）所说，"要获取更好的主意，就得拥有海量的主意"。[1]笔者曾围绕"分享课堂创造的世界遗产"[2]、"教学的方法论研究及其课题"[3]作了一些梳理。在此基础上，本文旨在从教育思潮及其代表人物的角度，进一步考察"古代—中世纪—近代—现代"的世界教育思潮与理论的发展脉络，借以把握不同历史时期教学策略的价值及其特质，为新时代教学策略的创生提供思想资料。

一、对话方式与教育学的兴起

学校中的教与学活动，从人类诞生之初就开始了。不过，作为教学策略的一种形态则是源于公元前古希腊的诡辩家与苏格拉底的"对话术"。希腊城邦国家的成立与雅典民主制度的形成，要求当政者在议会与法庭拥有雄辩的说服力，于是出现了教授这种雄辩力的诡辩家。可以说，从诡辩家教授雄辩术与德性、从而获得等价的酬劳这一点而言，"诡辩家"是世界上最早的职业教师。比如，普罗泰戈拉（Protagoras，约公元前 490 或 480—公元前 420 或 410 年）说"人是万物的尺度"，决定"是"与"非"的是每一个具体的人，否定绝对真理。古希腊智者派哲学家高尔吉亚（Gorgias，约公元前 483—公元前 375 年）与希庇亚斯（Hippias，约公元前 460—公元前 399 年）在教授雄辩术的同时，也教授几何、历史与文法等学术性知识。苏格拉底对此作出了严厉的批判。他说，这种诡辩家的辩论不过是不问真理与价值、一味说服他者的诡辩；他们的知识观也不过是往真空的容器中灌输知识与德性的一种方法而已。

苏格拉底主张要像神的教导那样去"认识你自己"。所谓"认识你自己"就是劝勉人们要"反躬自问""自省""自知"。他倡导"无知之知"——知道自己是无知者的谦逊，正是迈向真理的第一步。[4]正因为此,需要在学习中利用探究与回忆来回想获取智慧与德性的方法。这种教育实践,就是谓之"(灵魂)助产术"的对话与问答的教学方法。苏格拉底的"问答法"不是一味地诉诸自己的思考,而是倾听对方的言说,在对话中发现矛盾,达致深度认识的一种方法。因而,"问答法"也被称作"产婆术"。就是说,关于"何谓真实"的问题,不是教授,而是要像产婆那样帮助孕妇生产,问者帮助被问者去思考"何谓真实"。在课堂教学中,教师不是灌输预先准备好的教材,学习是作为学习者自身的事情,教师无非是帮助儿童自己学习,承担起"产婆"的作用。可以说,这个"产婆术"体现了学习者自身学习并凭借自身的力量产出真理的"教学"的原点;同时也描述了让学习者自身产出这种状态的教师的"教学"的理想。借助"对话",能够唤醒学习者心中的理性,探讨更好的生存方式——这就是作为一个母亲的职责,也是助产之术。

苏格拉底没有留下任何传世著作,但他的思想可从其学生柏拉图的《理想国》中读到,该书构想了理想国的教育模式。[5]他认为,国家是否健全和理想,要看是否建立在"正义"的原则之上。为此,需要根据个人素养施以相应的训练,借以形成整体协调的国家。具体地说,他以"人的自然本性"为依据,把人分成三个阶级,各司其职。第一种是"劳动者"(农、工、商),人数最多的一个阶层。其德性为节制,代表了欲望的品性,负责为全民提供物质生活资料,不享有政治权利。第二种是"军人"。其德性为勇敢,代表了勇敢的品性,负责以忠诚与勇敢保卫国家安全、辅助国政。不享有政治权利,不得拥有家庭与私产。第三种是"哲学王",人数最少,富于理性。其德性为智慧,代表了智慧的品性,负责以自己的哲学智慧和道德力量统治国家。享有政治权利,均为德高望重的哲学家。他设想了旨在实现这一理想的教育计划——开办"阿加德米学园",不收学费,实施男女平等的教育。由学习音乐、文艺、数学、天文学等到学习哲学与政治学的旨在培育英才的终身学习计划,使该学园成为欧洲历史上第一所传授知识、研究学术的学校。这所学园培育的拔尖人才便是亚里士多德。希腊的教育哲学正是因为"苏格拉底—柏拉图—亚里士多德"这些思想史上罕见的天才,才成就了古典的业绩。

古希腊的这种"方法论",从欧洲的中世纪后期开始得以发扬光大。基于"国教"的基督教的神学院,在罗马帝国得以发展起来。在修道院与教会学校中除了读、写、算和唱歌之外,也教授"七自由科"。这是以古希腊罗马时代的自由人必须具备的教养作为源流的学问大系。具体地说,包括"三学"——文法、修辞学、辩证法,"四科"——算术、几何学、音乐、天文学。"三学"属于文科系列的学问,"四科"主要属于理科系列的学问。"七艺"被视为学科形态的起源[6],在现代也谓之"人文素养"。此外,法兰克王国的查理大帝(Charlemagne,742—814年)招揽神学家与知识人,开办宫廷学校。阿奎那(T. Aquinas,约1225—1274年)在修习神学的基础上汲取古希腊哲学的精华,确立起"经院哲学"。博洛尼亚大学、牛津大学、剑桥大学等高等学府相继诞生。不过,随着神学的威权化,合理的、自由的学术研究受到了阻碍。经过15—16世纪的文艺复兴与宗教改革,教育的重心从注入式的以死记硬背为中心的教育,转向儿童的人性开发,从而近代国家的基础逐渐得以确立,近代科学运动也得以昌盛起来。值得一提的是,在要求人类的自由与解放的人文主义的旗帜下,出现了从原典中学习以亚里士多德(Aristotle,公元前384—公元前322年)为代表的古希腊思想的浪潮。伊拉斯谟(D. R. Erasmus,1466—1536年)的《愚人颂》对宗教改革产生了影响,同时他在《幼儿教育论》中强调了把儿童作为一个人来尊重的主张。马丁·路德(M. Luther,1483—1546年)通过在教堂中推广阅读其主译的母语(德语)版《圣经》的实践,为普及初等教育作出了贡献。

二、民众教育思想的演进及其影响

随着17世纪近代自然科学的发展,实学主义的教育思潮抬头。夸美纽斯出版《大教学论》与《世界图解》被誉为近代教育学之父。在指向"把一切事物教给一切人"[7]的全部艺术的大教学论(1632)中,提炼出称之为"泛智体系"的关于世界万物的百科全书知识,同时倡导"迅速地、容易地、彻底地"教授知识的教学策略的工夫。在夸美纽斯看来,儿童是一张"白纸",教师的声音是"墨水"。学校就是在儿童身上印刷知识的工厂。[8]《世界图解》(1658)是世界第一部图文并茂的教科书,它以编码方式,把所描绘的事物与说明文字一一对应起来,旨在使得儿童和民众习得文字与词汇。他确立了教科书编制的三大准则:第一,要使得学校成为快乐的天地,而不是拷问的场所。第二,锻造专注力与敏锐性。第三,以游戏的方式让儿童学会世界上主要事物的知识。特别是作为普及教育的关键,夸美纽斯所倡导的以事物与语言作为媒介的"绘画"或"形象"的教学论意义,是永远不会黯然失色的。

洛克(J. Locke)倡导"白板说",其基本观点是:所有的概念都是从后天通过感觉而获得的。他一方面主张基于教育的环境与刺激的重要性。另一方面,在他的《教学漫话》(1695)中展现了极具特色的教育论述——为了养成自立的绅士,重视从严格的训练、教养、服从到发展友情的父子关系,因而尤为重视德智体的均衡发展与家庭教育。在他看来,知识的量不是问题,重要的是获得知识的能力,亦即掌握"学习能力"。这就是所谓的"形式训练"。洛克从形式训练的立场出发,尤为重视"数学"学科。他主张数学教育的目的不是培养数学家,而在于通过数学思维培育推理能力。

在这股潮流中,卢梭(J. J. Rousseau, 1712—1778 年)倡导"消极教育法"。他在《爱弥儿》(1762)中开宗明义地说:"上帝创造的一切都是善的。一经人手,便成为恶。"[9]该书描绘了儿童从诞生到结婚各个人生阶段的教育论。他首先围绕有别于成人的儿童,阐述了通过实际的观察、研究儿童特有的价值的重要性。在此基础上,同《社会契约论》中知名的"回归自然"的命题契合,主张教育必须遵循自然,顺应人的自然本性。在他看来,教育可分三种,即"自然的教育""事物的教育"与"人的教育"。"自然的教育"是完全不能由我们决定的;"事物的教育"只是在某些方面由我们决定;唯有"人的教育"才是我们能够真正地加以控制的。他主张在不加人工修饰的自然环境中,以面向儿童为中心,嵌入其他两种教育,借以实现和谐教育。与此同时,他倡导重视人类的本性,实施未注入既成的错误文化的"消极教育"。在发展论上,在婴幼儿期与儿童期实施遵循自然的教育,从少年期到青春期实施理性的训练与职业、道德、宗教教育,迎来青年期的结婚。他在强调劳动教育的重要性时说,"参加体力劳动既可以锻炼儿童身体,也可以锻炼儿童头脑"。"在养成锻炼身体和手工劳动的习惯的同时,不知不觉中还可以培育反复思考的性情。"卢梭的教育观点对康德(L. Kant,1778—1804 年)的《教育学讲义》(1803)也产生了影响。

与此形成对照的是,裴斯泰洛齐(J. H. Pestalozzi,1746—1827 年)于 1798 年亲手创办贫儿之家与孤儿院,在与儿童一起生活的同时写下了《斯坦兹书简》,申述民众教育的重要性。在这里,他非常重视"萌芽"——儿童的人性。他认为构成人性的三种根本力量就是"思考力、情操力、技术力",它们的象征分别是"头、心、手"。[10]正如他的"生活即陶冶"的言说所表达的,他致力于谋求儿童的知性(头)、技术(手)、道德(心)的各种能力的和谐发展,自然地引发儿童天生的本性。在《葛笃德如何教育他的子女》(1801)中重视通过感知直接地理解事物的直观教学,把"数—形—语"谓之直观的 ABC。这就是裴斯泰洛齐有关基础教育方法论的出发点。在他看来,学校应当基于"直观原理"——基于儿童的感觉与直觉——进行教学。在这里,裴斯泰洛齐区分了两种直观。一是被动的直观,即外界印象的接受。二是能动的直观,即在认知过程中能动地反映外界的人的能力。这就是说,人借助被动的直观,将客观的外在世界的现象摄入自身之中;借助能动的直观,则是通过心智的力量去形成理性的认识。心智是从感性印象开始,形成明确的概念的。一切的教学都必须遵循这一永恒的法则。[11]然而,在裴斯泰洛齐的教学理论中尽管尝试把发展系列同教学内容的编制加以整合,却仍然局限于基础教养论的阶段,教学理论的系统化仍然任重道远。

到了 19 世纪,学校教育制度得以整顿,教学方法也得到研究。赫尔巴特(J. F. Herbart,1776—1841 年)尝试从联结心理学的"兴趣"理论的角度,进一步凝练了裴斯泰洛齐的"从直观到概念"的认知过程说[12],倡导"教育性教学"。这就是教育目的——基于伦理学的道德品性的教育,教育方法——基于心理学的思想圈(知识)的陶冶。赫尔巴特的教育论述是旨在培育能够承担起市民社会、推进普鲁士君主制度的"道德革命"的人(中产市民阶级)。因此,他的教学的终极目的是"道德品性的陶冶",而教学的直接目标是"多种兴趣"(经验兴趣、思辨兴趣、审美兴趣、同情兴趣、社会兴趣、宗教兴趣)。[13]同时,赫尔巴特提出了实现多种兴趣的"四阶段教学"——"明了—联合—系统—方法"。尔后,师从赫尔巴特的戚勒(T. Ziller,1817—1882 年)和莱因(W. Rein,1847—1929 年)把"四阶段教学"分别发展为"五阶段教学"——"分析—综合—联合—系统—方法"与"预备—提示—比较—概括—应用"。

福禄贝尔(F. W. A. Frobel,1782—1852年)受裴斯泰洛齐主义教育论的影响,出版《人的教育》(1826),同时在德国开办幼儿园。他立足于人是拥有神性这一万物赋神论的立场,为彰显人类内在的神性,主张在幼儿期应当实施以游戏为中心的被动性保育,从少年期开始则实施课堂学习之类的积极的教育。他设计了一套谓之"恩物"的玩具。比如,正如儿童通过积木游戏,制作各式各样的玩具那样,"恩物"是儿童认识自然法则、进行自我活动的表达的一种媒介物。[14]

三、"新教育运动"的发展

在19世纪,随着以工业化为中心的产业社会的发展,公共教育制度得到整顿,越来越多的儿童能够接受教育了。不过,在学校里停留于死记硬背知识与古典的教学方法,要求有别于此前的新型的"主体性学习"的教育,亦即包括实用技能的内容在内的德智体全方位的教育与儿童的体验性活动、尊重每一个儿童的个性与自治性活动的教育。立足于这种教育思潮的教学策略与学校,谓之"新教育""进步主义教育"或"改革教育学"。比如,英国的雷迪(C. Reddie)开设的阿博茨霍尔姆学校、法国的德莫林(J. E. Demolins)创办罗歇斯学校,都是寄宿制学校,开设技术性学程,纳入劳动与作业。在德国,利茨(H. Lietz,1868—1919年)、维内肯(G. Wyneken)、格赫布(P. Geheeb,1870—1961年)开办"田园学舍",这些学校旨在实施"全人教育"——在丰富的自然环境条件下进行基于游戏、艺术与自治性的共同生活。[15]另外,瑞典思想家爱伦·凯(E. Key,1849—1926年)出版《儿童的世纪》(1909),主张禁止家长虐待儿童、让儿童习得知识,保障女性权利、让女性从繁重的劳动中解放出来。他受卢梭教育思想的影响,基于尊重儿童个性的立场,重视儿童人格的形成,为儿童日后的发展奠定基础。具体地说,必修科目限定在读写算和最低限度的地理、博物知识、英语,而历史、地理、自然科学、数学则加以综合学科化并列为自选学科,培育儿童自主观察能力与作业能力。

以此为契机,儿童中心主义的教育思想得以盛行,其核心人物就是以实用主义、工具主义著称的杜威(J. Dewey,1859—1952年)。他强调思想与知识是行动的工具,重视"从做中学"。在《我们怎样思维》(1910)中倡导"五步探究法"——情境—问题—假设—推理—验证——作为问题解决的方法,进而作为践行自身的教育理念的场所,参与芝加哥大学附属实验学校的建设,著有《学校与社会》(1899),大胆地表达了"儿童中心教育"的思想——"现在我们的教育中正在发生的一种变革是重心的转移,这是一种变革,一场革命,一场和哥白尼把天体的中心从地球转向太阳那样的革命。"[16]在杜威看来,思维离不开经验,是人们在日常生活中的焦虑与疑问引发的思考。摆脱这种状况,亦即可以视为在问题解决过程中思维发挥了作用,掌握了知识与技能。他在《经验与教育》(1938)中提出了他的教育主张。所谓"教育"就是增加经验的意义,亦即经验的改造与再造。正如"学校是小型的社会、胚芽的社会"的隐喻,儿童在参与谓之"主动作业"的过程中通过主体性、协同性的活动与经验,发展沟通能力与洞察力。这是一种打破学科框架的课程与问题解决学习的模式。由于这种"问题解决学习"注重儿童的经验与儿童的自律性,所以也叫"课题学习""主题学习"。

杜威的教育思想与实践在尔后美国的教育实践中如火如荼地展开。一个典型的例子就是克伯屈(W. H. Kilpatrick, 1871—1965 年)的"设计教学法"。[17]在他看来,所谓"设计"是指"学生计划的、在现实活动中能够达到目标的活动。比如,儿童在服装的剪裁与制作中参与"社会环境中展开的全神贯注、合乎目的的活动",这不是单纯地习得缝纫技术,而是经由"目的—计划—实施—判断"的综合过程,伴有意志与喜悦的情意侧面的活动。另外,帕卡斯特(H. Parkhurst, 1887—1973 年)在麻省的道尔顿实施"道尔顿计划"。在数学、历史、地理、理科、语文、外语等学科中旨在实施"自由—协作—工作"的个别教学。儿童签订谓之"作业"的为期一个月的学习契约,根据进度表在各门学科的实验室里进行个别学习。华虚朋(C. W. Washburne)也实施了谓之"文纳特卡"的类似的教学实践。

四、战后的教学范式论

第二次世界大战后,以美国与苏联为中心的东西方对立与冷战持续,与此同时,在科学技术的进展中,宇宙与航天的研究得以长足发展。苏联人造卫星上天对美国而言构成了一种"卫星冲击",作为对策而设立了"美国航天局"(NASA),在增加科学技术研究的预算的同时,制定国家安全教育法,推进旨在培育优秀人才的谓之"教育内容的现代化"的数理学科的教学。就在此时,美国的科学家与教育家围绕美国的教育改革的伍兹霍尔会议召开,会议主席是心理学家布鲁纳。布鲁纳在《教育过程》(1960)中说,"任何学科都可用在智育上诚实的方式,有效地教会任何年龄阶段的任何儿童"[18]。他主张学科的"知识结构"的重要性。人类的记忆容量是7±2,借助以此为单位的有意义的模块,有助于记忆的保持与保存。比如,通过蜗牛爬行斜坡的角度、昆虫群飞的氧气浓度之类的事例,理解动物的"向性"结构,学习的迁移也会变得容易。布鲁纳进而倡导儿童要像科学家那样展开"发现学习",旨在促进基于发现的内在动机。布鲁纳在20世纪70年代以维果茨基的"最近发展区"概念为模板,提出了"脚手架"(Scaffolding, 1976)的理论。该理论主张"个体是在人际互动中建构意义的"。课堂中的"脚手架"不仅是教师的指导作用,而且儿童彼此之间、种种的教学媒体以及通信技术,都能发挥"脚手架"的作用。儿童的学习最初需要教师或成人的帮助,但随着学习的进展,会变得越来越独立,无须这种支持。就像建筑工人的"脚手架"那样,只需短暂支持,然后逐步撤除。

20世纪60年代,斯金纳(B. F. Skinner, 1904—1990年)一直对划一的教学抱有疑虑,倡导通过适当的强化和伴随的自学行为来展开学习者的自主性学习,这就是"程序学习"。斯金纳利用"斯金纳箱"——老鼠按压杠杆、出现饲料的装置,发现谓之"操作条件反射"的自发性学习。运用在电子计算机上,进行行为目标的分析与赏罚的强化,编制成问题提示—解答—评分—进行或者复习的线性式或分叉式程序。这是应用五个原理,即由"小步子、积极反应、即时反馈、自定步调、学习者验证"的原理构成的教学机器来进行的个别学习。[19]随着电子计算机的发展,对学习过程的精致的控制与根据学习者反应作出多样的反馈,有了可能。程序学习与电脑能够紧密连接,这就为尔后运用电子计算机的"电脑辅助教学"(CAI)的发展提供了基础。

在教学目标与教育评价方面,布卢姆(B. S. Bloom, 1913—1999年)系统地梳理了人的心理行为与特性,倡导由三大领域组成——"认知领域"(知识—理解—应用—分析—综合—评价)、"情意领域"(接受、反应—价值化—组织化—个性化)、"感觉运动领域"——组成的"教育目标分类学",并以此为基础,倡导基于上述目标的"掌握学习",从"正态分布"的框架束缚下解放出来。[20]上述这些主张在评价中也得到应用,倡导通过"诊断性评价—形成性评价—终结性评价"展开课堂教学。尔后,安德森(L. W. Anderson,2001)等人的修订版"教育目标分类学"对布卢姆的"知识维度"进行了修正,采用"知识种类与认知过程的二维结构",并引进"元认知"这一新的学力要素。这就是说,"知识维度"包括四个范畴——"事实性知识、概念性知识、步骤性知识、元认知"。这四种知识类型是按照"从具体到抽象"的组织原理顺序地排列的。"认知过程"则包括六个范畴——记忆、理解、应用、分析、评价、创造。马扎诺(R. J. Marzano,1988—1992年)进而提出"思维维度"与"学习维度"的概念,为单元教学的设计提供了目标范畴与教学策略的基本框架。[21]

在展开这种教学内容与教学策略的改革的同时,也出现了纠正学校与教学方式的思潮。弗莱雷(P. Freire,1921—1997年)在《被压迫者教育学》(1970)中呼吁批判传统的基于传授与暗记的"储蓄型教育"。[22]就像巴西那样,这种教育有可能维持与扩大"沉默的文化"——大多数民众处于不识字的被压迫者的地位。正因为此,弗莱雷重视在扫盲教育中针对每一个人的具体状况与矛盾,实施"符号化"与"非符号化"活动的"问题解决型教育"。这是一种基于行动与反思的以对话为中心的沟通,让学习者在认识世界的同时,通过对话深化信赖的活动,从而就能使学习者觉悟到被压迫的状况,唤醒他们投身主体性变革的过程。——所有这些论述,不仅为学校教育,而且为整个社会模式的改造奠定了批判性教育学的基础。

同样,伊里奇(I. Illich,1926—2002年)在《非学校的社会》(1977)中揭穿了义务制的全日制学校教育的弊端。[23]具体地说,把学校的教学与学习混同起来,把学历——升学、毕业或者能说会道换算成"能力"。然而这不过是提供教育预算与课程之类的商品,将其当作交易的筹码,借以强调儿童的学习自律性与行为罢了。针对这种"价值的制度化",伊里奇提出了"非学校"——以着眼于学习的自发性的网络作为基础,提供自由的学习机会的学校或者学校之外的场所——的提案。可以说,这种动向是同自由学校运动的学校形态与教学方法一脉相承的。

20世纪80年代,一股被誉为"维果茨基复兴热"超越了苏联的疆界,在欧美改革及东亚国家与地区奔流。[24]维果茨基(L. Vygotsky,1896—1934年)把人作为一个整体来看待的发展观,受到世界教育界的注目。他主张,"唯有先于发展的教育,让发展跟在其后的教育,才是正确的"。"最近发展区"是维果茨基独创的一个如何看待儿童心智发展与教学之间关系的心理学概念。在他看来,要理解儿童的发展状态,不仅需要观察"当下的发展水准",还需要把握"当下的发展水准"同"明日的发展水准"之间的差异。"明日的发展水准"意味着儿童接受成人的启发与指导,在同有能的伙伴的协作中、问题得以解决之际所达到的水准。他对皮亚杰(J. Piaget,1896—1980年)的"幼儿自言自语是尚未社会化的儿童中心言语的表现"的假设,持不同的见解,指出这种现象是作为沟通工具的"外部语言"向作为思想工具的"内部语言"过渡与发展的过渡性阶段的中心语言。另外,维果茨基提出了区分"生活概念"与"科学概念"的课题,揭示两种概念在于"自下而上"与"自上而下"的发展路径的差异,但不能把两种概念的发展路径加以绝对化。这是因为,即便是"生活概念",倘若没有成人的帮助也是发展不了的。就是说,"生活概念"的发展既存在"自下而上"的路径,也存在"自上而下"的路径。"学习"并不是在学龄期才开始的,儿童在上学之前就已经拥有了某种知识与概念,儿童会展开自身的解释与说明。质言之,教学的中心课题就在于,儿童持有的知识与概念如何加以改造。

从上述"教育思潮"及其方法论的发展潮流中,我们可以发现两种不同的教学范式:一是"开放式"教学范式,二是"封闭式"教学范式。前者是以学科知识的系统性为中心,崇尚有效地传递现成的知识。这种教学范式把儿童视为知识的被动接受者,根本不考虑儿童的主体性;后者反其道而行之,强调儿童是"学习主体"的教学策略。这种教学范式主张学习没有唯一的正解,学科的本质性知识与概念并不是教师灌输的,而是儿童自身发现与建构的。可以说,两种教学范式的交错与消长,构成了一部波澜壮阔的世界课堂教学的演进史。伴随着"知识社会"的进展,"开放式"教学范式终将取代"封闭式"教学范式——这是世界教育发展势不可挡的时代潮流。

参考文献

［1］G. Couros.革新者心态:学校教育的变革[M].白鸟信义,吉田新一郎,译.东京:新评论出版公司,2019:232.

［2］钟启泉.课堂研究[M].上海:华东师范大学出版社,2016:187-208.

［3］钟启泉.课堂转型[M].上海:华东师范大学出版社,2018:184-206.

［4］岩崎次男,等.西洋教育思想史[M].东京:明治图书,1987:16.

［5］［6］［15］［17］钟启泉.学科教学论基础[M].上海:华东师范大学出版社,2001:8-10,16-18,41-44,46.

［7］夸美纽斯.大教学论[M].傅任敢,译.北京:人民教育出版社,1984:1.

［8］［12］生田孝至,等.开拓未来的教师睿智[M].东京:一茎书房,2016:181,182.

［9］卢梭.爱弥儿[M].李平沤,译.北京:商务印书馆,1983:5.

［10］［13］佐藤正夫.教学原理[M].钟启泉,译.北京:教育科学出版社,2001:16,26-28.

［11］长尾十三郎,原野广三郎.世界教育学名著百选[M].东京:学阳书房,1980:65.

［14］［23］武田明典,村濑公胤.教育方法论,ICT活用[M].东京:北树出版股份公司,2022:14,18.

［16］杜威.学校与社会[M].赵祥麟,等,译.北京:人民教育出版社,1994:44.

［18］布鲁纳.教育过程[M].华东师范大学外国教育研究室,译.上海:上海人民出版社,1973:23.

［19］永江诚司.教育心理学关键词[M].京都:北大路书房,2013:53-56.

［20］石井英真.现代美国学力形成论的展开[M].东京:东信堂股份公司,2011:7.

［21］钟启泉.深度学习[M].上海:华东师范大学出版社,2021:154.

［22］P. Freire.被压迫者教育学[M].顾建新,等,译.上海:华东师范大学出版社,2001:25-26.

［24］Y. Engestrom.拓展学习:基于活动理论的研究[M].山住胜广,等,译.东京:新曜社,1999:4.

结语　教师形象与教学策略
——国际"教师教育学"的视角

一、教师形象的重建：从"技术熟练者"转向"反思性实践家"

　　所谓"学习"，就是儿童的经验重建、自我更新，尤其是他们所属的共同体朝着期许的方向变化，谓之"成长"。就是说，"教育"是支援儿童迈向幸福的自我变革的活动（交互作用），而激活这种学习的种种工夫与智慧，就是"教学策略"。[1]然而在现代社会里，所有的"学习"都能在任何时候、任何场所展开，进行检索与分享。随着网络社会的出现，个人记忆信息、掌握知识的意义，业已崩溃；学校教学的主要功能——"知识传承"的意义，濒临动摇。"关键能力""核心素养"等新型能力概念的倡导，意味着现代社会期许的能力冲破了传统的"学力"框架。这些概念的共同特色是，"借助工具同世界对话""同异质的他者交流""在广泛的世界中自律性地生存的能力"，亦即"同世界丰富地交互作用的能力"。这就意味着教师直面的课题与教师形象的根本转变。

　　基于学校"教育实践"的研究，可以把一线教师直面的课题归纳成如下的术语：1. 决策者——期许怎样的价值？2. 家长——在孩子的教育问题上最想获得与最期待的是什么？3. 评价——用怎样的方法来确凿地描述学生的成长与学习？4. 课程标准——最优先的项目是什么？5. 核心素养——最优先的项目是什么？对于这些问题的回答是随着时代的发展而变化的，我们需要为一线教师指点迷津。而教育的价值观与教育愿景无论对学生的当下与未来都是至关重要的。所谓"课程标准"是借助文字表述教师应当教给学生的最低限度的"达成目标""教学事项""基本水准"。所谓"核心素养"指的是"达成好业绩的人才"共同体现出来的行为特质。鉴于"有丰富知识、有熟练技能、有思考能力"的人也未必能提升业绩的事实，因而提炼出"达成好业绩的人才"应当体现的行为、态度、思维方式、判断标准等的特质。"核心素养"意味着"有能力"

284

"有本事"[2]。

正如杜威(J. Dewey)探究哲学的研究者舍恩(D. Schon, 1983)指出的,传统的"技术熟练者"(Technical Expert)的教师形象同当今时代的教育格格不入,承担不了作为教师的职责。教育实践是极其复杂的活动,教师面对复杂的教育情境,并不是单纯地套用教学技术、反复定型化的教学能够解决问题的,需要教师自身的选择与决策过程的反思,因此倡导以"反思性实践家"(Reflective Practitioner)的新型的专家形象来取代传统的"技术熟练者"的教师形象。两者(技术性熟练者/反思性实践家)无论在"行为基础"(技术合理性/行为中的反思)、"思维方式"(收缩性/扩散性)、"行为方式"(法则的运用/同情境的对话)、"行为规范"(严密性/适切性)等方面,都形成了鲜明的对照。"反思性教师"(Reflective Teacher)成为 20 世纪 80 年代以来世界教师教育改革共同追求的专家形象。[3]作为专业性的核心,舍恩特别强调了在行为的瞬间作出判断的"行为中的反思"。这是从教师自身的实践中形成实践知识的要素。

回应舍恩的"反思"(Reflection)论,荷兰教育学家科萨根(F. A. J. Korthagen, 1985)倡导基于经验反思的理想的学习过程,谓之 ALACT 模型。它由五个阶段组成——"行为"(A, Action)、"行为的反思"(L, Looking back on the action)、"发现本质性特质"(A, Awareness of essential aspects)、"行为选项的扩大"(C, Creating alternative methods of action)、"试行"(T, Trial)。由于"试行"的行为本身是新的行为,因而成为新的循环的出发点。这个模型中强调,教学实践伴随着"反思实践""提升经验知识"的过程,教师的学习才得以形成。接着他又把舍恩的"反思性实践家"的教师形象进一步精致化,提炼了教育的模型。该模型基于格式塔心理学,形成六层(环境、行为、能力、信念、个性、使命)的"洋葱模型"(Onion Model, 2013)[4]。具体地说,从外层至内层依次为:1. 环境——我遇到了什么? 2. 行动——我在做什么? 3. 能力——我能做什么? 4.信念——我相信什么? 5.个性——我是谁? 6. 使命——驱动我的动力是什么? 他把最核心的一层定义为构成人的核心的"善"。在这一层次进行反省,谓之"核心反思"。人们通过核心反思,得以发现自己内心深处的善与力。该模型是把人作为一个统一的整体来把握的。

"反思性教师"需要转换教师角色的作用：从"知识的传授者"转向"对话学习的支援者与促进者"。学习的主体不是教师，是儿童。所谓"自主性学习"是教师如何支撑儿童的学习引向沸腾的知性兴奋的活动。"教学策略"不能混同于应用技术，它拥有其作为"育人"的方法论独特性。换言之，"教学策略"原则上是基于不断的反思与洞察，求得经验的不断重建和超越的一种指针[5]。重要的是，在探讨学生"学"之际，也必须同时探讨教师的"教"。在当今世界无须教师的教学与学校教育是不存在的。教师需要洞察学生的心理，准备学生"自主学习"的场域，引导学生走向"深度学习"。"学"与"教"是共鸣、共生与协进的关系与作用，亦即"教学相长"的关系与作用。那么，教师作为"学习的支援者与促进者"的"教"，究竟该如何理解、发挥怎样的作用呢？根据日本学者的研究，可以概括为如下几点[6]：1. 提供"真实性学习"的社会—文化的境脉，让学生在参与中体验什么、经验什么，这就是"教"的作用。2. 调动教师的多声性。直面不同学习状况的教师拥有自身内在的声音，就是说，教师瞬间会拥有各种各样的声音——揣摩并评价每一个儿童的内在的声音；来自学科与跨学科逻辑的声音；来自课程与单元设计的声音；来自周边环境的声音，等等，谓之"教师的多声性"。教师基于这些声音影响儿童。"多声性"越丰富，"教"也就越多元。可以说，它是同教师的教学能力直接关联的。3. 让儿童在社会—文化中实践，无非就是表达活动，这里面就包含了"教"。通过准备多样的表达活动，儿童就能体验社会—文化的实践。4. 影响儿童对学习的动机、积极性与态度，就是一种"教"的行为。这里面包括设定场所与情境，让儿童作出自己的决定与选择。实际上，儿童的学习动机与态度好了，知识、技能、思维能力也就跟着提升了。5. 着眼于交互作用与关系。亦即着眼于每一个儿童自身同他者、教材、环境（社会与文化）是怎样交互作用的，有着怎样的关系，儿童是借助交互作用来学习的，通过着眼于这种交互作用，让儿童认识自己与客体的关系、解决问题；认识自我与他者的关系，尊重他者，可以说这是一种新型的"教"。

美国第六任总统亚当斯(J. Q. Adams)说："如果你的行为能够激励他人去寻求更多的梦想，汲取更多的知识，采取更多的行动，变得更有能力，那么你就是一个领导者。"[7]教师要为学生创造更好的学习，就得有革新的心态：发现自己的潜能，发起新的挑战。

二、教学范式的转型:从"一个故事"的教学转向"多个故事交响"的教学

教师备课时需要钻研教材,准备教案。所谓"教案"是根据单元目标、单元设计、教材观和评价标准等,而编制的课时目标与该课时的"导入—展开—总结"教学步骤的计划,即便是编制一节课的教案,也是相当费时费力的。这是因为,课时的展开是在涵盖了包括设想儿童的反应在内的所有事态的基础上来策划的。从某种意义上说,是一节课时的教学剧情的组成部分。既然是"教案",教师考虑的不过是"一个故事"。然而,在实际的教学中会产生每一个儿童的学习故事。正因为如此,即便是同一份教案,不同的班级也会有不同的教学剧情,这是需要当机立断加以处置的。正是因为在教学中所产生的差异,学生的思维才可能产生交响,达成"深度学习"。一方面,教师是否着力于超越课前准备好的故事情节,把超越本身视为一种学习的机会,乐于接受料想之外的故事,将会极大地影响到儿童学习的质。另一方面,教师需要认识到,当代学习科学围绕人类学习本质的研究至少取得了三点共识。[8]亦即,1.既有的知识——儿童是带着丰富的既有知识参与教学的。2.具体的境脉——"学习"往往是在具体的境脉与情境之中产生的。3.成长的心态——成功的学习在于认识学习的意义,拥有成长的心态。学习者需要认清"学习"的意义,进而梳理、整合知识。这就是说,教师需要洞察课堂的理想与现实之间的落差,从实现儿童的"主体性学习"出发,寻求基于"核心素养"的教学范式与教学策略。下面,试从三个关键词,探讨一下新的教学范式背后所蕴含的教学认识论特质。

"可供性"——发现周边世界的意义。"可供性"是美国生态心理学家吉布森(J. J. Gibson, 1977)倡导的术语。[9]在他看来,"可供性"是"环境所赋予(提供)的信息",在环境中可习得行为的可能性,而这种可能性是相对于行动者的行为能力而存在的。在我们的周边充满着各种各样的事物,可见、可闻、可尝、可触。我们生存的场所并不是空无的"空间",而是充满着各式各样资源的"环境"。在环境中,当我们想做什么的时候,

潜藏着无数的或有所限制的事物，这就是"可供性"。当我们在街头徒步感到疲惫之际，街边的一处公园有石阶"可供"我们"歇息"，沿着石阶往上走，公园里一片新绿的丛林，夏天树荫下"可供"游人乘凉，冬天满地金黄的落叶"可供"游人观赏，如此等等，环境潜在的"可供性"成为人们和其他动物活动的资源。我们能否利用环境中潜在的"可供性"，就看我们能否发现环境中潜在的可供利用的"可供性"。这样看来，"可供性"是基于环境与我们、环境与动物相遇的时空与相遇的范式而发生变化的。从"学习者面对的客观世界是怎样的"视点来看，我们是在环境中探索着"可供"自己的活动利用的"意义"与"价值"而生存的。反过来说，环境中潜在的无数"可供性"，有待我们去发现。"可供性"的思维方式告诉我们，我们居住的世界潜藏着多种多样的意义与价值。[10]事物的意义与价值不是一个，而是有无数的可能。作为教师的作用重要的是，不是教会学生关于某种事物的一种意义与价值，而是同学生一起，探索课堂教学中未曾发现的事物的意义与价值，这种探索是魅力无穷的。

"参与度"——莱文、温格(J. Lave, E. Wenger, 1991)对"学校"这一制度性的境脉下"教师教—学生学"的单向授受此种"学习"的形象，持有异议。人的"学习"并不限于获得知识与技能，而是借助情境下的多样的关联，作为"个人"而成长起来的。形成这一思维方式的基础就是"实践共同体"。这里所谓"实践共同体"指的是参与拥有特定目的的人们之间的一种松散的集合，并不是一个实体的概念，是用作解释的框架。从结论而言，可以把它视为"脚手架"。人的"学习"不仅仅是"获得"某种知识与技能，而是意味着"参与"实践共同体。更准确地说，把人的"学习"视为意味着"参与"实践共同体的程度。莱文、温格用"周边参与"与"中心参与"的术语来说明。所谓"周边参与"指的是对实践共同体的"浅层参与"；所谓"中心参与"指的是对实践共同体的"深度参与"。把人的"学习"视为"参与"实践共同体的程度，这一"合理的周边参与论"的概念，意味着把学习者从"周边参与"向"中心参与"移动的过程视为"学习"。学习者在这个过程中何时发生变化呢？这就得从学习者自身变化的侧面与实践共同体的变化侧面加以考察。从学习者侧面来看，随着从"周边参与"向"中心参与"的移动，学习者不仅掌握了关于实践的知识与技能，而且关于实践的思考与见解也发生变化，乃至对自身的认识与个性也发生了变化。从这个意义上说,在"合理的周边参与论"中,人的学习是以"整个人格的变化"为其特征的。[11]从"参与论"出发,日本学者佐伯胖(2003)倡导"学习的环圈论"[12],指的是作为学习者的"我",需要有同学习者"我"相关联的他者的存在,并在他者的引导与支援下,才得以"参与"层层拓展与加深的文化实践的环圈。出于同样的想法,发展心理学家罗格夫(B. Rogoff, 2003)把人的发展视为参与"文化共同体"的持续变化的活动方式。她把儿童获得这种支持、参与特定的"文化共同体"的活动,谓之"有引导的参与"(Guided Participation)。这里面包括有意识与无意识的"引导"。"有引导的参与"方式在世界的多元文化中是多种多样的。不过,即便在世界的"文化共同体"中也存在共同的"有引导的参与"的基本过程。这就是,其一,"意义摆渡"的过程,其二,"参与结构化"的过程。前者指的是参与某种活动之际所必需的知识得以分享,身边的他者能够弥补其不足;后者指的是身边的成人与他者调整儿童的经验。儿童就是这样伴随着"意义摆渡"与"参与结构化"的"有引导的参与",来"参与"特定的"文化共同体"的种种活动的。而伴随着他们的成长,参与活动的方式也发生变化。这种变化实践也同"文化共同体"的变化联系在一起。[13]季清华、怀利(M. Chi, R. Wylie, 2014)从支持儿童"主体性学习"的角度,倡导 ICAP 的教学框架。[14]ICAP框架显示学习者学习的深浅程度的四种方式——"对话性参与"(I, Interactive)、"建构性参与"(C, Constructive)、"能动性参与"(A, Active)、"被动性参与"(P, Passive)。这四种方式同学习的深度之间关系的假设,可表达为:$I>C>A>P$。就是说,随着学习者从"被动方式"持续地向"对话方式"的移动,学习者的学习深度也随之加深。

"熟练化"——在学习科学中,所谓"学习"被视为"初学者成为熟练者的过程"。因此,教育的目标可以说是"培育初学者成为熟练者"。那么,"成为熟练者"是怎么一回事?"培育熟练者的教学"又是怎样一种教学?熟练者的认知方式可以归纳为如下四点:1.熟练者瞬间就能解决初学者需要长时间才能解决的课题,亦即凭借直觉就能把握问题的本质。2.熟练者习得了牵涉课题内容的大量知识,这些知识是以深度理解的方式加以系统化了的。3.熟练者的知识不是碎片化的事实与概念,而是能运用于某种特定境脉中的知识。4.熟练者拥有自身专业领域的丰富的知识,但只是有助于特定问题解决的知识的一部分。由于熟练者懂得怎样的知识同问题解决相关,而不必寻求所有的知识。所以,熟练者的优势在于,能够有效地检索同特定课题相关的知识。根据布兰福特(J. D. Bransford,2006)的研究,"熟练者"可以区分为两种:单纯熟练的"定型性熟练者"与灵活创造的"适应性熟练者"。[15]两者是完全不同的熟练者。就是说,前者是能够格式化地处理事务的熟练者;后者是能够把既有知识灵活地迁移到新的情境之中,适应性高的熟练者。这种"适应性熟练者"的概念,为学校的课堂教学提供了重要的启示。这是因为,"适应性熟练者"是直面新的问题情境、不断作出新的尝试的终身学习者。他们不是重复地搬用学到的知识,而是充分地调动"元认知"的作用,不断地检验和评价自身的熟练水准,具有不断超越现有水准的进取精神。所谓"优质教学"是同科学地培育"适应性熟练者"密不可分的。

佐藤学说,"学习,可以比喻为从已知的世界到未知的世界之旅。在这个旅途中,我们同新的世界相遇,同新的他人相遇,同新的自我相遇;在这个旅途中,我们同新的世界对话,同新的他人对话,同新的自我对话"。[16]因此,其一,基于"核心素养"的课堂教学不是"浅层学习",而是"深度学习"——"学习"即变革,亦即思维方式的变革、见解的变革、同世界的理解方式的变革。从原理上说,"真实性学习"是没有终结的,它同时也成为促进超越知性行为的自我变革(情感、见识、判断、行为、人格等的变革)的最大契机。在这里,挫折与失败是学习的重要精髓。在课题探究的学习中,学习(问题)的"非完结性"是必须受到尊重的。其二,基于"核心素养"的课堂教学不是"竞争性学习",而是"协同性学习"。信赖学习者的协同性与创造性,通过学习者参与种种的活动,培育同现实的新的关系,是社会建构主义所倡导的。寻求现实问题的解决、产出应对(回答)的学习,是借助参与尝试错误与共识形成的知识(意义)的生成过程,从而体验科学的手段(学科教学)的有用性、体验民主步骤的价值,拓展世界的多元性的视野,批判性地反思自身的利己观念,作出负责任的判断与经受行为的锻炼。从这个意义上说,是一种"共生的学习"(Learning to Live Together)。[17]

三、教师研修的进化:从关注"教师个人"的成长转向关注"教师团队"的成长

教师的教学是浸润在一定的社会文化境脉中的价值性行为,从这个意义上说,是应和着时代的脉搏而进化的。以 OECD(经济合作与发展组织)为例,从 2017—2019 年间围绕新的"学习框架",讨论了提示新时代学习方向的"教育罗盘"(Learning Compass),而从 2020 年起的 3 年间,又成立了专门探讨教师"专业性"的专家小组,围绕实际操作新的教学范式的教师角色的理想状态,提出了成套的三个概念——教师的"素养"(Competency)、教师的"主体性"(Agency)、教师的"健康"(Wellbeing),展开探讨。[18]其一,"教师的素养"。"素养"是一个大概念,实际上包含了知识、技能、态度、价值(信念),作为教师专业性的实践知识的特征与知识内容,特别是教师拥有的"实践知识"——从能够语言化的命题性知识到难以言表的"默会知识",进行了多层面研究。同时,基于李·舒尔曼(L. S. Shulmanm, 1986)倡导"学科教学知识"(PCK)的概念,进一步界定了各门学科的教学知识,晚近还在研究教师在教学中能熟练地运用 ICT 的谓之"TPACK"的知识研究。其二,"教师的主体性"。作为教师的"实践思维"的特质是,即兴式思维、情境性思维、多元化思维、境脉化思维,思维的再建构。在诸多场合,教师是在各自的课堂中展开教学行为的,从这个意义上说,是自律性、主体性的。不过,教师作为专家的自律性与孤立性应当区别开来。这里面存在一个"同僚性"的问题。亦即,作为同僚之间的工作方式应是"互助""分享""协作"的相互关系。教师的"主体性"不仅指个人的自律与主体,而且还指团队的自律性与教师间的主体性。另外,课程标准的"规定性"与现场教师负起因应儿童的责任、自律地作出自主判断的"主体性"之间,如何取得适当的平衡,也是一个相当复杂的问题。其三,"教师的健康"。教师劳动的性质,决定了如何保护教师的身心健康是一个极其现实的问题。这里的"健康"不是单纯地指身体素质的问题,而是指"完美的身心的、社会福利的状态"。上述三个论题,也是国际教师教育学关注的课题。

自 20 世纪 80 年代以来,国际教师教育学围绕"反思性教师"的成长,展开了一系

列的研究,取得了诸多共识。

第一,"反思性教师"的成长意味着"学的专家"的成长。"在教师教育中,'反思性实践家'的专家形象提供了重建教师对学生的权威关系与权力关系的契机。其表现之一就是向'学的专家'形象的转换。"[19]这就是说,"21世纪型的教师不仅是教的专家,也必须是学的专家"。亦即意味着作为"学的专家"的教师就是"反思性教师",不仅教学生,而且自身作为"学的专家"、通过实践的反思与深度思考,持续学习的教师。"教学的反思"被视为教师专业发展的重要因素而受到关注,并展开把教师学习机制加以模型化的研究。比如,克拉克、霍林沃思(D. Clarke, H. Hollingsworth, 2002)的"相互关联模型"[20]体现了教师的学习借助多重要素的双向链接而形成的复杂过程。在这个模型中设定了四个领域,这就是:1. 以专家与专业读物为代表的"外部领域"(E),2. 教师个人的知识—信念—态度之类的"个人领域"(K),3. 作为教学专家的种种实践尝试的"实践领域"(P),4. 儿童的反应与变化之类的应当关注的事件——"结果领域"(S)。所有这些都是基于"实践化"与"反思"这两个行为相互链接,教师的学习才得以产生的。这里所谓的"实践化"是指教师践行某种思考与策略,而"反思"是指教师反思自身的实践,不断地展开深度思考。描述教师多样而复杂的学习过程,就是这个模型的特征。这同以往的单纯基于因果关系的单向解释模型,有着截然的不同。不过,"相互关联模型"是有助于分析每一个教师的学习过程的框架,却难以反映通过校本研修、教师同僚之间相互学习的过程。因此。北田佳子(2009)在此基础上又推出了"协同性相互关联模型"。其最大特征是,教学者个人的学习过程,观摩教学的同僚们的学习过程,都可以进行分析,进而能够考察双方的交互作用。

第二,"反思性教师"的成长意味着"教师团队"的成长。教师不是一个人成长的,作为专家的教师是通过向模范的前辈学习、向同僚的伙伴学习、支援后辈的成长,共同学习而成长的。可以说,作为专家的教师的成长依存于该教师所归属的专家共同体。"在发挥作为专家共同体的功能的学校中,在实践的'设计'、实践的'活动'、实践的'反思'、实践的'协同'的所有场面,教师彼此学习、一起成长。这是因为,这四个场面均受到不确定性支配。正是在充满不确定性的场所,才是专业知识与专家型教师反思与判断的场所,成为专家协同学习的场所。"[21]在某个特定领域中专业知识与技能优异者谓之"熟练者"。"熟练教师"的研究表明,不同学科和不同教师,存在不同的熟练类型与水准:一是问题解决的步骤定型化,一旦习得,就能准确而快捷地展开工作的"熟练";二是能够因应情境的变化、灵活地改变问题解决步骤的"熟练"。前者谓之"定型性熟练",后者谓之"适应性熟练"。而作为"适应性熟练者"的教师,比之作为"定型性熟练者"的教师,拥有两个优势:一是具有"革新性"或"创造性";二是经过定型化的练习,能获得更高的"效率性"。[22]作为"定型性熟练者"的教师往往容易受到更高的评价。然而从国际教师教育研究的趋势来看,以往的"教师研究"大多以"经验年数"作为独立变量为其特征。这是出于"教师是渐进式地成长"的思维定式,以"随着时间的推移,教师得以成长"的"成长模型"为前提。不过,晚近的"发展模型"打破了这种局限,使"教师研究"变得丰富多彩。所谓"经验年数"往往是受别的要因来支撑"适应性熟练"的。[23]另外,长年研究教师教育的学者哈格里夫斯(A. Hargreaves, 2019)指出,教师在封闭的课堂中教授众多的学生,形成了种种恶习:只顾眼前利益的现实主义;瞻前顾后、不思进取的保守主义;自我封闭、独来独往的个人主义。一线教师如何通过协作,超越教师工作固有的消极因素,是促进每一个教师和整个教师团队健全发展的课题。[24]

第三,"反思性教师"的成长离不开教师自身"教学认知"的积淀。所谓"教学认知"指的是"教师在教学的交互作用中,关注什么、赋予怎样的意涵"。从"教师学习"看"教学认知",教师仅仅停留于关注教学的什么状况是不充分的。谢林(M. G. Sherin, 2011)等人主张[25],"教学认知"包含两个过程。一是"关注",教师从周边的状况中选择关注的对象,如儿童的学习状态,教师的成长姿态,等等。二是"赋予意涵"。对关注的对象与事件作出自己的解读,如从儿童表情中观察学习。这种过程谓之"发觉"。反过来说,从"教学认知"看"教师学习",熟练教师在读取儿童的视线与表情之类的情感上,大多能抓住高精度的信息源,即便是关注教学场景中同样的对象,也能同以往的场景链接起来,从容地应对预料之外的局面。毫无疑问,"教学认知"也左右着"教师学习"。再者,即便是熟练教师的"教学认知"也存在着个别差异。由此看来,教师"从教学中学习"是需要日常教学经验的积淀的。但是,经验的"质"也是一个值得研究的问题。为什么即便是关注同样的教学场景与教学对象,每个教师赋予的意义也有所不同呢?关键就在于"教学的反思"。教师要在日常的实践经验中学习,就得在积累经验的同时,能从实践中提取"默会行为"的本质,作为"实践性知识"加以掌握。然而,在我国教育界"应试教育"的传统根深蒂固,事实上教师就是在这种现实的条件下应对各种要求展开教育活动的。倘若不去揭示教师的"日常工作"究竟是什么;重视什么;面临怎样的困境等背后的某种规范与结构性因素,就难以把握学校现场所发生的事实的真实意涵;也难以铲除"应试教育"的毒瘤。那么,"反思性教师的成长"也就无异于一句空话罢了。

人世间不存在"全知全能"的专家。"好教师"绝非无所不晓、无所不能,也往往会说"不"。懂得设定适当的边界展开思考,敢于直面困局勇往直前,并在可接受、可控制的范围内作出持续的问题解决的摸索与教学策略的创生——这种人就是"好教师"。"好教师"不是天生的,是靠后天不懈的努力而成长起来的。"不闻不若闻之,闻之不若见之,见之不若知之,知之不若行之"——荀子的这句话,可以说是教师成长最基本的逻辑。每一个教师的成长旅程并不一样,但寻求有效的教学策略、实现理想的教学目标却是共同的。教学策略研究的出发点与归宿就在于,唤醒学生沉睡的思维,培育他们成为"探究的学习者"。

参考文献

[1][17] 广石英记.教育方法论[M].东京:一艺社,2014:16,194.

[2] B.Kallick,A.Zmuda.课堂的主角是学生:个别化学习与思维习惯[M].中井悠加,等.译.东京:新评论出版公司,2023:3-5.

[3][19][21] 佐藤学.培育作为专家的教师:教师教育改革的宏观设计[M].东京:岩波书店,2015:69,73,121.

[4] 篠原正典,荒木寿友.教育的方法与技术[M].京都:智慧女神书房,2018:114-115.

[5] 钟启泉.课堂转型[M].上海:华东师范大学出版社,2018:68-69.

［6］服部英雄.授业革命:从"提问—应答"型转向"参与—建构"型［M］.东京:东洋馆出版社,
　　2021:158－168.

［7］G. Couros.革新者心态:学校教育的变革［M］.白鸟信义,吉田新一郎,译.东京:新评论出
　　版公司,2019:310.

［8］钟启泉.深度学习［M］.上海:华东师范大学出版社,2021:14－17.

［9］钟启泉.教学设计［M］.上海:华东师范大学出版社,2022:147.

［10］［11］［12］［13］岩田惠子.学习—发展论［M］.东京:玉川大学出版部,2022:184－185,145－
　　147,151－152,181－184.

［14］佐伯胖."学习"的意涵［M］.东京:岩波书店,1995:65－68.

［15］森敏昭.创造 21 世纪的学习［M］.京都:北大路书房,2015:22－23.

［16］佐藤学.学习的快乐:走向对话［M］.钟启泉,译.北京:教育科学出版社,2008:8.

［18］［20］［23］［24］［25］秋田喜代美,藤江康彦.教师研究:从 20 个事例看教师研究方法论［M］.
　　东京:东京图书出版公司,2021:5－9,219－222,16,10,30.

［22］秋田喜代美,藤江康彦.授业研究与学习过程［M］.东京:放送大学教育振兴会,2010:235.

谢　辞

　　我国教育界多年来提起的"教学策略"，往往局限于以"课时"为单位的、聚焦知识点授受方法的探讨，这是应试教育课堂的必然选择，但仅仅满足于这一层次的研究，已经远远落后于新时代教育的需求了。本书试图超越传统意义上的"教学策略"概念，从"学习者—学习境脉—课堂文化"的视点出发，探讨学生的学习得以促进的种种因素——学习者的先赋经验与知识，学习境脉的社会、文化、认知和情感的特征，教师自身的经验与文化影响，以及这些因素之间的交互作用，旨在为教师"教学策略"的创生提供基本的认识论基础。本书围绕教学策略研究的 11 个主题展开阐述，着力于推介该领域研究的代表性人物及其著作。创新课堂，时不我待。创生"教学策略"、呵护每一个学生的学习与成长，是教师的天职。可以相信，本书借助若干典型的理论框架与案例的描述，有助于一线教师全方位地把握儿童的学习与成长的复杂性与多样性。笔者在编纂过程中引用或参考了诸多国际教育界的研究成果，在相关资料的收集过程中得到钟舞美（SHO MAMI）女士的大力帮助。华东师范大学出版社教育心理分社社长彭呈军和本书责任编辑朱小钗也为本书的出版付出了莫大的辛劳。在此谨向他们致以衷心的谢意。